Kent Nagano
Inge Kloepfer
Erwarten Sie Wunder!

AF178046

PIPER

Zu diesem Buch

Ist klassische Musik heute noch zeitgemäß? Kent Nagano glaubt, dass man sich dieser Frage stellen muss, wenn man der existenziellen Krise der Klassik entgegentreten will. Der Maestro erläutert, welche Rolle das Erlernen von Instrumenten in seiner Kindheit spielte und was gute Lehrer für Musik bedeuten. Er erzählt zutiefst persönlich von seinen Begegnungen mit Meisterwerken der Klassik und großen Komponisten, seiner Arbeit mit bedeutenden Orchestern und seinem unermüdlichen Engagement für den Nachwuchs. Die klassische Musik verändert sich, sie muss es tun – denn sie darf nicht aus der Lebenswirklichkeit breiter Schichten verschwinden. Durch ihren Verlust würden Gesellschaften nicht nur kulturell ärmer, sondern sie würden an Inspiration, Witz, emotionaler Tiefe und Gemeinsinn einbüßen. In Sorge über sterbende Orchester und gleichgültige Politiker hält Kent Nagano ein ebenso leidenschaftliches wie lustvolles Plädoyer für die Klassik.

Kent Nagano, wuchs in Morro Bay, einem Fischerdorf an der kalifornischen Küste, auf – ohne Fernsehen, Kino und Stereoanlage, dafür mit Klavier und Klarinette. Er studierte Musik und Soziologie. Nach ersten Erfolgen in den USA wurde er 1988 als Music Director an die Opéra National de Lyon berufen, wo er bis 1998 tätig war. Von 1991 bis 2000 war er Music Director des Hallé Orchestra in Manchester und wurde 2003 zum Ersten Musikdirektor der Los Angeles Opera ernannt. Von 2000 bis 2006 war er Chefdirigent und Künstlerischer Leiter des Deutschen Symphonie-Orchesters Berlin, bevor er 2006 Generalmusikdirektor an der Bayerischen Staatsoper München (bis Juli 2013) sowie Music Director des Orchestre Symphonique de Montréal wurde. Im September 2015 begann seine Amtszeit als Generalmusikdirektor und Chefdirigent der Hamburgischen Staatsoper.

Inge Kloepfer ist eine preisgekrönte Bestseller- und Filmautorin. Sie publiziert seit vielen Jahren in der Frankfurter Allgemeinen Sonntagszeitung.

Kent Nagano
Inge Kloepfer

ERWARTEN SIE WUNDER!

Expect the unexpected

PIPER
München Berlin Zürich

Mehr über unsere Autorinnen, Autoren und Bücher:
www.berlinverlag.de

Von Kent Nagano liegen im Berlin Verlag vor:
Erwarten Sie Wunder!
10 Lessons of my Life

Ungekürzte Taschenbuchausgabe
ISBN 978-3-492-30822-9
Piper Verlag GmbH, München
1. Auflage März 2016
5. Auflage September 2025
© 2014 Berlin Verlag in der Piper Verlag GmbH,
Georgenstraße 4, 80799 München, *www.piper.de*
Für direkten Kontakt und Fragen zum Produkt
wenden Sie sich an: *info@piper.de*
Alle Rechte vorbehalten
Umschlaggestaltung: ZERO Werbeagentur, München,
nach einem Entwurf von peter schmidt, belliero & zandée
Umschlagabbildung: Felix Broede
Typografie: Birgit Thiel, Berlin
Satz: Fagott, Ffm
Gesetzt aus der Centennial und der Bodoni
Druck und Bindung: CPI books GmbH, Leck
Printed in the EU

»The greatest gift God could give to man was
the ability to talk and communicate.
And a big part of communication is music.«

»Das größte Geschenk, das Gott den Menschen
machen konnte, war die Gabe zu sprechen
und zu kommunizieren. Und ein großer Teil
von Kommunikation ist Musik.«

Leonard Bernstein

INHALT

ERWARTEN SIE WUNDER!

Prolog

Was ist eigentlich klassische Musik? Sie ist ein Abenteuer, eines, das wir erleben, wenn wir uns auf sie einlassen. Sie nimmt uns mit in eine andere Welt. Sie entfaltet dort eine ungeheure Macht. Und aufgrund dieser Macht kann sie uns ungemein viel geben, gerade heute in diesen unruhigen, so sehr beschleunigten Zeiten. Davon handelt dieses Buch.

Die Frage lässt sich noch anders beantworten. Klassische Musik ist ein Universum, das sich ausdehnt, sobald man sich hineinbegibt. Man findet dort alles, was diese Kunstform seit fast tausend Jahren bis heute hervorgebracht hat: die mittelalterliche Musik, die Musik der Renaissance und des Barock, die Klassik und Romantik, schließlich die Neue Musik, die Oper, sinfonische Werke, Kirchen- und Kammermusik. Wenn ich in diesem Buch immer wieder von klassischer Musik spreche, dann umfasst dieses Universum all diese ästhetischen Ausdrucksformen, die über die Anordnung von Tönen geschaffen wurden und werden. In der klassischen Musik liegen unsere gesamte abendländische Tradition, die große Entwicklungsidee bis hin zur Moderne und der Kanon mit seinen Werken aus den unterschiedlichen Epochen. In ihr liegt nie versiegende menschliche Kreativität, durch die unaufhörlich Werke in dieser Kunstform hervorgebracht werden. In ihr liegen aber auch das Gemeinschaftserlebnis und die Begegnungen in den Opern- und Konzerthäusern. Und nicht zuletzt der Konsens über die Bedeutung und den Wert dieser Kunstform. Das meine ich mit klassischer Musik.

In diesem Buch geht es nicht nur um sie, sondern auch um uns und darum, warum wir es nicht zulassen sollten, dass die klassische Musik in unserer schnelllebigen, hochtechnologisierten und visuell geprägten Welt an gesellschaftlicher Bedeutung verliert. Was würde uns sonst an unsere Traditionen erinnern, die wir in unserer postmodernen Orientierungslosigkeit so dringend brauchen? Was könnte uns umfänglicher inspirieren, unsere Vorstellungen bereichern, was würde uns weitertreiben – weit in die Zukunft hinein, ohne dass wir vergessen, wer wir sind, und uns in ihr verlieren?

Kent Nagano, im Oktober 2017

KAPITEL 1
Von Rinderzüchtern und Trompeten

»Die gesprochene Sprache hat stets etwas mit Aussagen
und Argumenten zu tun, mit Fragen und Antworten.
In der Sprache der Musik gibt es das nicht. Es gibt keine
Argumente; die Musik ist frei davon und immer bereit,
ein Teil von jedermann zu werden.«

Wachtang Korisheli

DAS KLINGENDE FISCHERDORF   Ich habe einen Traum. Vielleicht ist es irreführend, ein Buch mit diesem Satz zu beginnen, der mich unweigerlich in die Nähe der Träumer rücken könnte. Aber ich bin kein Träumer, sondern Realist. Und deshalb schreibe ich dieses Buch. Für meinen Traum. Dieser Traum zieht mich weit zurück in meine Kindheit, in die fünfziger und sechziger Jahre, die ich – aus europäischer Perspektive – am Ende der Welt verbrachte. Er führt mich an die Westküste der Vereinigten Staaten, irgendwo ins Niemandsland auf der gut vierhundert Meilen langen Strecke zwischen Los Angeles und San Francisco, die man heute, wenn man über den Highway fährt, in sieben Stunden zurücklegen würde.

Direkt an der landschaftlich wilden Küste liegt auf etwa halbem Weg zwischen den beiden Metropolen der unscheinbare Ort Morro Bay, damals nichts weiter als ein kleines Fischerdorf mit vielleicht zweitausend Einwohnern aus aller Herren Länder. Wenn ich an meine Kindheit in diesem Dorf zurückdenke, dann erklingt in meinen Erinnerungen immerfort Musik – Bachs Präludien und Fugen, Beethovens und Mozarts Sinfonien, Choräle für große Chöre, Kantaten. Für einen Dirigenten ist es womöglich nichts Ungewöhnliches, Erinnerungen mit Musik zu verbinden, wo doch Klänge den Lebensalltag bestimmen. Wer kennt nicht die suggestive Kraft von Melodien, die in der Lage ist, Landschaften, Gebäude, Situationen, Menschen und ganze Phasen der Vergangenheit in der eigenen Vorstellung auferstehen zu lassen.

Doch so meine ich das nicht. Ich höre Musik, die von unseren Orchestern damals gespielt und von den Chören tatsächlich gesungen wurde, immerzu, weil die ständige Präsenz klassischer Musik mit großer Selbstverständlichkeit unseren dörflichen Alltag bestimmte. Sie war Teil unseres Lebens, einfach immer da – zum Üben, zum Zeitvertreib, zum Erwerb sozialer Anerkennung, für das Gemeinschaftserlebnis. Ohne Musik war das Leben meiner Geschwister, Freunde, Klassenkameraden und mein eigenes gar nicht vorstellbar. Dabei machten wir Musik um der Musik willen. Keines von uns Bauernkindern dachte damals an eine Karriere als Musiker. In meiner Kindheit und Jugend deutete nichts darauf hin, dass ich irgendwann einmal als Dirigent meinen Lebensunterhalt verdienen würde.

Chor- und Orchesterproben, Klavierunterricht, dazu Musiktheorie – das alles bestimmte die sieben Tage der Woche, ohne dass meine Geschwister und ich da etwas Besonderes gewesen wären. Fast jeder in unserer ländlichen Gemeinde war irgendwie in das Musikleben involviert. Die Kinder der Rinderzüchter genauso wie die der Feldbauern und Fischer, der Handwerker, der Lehrer und Lebensmittelhändler, des Schuldirektors. Morro Bay war ein klingendes Dorf, etwas Merkwürdig-Einmaliges zwischen Felsen, Feldern und dem Pazifik. In der Intensität, mit der sich die Kinder der Musik widmeten und ihre Eltern in die Welt der Klassik hineinzogen, war unser Ort ungewöhnlich, vielleicht sogar ein wenig seltsam. Die Musik verband uns alle, diese Gesellschaft aus Einwanderern völlig unterschiedlicher ethnischer und kultureller Hintergründe. Im Rückblick erscheint mir das fast wie ein Traum.

Vielleicht sollte ich ein bisschen ausholen: Meine Großeltern väter- und mütterlicherseits waren Ende des 19. Jahrhunderts von Japan nach Amerika ausgewandert und hatten sich als Gemüsebauern an der Westküste Amerikas niedergelassen, um sich dort im »Land der unbegrenzten Möglichkeiten« ihr Glück zu erarbeiten. Unsere Familie lebt seit gut 120 Jahren in Amerika – die Hälfte der Zeit seit es die Vereinigten Staaten gibt. Ich bin also ein echter Amerikaner. Meine Großeltern betrieben eine Farm, die später, nachdem mein Großvater schwer erkrankte, mein Vater und seine Brüder übernahmen. Weder mein Vater noch meine Mutter waren als Landwirte ausgebildet. Beide sollten es nach dem Willen ihrer Eltern weiterbringen und Berufe erlernen, die ihnen eine Existenz jenseits der Landwirtschaft ermöglichten. Beruflich verfolgten sie deshalb ganz andere Pläne: Mein Vater hatte an der University of California, Berkeley, Architektur und Mathematik studiert, meine Mutter graduierte dort als Mikrobiologin und Pianistin.

Dann aber wurden sie Bauern – gezwungenermaßen, denn mein Großvater hatte keine Kraft mehr, seine Felder selbst zu bewirtschaften. Erst viel später, im Jahr 1976, bekamen sie die Möglichkeit, sich ihrer akademischen Ausbildung entsprechend beruflich zu engagieren. Damals wurde unser Ackerland im Rahmen eines regionalen Entwicklungsprogramms in Baugrund umgewandelt und von einem Nahrungsmittelkonzern aufgekauft. Auf Teilen unserer ehemaligen Felder stehen heute Gebäude. Meine Mutter arbeitete fortan als Mikrobiologin für die Gesundheitsbehörde, mein Vater plante und baute nicht nur Privathäuser, sondern auch große Handelszentren. Da lebte ich längst nicht mehr in Morro Bay.

Ich bin, wenn man so will, ein Bauernkind, das Kind eines Artischockenzüchters; eines, das seinen Vater wenig sah, er war meistens draußen auf den Feldern. Erst abends, wenn er zurückkam, beschäftigte er sich mit seiner Architektur, er zeichnete Entwürfe, später immer öfter als Auftragsarbeiten. Er hatte schon früh begonnen, neben der Landwirtschaft ein kleines Architekturbüro aufzubauen, und zog sich oft in sein »Studio« zurück, wo er Entwürfe zeichnete und seinen Träumen nachhing. Meine Mutter achtete sehr darauf, dass wir Kinder ihn in seiner Arbeit dort niemals störten. Meine Mutter war nicht nur eine passionierte Wissenschaftlerin, sondern spielte eben auch hervorragend Klavier. Darüber hinaus war sie ungemein belesen und trug ihre Faszination für die Wissenschaft und ihre Liebe zu den Schönen Künsten der Musik und Literatur in unsere Familie hinein.

Die Landschaft, die uns umgab, war rau und weitläufig. Die kalifornischen Metropolen San Francisco im Norden und Los Angeles im Süden lagen von Morro Bay jeweils über zweihundert Meilen entfernt und waren damit in den fünfziger Jahren für uns Kinder nahezu unerreichbar. So selten, wie wir dorthin fuhren, waren das immer ganz besondere Ausflüge. Wir lebten buchstäblich am äußersten Rand Amerikas, da wo die Küste steil hinab in den Pazifik stürzt, wo sich die felsige Landschaft hin und wieder mit langen Stränden abwechselt, auf die in Sturmzeiten gigantische Wellen heranrollen. Am Meer waren meine drei jüngeren Geschwister und ich in unseren frühen Jahren allerdings eher selten, wenn man bedenkt, dass es direkt vor unserer Haustür lag. Unser Leben spielte sich weitgehend in den beiden Mikrokosmen unseres Zuhauses und der Schule ab.

DER ERNST DER MÜTTER Als ich vier Jahre alt war, setzte mich meine Mutter ans Klavier. Sie tat das mit der ihr eigenen Bestimmtheit, mit der sie auch mit uns Bücher anschaute und uns aus ihnen vorlas oder sonntags mit in die Kirche nahm und keinen Zweifel daran ließ, dass wir auch die langweiligsten Predigten über uns ergehen lassen mussten. Jeder von uns ging von diesem Alter an bei ihr in die Lehre. Die Frage, ob wir das wollten, wurde überhaupt nicht gestellt. Sie stellte sich uns Kindern damit ebenso wenig. Wir übten das, was sie uns zeigte. Wir lernten Notenlesen und Zuhören – uns selbst und anderen, wir verinnerlichten den Unterschied zwischen Krach, Geklimper und ernsthafter Musik.

Musik war eine ernste Angelegenheit, sie war meiner Mutter wichtig, mehr als nur eine Spielerei, so essenziell wie das Lesen, Schreiben und Rechnen. Das Üben war Teil unseres kindlichen Alltags. Es war ein unumstößliches Faktum, das wir nie in Frage stellten. Vielleicht, weil meiner Mutter nicht daran gelegen schien, uns schon im Alter von vier Jahren zu Wunderkindern und später zu Künstlern auszubilden. Musik gehörte für sie zur Erziehung ihrer Kinder, sie war ganz selbstverständlich Teil einer humanistischen Ausbildung und damit unseres Alltags. Niemals war sie Mittel für irgendeinen Zweck. Ich würde nicht behaupten wollen, dass wir als Kinder übermäßig motiviert waren, uns regelmäßig dem Klavier zu widmen. Ob wir gern geübt haben?

Ich zumindest nicht. Aber ich wehrte mich auch nicht dagegen. Es war eine Frage der Folgsamkeit, die sich automatisch einstellt, wenn einem jemand mit unbeirrbarer Bestimmtheit etwas abverlangt, das er selbst täglich vorlebt. Vielleicht ist es das, was man heute als sanfte Gewalt bezeichnen würde, wenn man Kinder in manchen Fragen überhaupt nicht erst vor die Wahl stellt, sondern für sie entscheidet. Musik stand nicht zur Wahl, sie gehörte einfach zum Leben. Wenn ich zurückdenke, kommen meine Geschwister und ich mir heute erstaunlich folgsam vor, verglichen mit anderen Kindern zu dieser Zeit.

Meine Eltern waren für ländliche Verhältnisse ein wenig ungewöhnlich. Das lag nicht nur an der Kunstsinnigkeit meiner Mutter. Auch mein Vater trug seine eigentliche Berufung in unser Familienleben hinein. In unserem Haus fanden sich überall Skizzen, Bauzeichnungen und Architekturmodelle. Als wir etwas älter waren, nahm er uns immer öfter auf seine Baustellen mit. Er erklärte uns nicht nur die Konstruktion der Gebäude, sondern ließ keinen Zweifel daran, dass er Architektur auch als eine Kunstform verstand, die in ästhetischer Hinsicht ihre Zeit widerspiegelte, sie prägte und im besten Fall über sie hinausführte.

Meine drei Jahre jüngere Schwester und ich spielten überwiegend Klavier. Mein Bruder dagegen entwickelte ziemlich bald eine Vorliebe für Blechblasinstrumente und lernte Posaune, meine jüngste Schwester Bratsche. Nie hat einer von uns daran gedacht, ein Instrument aufzugeben. Auf eine solche Idee wären wir einfach nicht gekommen, zumal unser tägliches Leben tatsächlich wenig Ablenkung bot. Wir lebten abgeschieden, trieben schon deshalb keinen organisierten Sport, gingen nur hin und wieder zum Strand und versuchten, uns von den großen Jungen das Wellenreiten abzuschauen. Mitte der fünfziger Jahre kauften meine Eltern einen Fernseher. Viel aber gab es gar nicht zu sehen. Der Empfang in Morro Bay, das im Osten von Bergen und im Westen von Wasser umgeben war, blieb über Jahre dürftig. Meinen Vater interessierte das Fernsehen vor allem wegen des täglichen Wetterberichts, auf den er als Landwirt natürlich angewiesen war, weil die Vorhersage die Planbarkeit erhöhte. Meistens aber verließ er sich dann doch auf das Radio.

Sicher spielte in unserer sechsköpfigen Familie die klassische Musik vergleichsweise früh eine Rolle. Das lag einfach daran, dass meine Mutter Musik liebte. Abgesehen davon aber unterschieden wir uns kaum von unseren Nachbarn und anderen Gemeindemitgliedern im ziemlich konventionellen Amerika der fünfziger und sechziger Jahre, in denen der Kirchgang, die Verwandtenbesuche und das Treffen von Freunden ebenso Bestandteil des Alltags waren wie die Schule und an den Wochenenden manchmal der Strand oder die Berge.

Es gibt die verrücktesten Geschichten über die Kindheit von Künstlern. Nach den Vorstellungen moderner Erziehung sind es vielfach traurige. Sie ähneln denen von exzellenten Sportlern. Da ist der strenge Vater, der von seinem Sohn einen gnadenlosen Einsatz fordert, stundenlanges Üben und Trainieren, tagein, tagaus, ohne Rücksicht auf die physischen und psychischen Folgen einer derart widernatürlichen Quälerei. In der Szene klassischer Künstler finden sich viele solcher Beispiele. Oder es ist die Mutter, die mit unbändigem Ehrgeiz eines ihrer Kinder zum Solisten machen will, weil es bereits in jungen Jahren Talent oder zumindest Interesse gezeigt hat. Kinder wecken schnell elterliche Phantasien. Und dann geht es los: Eine Vorführung jagt die nächste, die Kinder werden zu Wettbewerben geschickt, Musikern und bekannten Lehrern vorgestellt. Ein charakteristisches Phänomen unserer heutigen Zeit ist das nicht, es war schon vor Jahrhunderten so.

Wolfgang Amadeus Mozart wurde als Kind von seinem Vater täglich viele Stunden unterrichtet und in zahllosen Reisen der Welt vorgeführt – bis an die Grenzen der physischen Erschöpfung. Ähnlich erging es dem jungen Ludwig van Beethoven, dessen Alter von seinem überehrgeizigen Vater angeblich sogar um ein paar Jahre heruntergemogelt wurde, damit das Wunderkind am Klavier noch heller strahlte. Über die Leiden der kindlichen Stars spricht man ungern. Manche Autobiografie zeugt davon. Der Perfektionismus lässt das Idyll einer unbeschwerten Kindheit schnell zerfallen. Idyllisch jedenfalls ist es bei so manchem Klassik- oder Sportstar der Vergangenheit und Gegenwart nicht zugegangen. In Morro Bay aber war die Welt eine andere, die mir im Rückblick fast ein wenig unwirklich erscheint.

DAS WUNDER VON MORRO BAY Das Musikwunder in unserem Dorf begann mit dem Auftauchen eines pädagogischen Ausnahmetalents, das alles veränderte. Es war der gebürtige

Georgier Wachtang Korisheli, den wir, seine Schüler, bis heute mit geradezu anhänglicher Verehrung Professor Korisheli nennen. In meiner Erinnerung kam er wie aus dem Nichts, vorbeigefahren mit seinem kleinen, ratternden Volkswagen. Er war einfach plötzlich da und begann, unsere Grundschule in eine Art musikalisches Labor zu verwandeln. Das war 1957, ich war gerade sechs Jahre alt.

Korisheli hatte im Alter von 36 Jahren bereits eine bewegte Geschichte hinter sich. Er kam aus Tiflis, wo er 1921 geboren wurde, just in dem Jahr, in dem die Sowjetunion Georgien gewaltsam annektierte. Seine Eltern waren Schauspieler, sein Vater bald auch in der gesamten Sowjetunion ein bekannter Bühnenheld, der sogar das Interesse des Diktators Stalin auf sich zog und ihm zu Ehren eine Vorstellung in Moskau gab. Dann aber wendete sich das Blatt, er wurde als georgischer Widerständler gegen die sowjetische Übermacht zum Staatsfeind erklärt, vom russischen Geheimdienst KGB verhaftet, interniert und 1936 hingerichtet. Sein Sohn Wachtang war damals gerade 15 Jahre alt. Stalin hatte er noch kennengelernt, als der Vater in der Gunst des Diktators ganz oben stand. Da hatte Stalin sogar einmal seinen Arm um den kleinen Wachtang gelegt und ein paar Worte mit ihm gesprochen. Vor der Exekution seines Vaters blieben dem Sohn und seiner Mutter gerade zwanzig Minuten Zeit, um sich von ihm durch die Gitterstäbe seiner Zelle zu verabschieden.

In der Sowjetunion hatte das Kind eines Staatsfeinds kaum eine Chance. Musiker hätte er in der Sowjetunion nicht werden können. In seinem letzten Schuljahr zeichnete sich das bereits ab. Stalin unterwarf alle Söhne und Töchter politischer Feinde immer neuen Restriktionen. Und Korisheli wusste schon damals, was das heißt: Er würde keine Ausbildung absolvieren und schon gar nicht studieren dürfen, von später einmal interessanten oder gar verantwortlichen Aufgaben in bedeutenden Institutionen ganz zu schweigen. Und auch in die Armee würden diese Kinder selbstredend nicht aufgenommen werden.

Seine Mutter, die als Schauspielerin am Rustaweli-Theater gearbeitet und es zu regionaler Beliebtheit gebracht hatte, verlor ihre Stelle und schloss sich einer fahrenden Theatertruppe an. Der Druck, den Stalin und der KGB auf die Familien deklarierter Staatsfeinde ausübten, war für die ganze Familie deutlich zu spüren. Die Perspektive für den begabten Pianisten, der am liebsten Musik studieren wollte, war düster, derart düster, dass er womöglich irgendwann in einem Arbeitslager gelandet wäre. Nach der Schule wurde er einer Arbeitseinheit zugeordnet und schon bald an die polnische Grenze versetzt. Dort sollten er und seine Kameraden in Erwartung der Invasion der deutschen Wehrmacht Verteidigungsgräben ausheben.

Die Wehrmacht war nicht weit, und die Konfrontation mit den deutschen Soldaten ließ nicht lange auf sich warten. Er wurde in eines ihrer Gefangenenlager verschleppt. Dank seiner guten Deutschkenntnisse und der Tatsache, dass er nicht Russe, sondern Georgier und zudem der Sohn eines Staatsfeinds war, überlebte er den Krieg. Er übersetzte für die Deutschen und musizierte. In den Wirren des Krieges verschlug es ihn über Salzburg und Bad Reichenhall nach München. An der Musikhochschule in München, die nach dem Krieg um junge Studenten warb, konnte er im Alter von Mitte zwanzig endlich ein Klavierstudium beginnen.

Doch blieb er kaum mehr als ein Jahr. Als Flüchtling vor der sowjetischen Armee hatte er den Status einer sogenannten Displaced Person erhalten, einer Person, die durch die Wirren des Krieges aus ihrem Heimatland herauskatapultiert worden war und für die, weil sie nicht repatriiert werden konnte, auf internationaler Ebene Neuansiedlungsprogramme ausgehandelt worden waren. Korisheli sollte nach Los Angeles weiter-

reisen, die Behörden hatten dort Verwandte von ihm ausgemacht. Mit dem Zuspruch seines Professors kehrte er München
den Rücken und bestieg ein Schiff. Das Neuansiedlungspro-
gramm brachte den Klavierstudenten an die Westküste der
Vereinigten Staaten. Nach München sollte er nicht mehr zurückkehren.

Vielleicht waren seine Geschichte und die für uns so fremde und geheimnisvolle Herkunft Teil der Magie, die seiner Person anhaftete. Georgien war nicht nur geografisch unvorstellbar weit weg. Es lag damals ja noch weit hinter dem Eisernen
Vorhang. Und er war tatsächlich wie ein Blatt im tosenden
Sturm des 20. Jahrhunderts immer weiter von zu Hause fort
nach Westen geweht worden in einer Geschichte, die von Zu-
fällen oder dem Schicksal bestimmt wurde und die mit kaum
jemandem Mitleid zu haben schien.

Professor Korisheli war ein begnadeter Lehrer, der seine Berufung ziemlich früh gespürt haben muss. Schon während seiner Ausbildung zum Pianisten an der University of California,
Los Angeles, an der er sich nach seiner Ankunft an der Westküste eingeschrieben hatte, änderte er seine Pläne und verabschiedete sich von einer Karriere als Pianist. Er wechselte die
Universität, immatrikulierte sich in Santa Barbara, lernte auch
noch Bratsche, ließ sich in Pädagogik unterweisen und machte dort seinen Abschluss als Musikpädagoge. Danach setzte er
sich in seinen Käfer und fuhr an der kalifornischen Küste ent-
lang gen Norden, passierte verschiedene Orte, führte diverse
Vorstellungsgespräche an Schulen, die Stellen für Musiklehrer
ausgeschrieben hatten, und hielt endgültig in Morro Bay. Ein
Glücksfall für uns Kinder, denn in kürzester Zeit gelang es ihm,
das Dorf in eine musikalische Oase zu verwandeln.

Der Erfolg dieses Ausnahmepädagogen lässt sich vielfach
begründen. Er liegt nicht nur in seiner außergewöhnlichen, fast
exotischen Erscheinung; es war vor allem seine authentische

und ganz und gar bedingungslose Passion für die Künste, mit der er einem Menschenfänger gleich fast alle Kinder des Dorfs um sich versammelte, getrieben von der Überzeugung, den Kindern die Musik und damit ein wenig Lebensglück zu bringen. Dabei ging er seine Arbeit sehr strategisch an und fragte bereits bei seinem Vorstellungsgespräch in unserer Grundschule danach, ob der Schulvorstand ihm für die jüngeren Schüler zusätzliche Unterrichtszeit für Gehörbildung und das Notenlesen zugestehen würde, ganz abgesehen von den Orchestern und Ensembles, die er weiterzuführen und neu zu gründen gedachte.

Er war überzeugt davon, dass Musik in die Schule gehört, also in ein Lernumfeld, das die Kinder für sich auch als solches definierten. Wie für meine Mutter war Musik für ihn kein Spiel, keine Unterhaltung, kein beliebiger Zeitvertreib, sondern eine sehr ernste Angelegenheit. Wer bei ihm lernen und mit ihm musizieren wollte, musste ihn ernst nehmen. Und das ging am besten dort, wo Kinder so oder so mit einer vorbestimmten Lernhaltung täglich erschienen. Wir alle nahmen ihn sehr ernst. Es ging gar nicht anders. Professor Korisheli wusste genau: Wer die der Musik innewohnende Kraft für sich entdecken wollte, musste sich zunächst ordentlich anstrengen und in handwerkliche und einige kognitive Fähigkeiten investieren. Und die begannen mit dem genauen Hören und dem Notenlesen.

Das war damals alles andere als eine Selbstverständlichkeit. Korisheli übernahm an unserer Schule eine Art Kapelle von etwa siebzig Schülern, die durchaus in der Lage waren, Märsche zu spielen. Allerdings musste er sehr bald feststellen, dass sie kaum Noten lesen konnten, sondern darauf angewiesen waren, dass ihnen jemand die Fingersätze über die Noten schrieb. Es war ein Ding der Unmöglichkeit, diesen Schülern ein Notenblatt vorzusetzen und mit den Proben zu beginnen. Er ließ sich jedoch nicht beirren, krempelte die Ärmel hoch und begann, den Kindern mehr abzuverlangen, als sie gewohnt waren. Sie sollten Noten lesen, vom Blatt spielen, sich gegenseitig zuhören lernen. Zwei Drittel gaben alsbald auf. Sie verließen das Ensemble und brachten den Professor schon einige Monate nach seinem Antritt an unserer Schule an den Rand eines ersten großen Misserfolgs. Der Schulvorstand hatte den Lehrer schließlich nicht eingestellt, damit dieser in kürzester Zeit die Schul-Band dezimierte.

Korisheli stand kurz davor, das Handtuch zu werfen, der Schule zu kündigen, sich wieder in seinen Volkswagen zu setzen und davonzufahren. Dabei liefen ihm die jüngeren Schüler bereits in Scharen zu und machten in seinem Gehörbildungs- und Theorie-Unterricht gute Fortschritte. Das verbleibende Drittel dieses merkwürdigen Ensembles ließ sich nicht entmutigen, sondern auf ihn ein. Sie lernten Notenlesen, gaben nach seinem ersten Jahr an unserer Schule eine höchst eindrückliche Vorstellung ihres neuen Könnens und schienen wie beseelt von der Tatsache, dass Korisheli sie aus ihrem musikalischen Analphabetismus herausholte. Die Eltern und die Schulleitung waren begeistert. Und der Professor blieb. Sein großes Charisma zog bald schon das ganze Dorf in seinen Bann.

Ich glaube, ich wurde in seinem zweiten oder dritten Schuljahr sein Schüler. Meine Mutter entließ uns Kinder eines nach dem anderen in die Hände dieses Magiers. Und das war gut so. Denn alles, was wir vorher zu Hause gelernt hatten, stand plötzlich in einem größeren Zusammenhang. Der Sinn der Stunden am Klavier, die Mühsal des Notenlesens und des Einübens der Stücke erschloss sich im Handumdrehen. Wie die meisten Kinder hatten auch wir ein Ziel: Wir wollten an einem der Ensembles partizipieren, die der neue Lehrer gründete. Unbedingt. Alle wollten das. Korisheli begann, immer mehr Schüler für das Orchester zu rekrutieren. Über die Jahre wurden es so viele, dass sie bald drei Orchester füllten. Ich selbst lernte noch Bratsche und Klarinette, um in den Orchestern spielen zu können. Unterrichtet wurde ich auch in diesen Instrumenten von dem georgischen Professor.

MUSIK – SCHULE – MUSIK   Unser Alltag war – nicht zuletzt aufgrund der Musik – ziemlich straff organisiert. Morgens noch vor acht Uhr begann bei Korisheli der Unterricht für die, die sich in seine Klasse eingeschrieben hatten. Der Schulvorstand hatte ihm für seine musikalischen Ambitionen an der Schule inzwischen ein eigenes Gebäude zugestanden, das er zu einem Konservatorium für uns Grundschüler umbaute. Nach dem regulären Schulunterricht, der üblicherweise von neun bis halb drei Uhr am Nachmittag abgehalten wurde, liefen wir wieder zu ihm hinüber in sein Gebäude. Es folgten die Orchesterproben und zusätzlicher Einzelunterricht. Um 18 Uhr schließlich gingen wir nach Hause.

Die Aufnahme in sein Orchester, für die man sich schon ziemlich anstrengen musste, bedeutete einen Zuwachs an sozialem Prestige als Mitglied einer – vermeintlich – ausgewählten Gemeinschaft von Kindern, mit denen er sich intensiv beschäftigte. So auserwählt waren wir aber gar nicht. Denn es gelang ihm, buchstäblich jeden zu rekrutieren. Dan, den Sohn eines Rinderzüchters, brachte er dazu, Trompete zu spielen. Richtig gut wurde er in der Zeit, die ich im Orchester verbrachte, nie. Aber er war derart begeistert, dass er an allen drei Orchestern partizipierte. Ich kann gar nicht mehr zusammenrechnen, wie viele Stunden er in den Proben gesessen haben musste. Dagegen war mein Freund Noël, Sohn einer sehr katholischen Familie italienisch-schweizerischer Abstammung, ein richtiges Talent auf seiner Tuba. Er hatte einen warmen, weichen Ton. Irgendwann verschwand er aus meinem Blickfeld. Ganz leise. Es hieß, er sei an eine andere Schule gewechselt, auf der er zum Priester ausgebildet werden sollte.

In Erinnerung geblieben sind mir auch die Wochenenden. Dann besuchten wir unseren Lehrer in seinem Haus, und wieder waren immer andere Kinder dabei, um in ganz unterschiedlichen kammermusikalischen Zusammensetzungen zu proben. Das war ein unglaublicher Spaß. Wir vergötterten den Professor. Zu Hause hatten wir nie viel gemeinsam musiziert, jedenfalls nicht in Form von Trios oder Quartetten, an die man gewöhnlich denkt, wenn von Kammermusik die Rede ist. Das taten wir bei Korisheli. In seinem privaten Musikstudio hatte er eine Holztreppe mit zwölf Stufen eingebaut, die zu einer Art Hochebene führte. Jede der Stufen repräsentierte einen Halbton der chromatischen Tonleiter. Ich weiß nicht, wie vielen der Dorfkinder er auf dieser Treppe die Grundzüge der Harmonielehre beibrachte.

In seinem Zuhause beschäftigte er sich zudem mit Bildhauerei. Er hatte auch dafür ein eigenes Studio, in dem er aus Steinblöcken und Holzstämmen Skulpturen schuf. Er malte und sprach viel über Philosophie. Oft waren wir mit ihm unterwegs. Auf den Ausflügen, die er mit seinen Schülern unternahm, lernten wir viel über Malerei und Bildhauerei, über die Bedeutung der Ästhetik und natürlich über die großen Denker des Abendlands. Er teilte sein ganzes Wissen mit uns. An allem ließ er uns teilhaben.

Schule, Musik, die bildende Kunst und das Privatleben gingen auf geradezu organische Weise ineinander über. Für uns Kinder ebenso wie für unseren Lehrer. Wir lernten mit ihm und er mit uns. Sogar die Eltern bezog er mit ein. Seine Unterrichtstüren standen immer offen. Jede Mutter oder jeder Vater, die wollten, konnten den Unterrichtsstunden beiwohnen – und vor allem mitmachen. Er verwandelte die Eltern zu begeisterten Assistenten, damit die Kinder, kaum dass sie sein Konservatorium verließen, mit ihrer Musik nicht alleingelassen waren. Die Eltern, sagte er mir einmal, müssten Teil des kindlichen Erfolgs werden. Es war für ihn geradezu ein Dogma, dass die ganze Familie seine Musikerziehung genießen sollte, sofern Eltern zuvor keinen Zugang zu dieser Welt hatten, ihr Kind aber von ihm für das Orchester rekrutiert und zum Erlernen eines bestimmten Instruments gewonnen worden war.

Für fast alle Kinder an unserer Elementary School war die Musik auf geradezu organische Weise Teil ihres Alltags geworden. Korisheli hatte uns die Tür zu den Schönen Künsten ganz weit aufgestoßen und unseren Zugang zu ihnen geprägt. Aber er prägte nicht nur unsere Kunstsinnigkeit, sondern die einer ganzen Gemeinde, in deren Zentrum die Musik zu stehen schien. Genau das war stets seine Intention gewesen. Er verwandelte Morro Bay in ein klingendes Dorf, in dem die Musik über viele Konflikte hinweghalf, die in einer Gemeinschaft von Einwanderern ganz unterschiedlicher ethnischer Hintergründe immer wieder entbrennen.

Mit dem Ende der 6. Klasse im Alter von zwölf Jahren war die musikalische Idylle fast vorüber. Ich kam auf die weiterführende Schule, Professor Korisheli blieb noch weitere zwei Jahre mein Lehrer. Auf der Highschool aber änderte sich auch das. Und wenn ich heute an diese Zeit zurückdenke, wird mir klar, dass ich in eine Art Krise geriet. In dieser Zeit veränderte sich zudem in Amerika viel, es setzte ein sozialer Wandel ein, der uns alle nicht unberührt ließ. Es war eine Zeit der Verunsicherung. Die Musik rückte in den Hintergrund. Andere Dinge wurden wichtiger, vor allem die Schule mit ihren Anforderungen. Nur noch sporadisch unterrichtete mich Professor Korisheli auf dem Klavier.

Mit der zweiten Hälfte der sechziger Jahre, als ich 15 oder 16 Jahre alt war, zogen in Amerika unruhigere Zeiten auf. Das Land hatte die Ermordung John F. Kennedys noch nicht verkraftet, da fiel 1965 der umstrittene Bürgerrechtler Malcom X einem Mordanschlag zum Opfer. Und ich erinnere mich noch lebhaft daran, wie mich 1968 die Nachrichten, dass zunächst

Martin Luther King und zwei Monate später Robert Kennedy erschossen wurde, in eine Art Schockzustand versetzten. Darüber hinaus hatten sich die Vereinigten Staaten bereits tief in den Vietnam-Konflikt verstrickt, der zu einem echten Krieg eskaliert war, ein grausiges Unterfangen, dessen Verlauf die Öffentlichkeit zunächst mit Unverständnis, dann wachsendem Entsetzen und schließlich mit heftigen Protesten verfolgte. Die Hippie- und Flower-Power-Bewegung, in der die Jugend in einer neuen Lebenshaltung ihrem Protest gegenüber der Politik des Establishments Ausdruck verlieh, erreichte auch mich damals.

Überhaupt war die amerikanische Bevölkerung in dieser Zeit stark politisiert, was meine Jugend im Rückblick sicher sehr geprägt hat. Auch mit Professor Korisheli diskutierten wir nach den Proben häufig noch lange und hitzig über die aktuellen Entwicklungen. Der Schwerpunkt meines musikalischen Engagements verlagerte sich in dieser Zeit hin zur Kirche. Damals schien es jedenfalls, als habe mein Umfeld Vordringlicheres zu tun, als sich weiterhin so individuell um meine musikalische Erziehung zu kümmern. Die Samen waren in den ersten Lebensjahren gesät worden, die kleinen Pflanzen, die daraus erwuchsen, wurden ein paar Jahre gepflegt. Dann aber wurden sie von einem Tag auf den anderen Wind und Wetter überlassen. Dafür, dass diese Pflanzen schließlich Früchte tragen würden, musste ich selbst sorgen.

Ob ich das tun würde, war lange nicht ausgemacht. Und so deutete in meiner Jugend wenig darauf hin, dass ich irgendwann einmal Musiker werden würde. Ich war ein aus Laiensicht wahrscheinlich recht guter, aber sicher kein hervorragender Pianist. Mit meinem Highschool-Diplom schrieb ich mich 1969 an der University of California für Soziologie ein – und für Musik. Ganz darauf verzichten wollte ich nicht.

Die Tage am College waren lang. Ich besuchte nicht nur gesellschaftswissenschaftliche Vorlesungen und Seminare, sondern auch viele Kurse in Musik, darunter in den Fächern Analyse, Theorie, Komposition. Auch regelmäßiger Klavierunterricht war Bestandteil des Musikstudiums. Ich übte viel – diesmal aus ganz eigenem Antrieb. Die Musik blieb ein wichtiger Teil meines Lebens. Dass sie schon bald eine derart dominierende Rolle spielen würde, dass also binnen kürzester Zeit kein Tag mehr vergehen würde, an dem ich nicht musizieren, über Musik nachdenken oder sprechen würde, war für mich persönlich damals überhaupt nicht absehbar. Daran hatten vor allem die Professoren im Fach Musik einen großen Anteil. Aber die Welt stand mir offen. Sie hatte, so erschien es mir im Alter von etwa 19 Jahren, unendlich viel zu bieten.

VON LEHRERN UND STRUKTUR   Warum erzähle ich das alles? Es sind keine nostalgischen oder gar sentimentalen Anwandlungen, die mich dazu bewegen. Ich schreibe das auf, weil mir im Rückblick auf meine eigene Geschichte so klar wird, was nötig ist, damit eine Gesellschaft über Generationen hinweg die Verbindung zur Musik und den Schönen Künsten nicht verliert. Und weil es kaum ein besseres Beispiel dafür gibt als uns Kinder aus Morro Bay.

Die Künste sind nur dann gesellschaftlich lebendig, wenn Menschen an ihnen teilhaben können, passiv oder auch aktiv, am besten schon von Kindesalter an. Voraussetzung dafür ist eine gute Infrastruktur, der sich nicht nur gesellschaftliche Eliten bedienen, die das Interesse an der klassischen Musik nicht verloren haben und privat über hinreichende finanzielle Mittel verfügen, diese Kunst an ihre Kinder weiterzugeben.

Mit Infrastruktur meine ich nicht die philharmonischen Tempel, die unter Scheinwerferlicht unsere Musik in die Welt hinaustragen. San Francisco und Los Angeles, die beiden kalifornischen Städte, die musikalisch an der Westküste überhaupt von Bedeutung waren, befanden sich viel zu weit weg, als dass wir als Kinder immerzu Konzerte hätten besuchen können. Ich spreche auch nicht von den zum Teil sehr aufwendigen Vermittlungsprogrammen, die inzwischen fast jedes philharmonische Orchester für junge Menschen aufgelegt hat, um sich die Zuschauer von morgen gewogen zu halten. Das alles haben wir Kinder aus Morro Bay nie erlebt.

Ich meine vielmehr eine Infrastruktur, die die dauerhafte Präsenz der Künste wie der klassischen Musik im Lebensalltag von Kindern und Jugendlichen sicherstellt. Und das funktioniert am besten dort, wo alle erreicht werden können, unabhängig von ihrem gesellschaftlichen Hintergrund, dem Bildungsstand ihrer Eltern oder der finanziellen Ausstattung, in die sie hineingeboren wurden.

Das Konservatorium von Professor Korisheli war Teil unserer Schule. Das Musikangebot war dauerhaft präsent, unaufhörlich ging jemand zu ihm, ließ sich unterrichten oder probte in einem seiner Ensembles.

Dem Gebäude entwichen immerzu Töne, Stimmen und fröhliches Lachen. Es war nahezu ein Ding der Unmöglichkeit, sich nicht dort hingezogen zu fühlen. Und das betraf fast alle Schüler, nicht nur jene, deren Hintergrund man in Deutschland einen »bildungsbürgerlichen« nennen würde, so wie es meiner war. Wahrscheinlich kamen meine Geschwister und ich mit etwas mehr Vorbildung in die Kurse von Wachtang Korisheli als manch ein Nachbarskind. Aber spielte das wirklich eine Rolle? In Morro Bay brauchte die Kunst das Bildungsbürgertum überhaupt nicht. Sie brauchte nur einen einzigen Menschen, der andere für sie begeistern konnte.

Die Infrastruktur ist das eine, das andere ist die Lehre. Das Interesse an einer Musik, die mehr ist als bloße Unterhaltung, wird von Menschen an Menschen weitergegeben, von älteren an jüngere, von Lehrern an Schüler. Die Kunst des Zuhörens und das Bewusstsein dafür, dass es sich lohnt, mehr über Musik zu lernen, um in ihren Tiefen nach neuen Erfahrungen schöpfen zu können, kann man sich im Selbststudium unmöglich erschließen. Genauso wenig wie das aktive Musizieren selbst.

Wer Musik verstehen oder musizieren möchte, braucht Lehrer. Die oft zitierte Bedeutung des Einflusses von Lehrern ist in der klassischen Musik gar nicht hoch genug einzuschätzen. Dabei sind keinesfalls die bedeutendsten Stars die besten Lehrer. Wachtang Korisheli trat als Künstler selbst vollkommen in den Hintergrund. Er musizierte nicht für sein eigenes Renommee, er unterrichtete aus wahrer Berufung, weil er gar nicht anders konnte, als die Musik, die ihm so viel gegeben hatte im Leben und immer noch gab, mit anderen zu teilen. Er war regelrecht beseelt davon, dass Musik Teil des Lebens eines jeden werden sollte, damit er ein erfüllteres, glücklicheres, inspirierteres Dasein auf der Basis eines erweiterten Empfindungsvermögens führen konnte.

»Was haben Lehrer mit Musik zu tun?«, fragte Leonard Bernstein reichlich provokativ im November 1963 sein junges Publikum in der Philharmonic Hall im Lincoln Center bei einem seiner heute legendären Konzerte für junge Leute, die regelmäßig im Fernsehen übertragen wurden. Es war eine rhetorische Frage wie eigentlich meistens bei Bernstein. »Alles«, rief er den Kindern und ihren Eltern zu. »Nur machen wir uns selten bewusst, wie wichtig Lehrer sind.« Unterrichten sei wahrscheinlich die großherzigste Profession, die freigiebigste, die schwierigste und die ehrenhafteste. »Aber es ist auch die am meisten unterschätzte, die am schlechtesten bezahlte und am wenigsten gelobte.«

Wir alle wissen, wovon er spricht. Und wir wissen auch, was für ein außergewöhnlicher Lehrer Leonard Bernstein war. Er hatte es bis an die Spitze des internationalen Klassik-Business gebracht und redete doch in Worten über die Musik, die jeder verstand. Durch sein häufiges Auftreten in Fernsehsendungen verfügte er über eine enorme Präsenz in den Vereinigten Staaten und war ein Gast in vielen Wohnzimmern musikbegeisterter Familien.

Nur konnte er allein die Musik natürlich nicht in den Alltag von Millionen Kindern und Jugendlichen tragen, schon gar nicht zu solchen, deren Eltern gar keinen Sinn dafür hatten, den Fernseher ausgerechnet für Sendungen über klassische Musik einzuschalten. Dafür sind andere Lehrer viel wichtiger als er, nämlich die, die sich in die Niederungen des Alltags begeben und den Kindern täglich aufs Neue vorleben, dass die Künste als Teil des Lebens unverzichtbar sind. Klassische Musik ist eine Sache, die zwischen den Generationen verhandelt wird: Sie muss vom Lehrer an den Schüler weitergegeben werden, von den Eltern an ihre Kinder. Wachtang Korisheli stand Bernstein in nichts nach. Auch er war ein begnadeter Lehrer, sicher viel eher im Sinne der Worte Bernsteins als dieser selbst.

An der Universität haben mich zwei weitere Lehrer stark beeinflusst: Der eine, Grosvenor Cooper, unterrichtete mich vor allem in Komposition und Musiktheorie. Im Fach Klavier nahm ich bei Goodwin Sammel Stunden, der mir unter anderem zeigte, wie wichtig und lohnend es sein kann, sich intensiv mit den Quellen eines Musikstücks auseinanderzusetzen. Mit dem Ende der Ausbildung am Konservatorium und dem Abschluss am College hört das Lernen natürlich nicht auf – schon gar nicht in der Musik. Später, in San Francisco, wurde der berühmte Cellist und Dirigent Laszlo Varga mein Lehrer. Er war von unerbittlicher Strenge. Fehlern gegenüber zeigte er sich stets unnachsichtig. Nachlässigkeiten verzieh er nie. Dass der Zugang zur Musik ein Leben lang Mühsal und Anstrengung bedeutet, man dann aber reichlich belohnt wird, lernte ich bei ihm.

DAS GOLDEN AGE DER KLASSIK   Ein großes Glück war in meinem Fall natürlich nicht nur die Begegnung mit diesen Lehrern; es war auch die Zeit, in die ich zufälligerweise hineingeboren wurde. Der Zweite Weltkrieg war vorüber. Die tiefe Rezession, in die er die Vereinigten Staaten gestürzt hatte, mündete mit ihrem Abklingen in einem Wirtschaftsboom. Das Wirtschaftswunder blieb ja nicht auf das zerstörte Deutschland und Europa beschränkt. Auch die Vereinigten Staaten gerieten in diesen positiven Sog. Die Wirtschaft wuchs – ungeachtet der neuen politischen Krisen, die Amerika im Zuge des Kalten Krieges überzogen. Wir Kinder der fünfziger und frühen sechziger Jahre lebten zwar in der heilen Welt des Wirtschaftswunders und der Bildungsexpansion – allerdings mit einem gewissen Kontrapunkt. Die Zeit brachte für uns eine deutlich spürbare, ganz eigenartige Bedrohung hervor. Die Angst vor der Ausweitung des Kommunismus gen Westen war äußerst dominant. Die Nachwirkungen der McCarthy-Ära mit ihrem lautstarken Antikommunismus verfehlten ihren Einfluss auf uns Kinder nicht. Die Vereinigten Staaten hatten einen Feind. Vor Russland und dem Kommunismus musste man Angst haben.

Doch die Wirtschaft boomte. Es wurde produziert und unglaublich viel gebaut. Die Menschen kauften Häuser, Autos, Fernseher. Kennzeichnend für diese Zeit war ein deutliches Anwachsen der Mittelklasse. Kalifornien stand an der Spitze dieser Entwicklung. Die Wirtschaftsdynamik war kräftiger als in allen anderen Bundesstaaten. Die wirtschaftliche Prosperität brachte auch das Bildungssystem zum Erblühen. Die öffentliche Hand investierte. Die sich stetig vergrößernden und neu gegründeten Universitäten strahlten in ihrer hervorragenden Reputation schon bald auch über die Grenzen der Vereinigten Staaten.

Mit der stark wachsenden Mittelklasse bekam Bildung ein besonderes Gewicht. Die kalifornischen Schulen zogen mit und galten seinerzeit in den Vereinigten Staaten als nicht minder vorbildlich. Musik- und Kunstpädagogik spielten eine bedeutende Rolle, ebenso wie Tanz, Literatur und Theater. Geld war jedenfalls reichlich vorhanden, und Kalifornien wurde zum Sehnsuchtsort nicht nur vieler Amerikaner, die in diesen Jahren ihren Lebensmittelpunkt dorthin verlegten. Großartige europäische Musiker trieben die Entwicklung der klassischen Musik voran und verhalfen ihr zur Blüte, darunter Komponisten von der Größe Arnold Schönbergs, Igor Strawinskys oder Ernst Kreneks sowie die Dirigenten Bruno Walter und Otto Klemperer.

In den siebziger Jahren veränderten sich die Verhältnisse. Die Ölkrisen 1973 und 1979/80 verfehlten ihre Wirkung auf Amerikas Wirtschaft nicht. Die Steuerreformen, die zur Entlastung der Bürger beschlossen worden waren, schlugen sich auf das Bildungssystem deutlich spürbar nieder. Den sinkenden staatlichen Einnahmen fielen an den Schulen sukzessive die Schönen Künste zum Opfer. Sie waren plötzlich nicht mehr so wichtig. Anfang der achtziger Jahre hatte sogar unser Lehrer einen schweren Stand. Als die Mittel-Zuweisungen für Musik nicht mehr ausreichten, um die Stellung dieses Fachs als gleichwertigen Teil des Curriculums zu garantieren, verabschiedete sich Korisheli 1984 aus dem öffentlichen Schulsystem und kehrte auch unserer Grundschule den Rücken. Er verlegte seine Aktivitäten an eine private Schule in dem größeren Nachbarort San Luis Obispo. Für die, die sich privaten Musikunterricht oder gar eine Privatschule nicht leisten konnten, waren die Künste und die klassische Musik weitgehend aus ihrem Leben verschwunden.

In Morro Bay konnte man nicht nur sehen, welche Bedingungen notwendig sind, damit ein jeder seinen Weg zu den Künsten finden kann. Es war auch gut erkennbar, welche Wirkung klassische Musik entfaltet. Sie stiftete Gemeinsinn in einer kleinen Gesellschaft, die heterogener gar nicht hätte sein können. Die Eltern und Großeltern der musizierenden Kinder waren ja aus aller Herren Länder gekommen, um im Westen der Vereinigten Staaten ihr Glück zu finden. Viele Familien waren im späten 19. und Mitte des 20. Jahrhunderts aus Europa in die Vereinigten Staaten eingewandert. Sie hatten sich eine neue Existenz aufgebaut wie meine Großeltern und Eltern und doch die Lebensgewohnheiten und Kultur ihrer Herkunftsländer gepflegt und beibehalten.

Meinen Heimatort, der zum County San Luis Obispo gehört, gibt es offiziell erst seit 1870. Als Siedlung ist er natürlich älter. Die Landschaft war fruchtbar, das Meer voller Fische. Die Menschen kamen aus England, Frankreich, der Schweiz, Deutschland, aus Lateinamerika und Asien. Es wurden viele Sprachen gesprochen und viele verschiedene Feste gefeiert. Natürlich kam es zwischen den Einwohnern so unterschiedlicher ethnischer Herkunft immer wieder zu Auseinandersetzungen, nicht nur unter den Eltern, auch zwischen uns Kindern und Jugendlichen. Aber wenn wir bei Professor Korisheli im Klassenzimmer etwas über Musik lernten, wenn wir im Orchester saßen oder am Wochenende in ganz unterschiedlichen Formationen bei ihm zu Hause Kammermusik machten, verflogen die Konflikte, und die gesellschaftlichen Unterschiede verloren an Bedeutung.

Die Musik hielt uns zusammen, gab uns ein Gemeinschaftsgefühl, war ein Ort der Begegnung. Und sie gab uns ein gemeinsames Ziel: das nächste Konzert, an dem wir alle gemeinsam arbeiteten, um dem Publikum, das ja zum größten Teil aus unseren Eltern und Verwandten bestand, ein einmaliges Erlebnis zu bescheren. Konzerte gab es unglaublich viele. Die brachten auch die Eltern immer wieder zusammen, die zumindest eines einte: die Freude an der Musik und der Stolz auf ihren Nachwuchs, der da mal besser, mal schlechter musizierte.

Einmal meldete sich ein mir vermeintlich Unbekannter in meiner Loge mit der Behauptung, mich aus früheren Tagen noch gut in Erinnerung zu haben. Es dauerte eine Weile, bis ich in der Lage war, seinen Namen zuzuordnen – schließlich hatten wir uns fast ein halbes Jahrhundert nicht mehr gesehen. Es war Noël, der Tubist aus meinen Kindertagen, der sich gerade in München aufhielt und mich unbedingt wiedersehen wollte. Ich war damals noch Generalmusikdirektor der Münchener Staatsoper.

Es wurde ein verblüffendes Treffen – für mich mehr als für ihn, denn er hatte meine Karriere in der Öffentlichkeit ja stets verfolgen können. Was war aus dem begabten Tuba-Spieler geworden? Noël war kein Priester, sondern ein hochrangiger FBI-Agent geworden, der sich im Dienste der Zollfahndungsbehörde auf die Bekämpfung des illegalen Tabak-, Alkohol- und Waffenhandels spezialisiert hatte. Als ich ihn traf, befand er sich bereits im Ruhestand, hatte seine Waffe an den Nagel gehängt und sich umgehend eine neue Tuba gekauft. Er musizierte wieder, Tag und Nacht, engagierte sich in verschiedenen Bands und tourte mit seiner Tuba um die Welt. Vielleicht sogar mit größerer Leidenschaft als in Kinderzeiten und mit der ganzen Inbrunst eines Pensionisten, der sich um seine Schule, Karriere, Lebensplanung und sein Auskommen keine Sorgen mehr machen muss. Die Musik, sagte er, sei immer ein Teil seiner selbst gewesen, auch wenn er über Jahre kein Notenblatt vor Augen gehabt hätte. Die Jahre in Korishelis Labor hatten ihn fürs Leben geprägt. Wir waren uns einig: Wer schon als Kind in die Welt der Schönen Künste hineingezogen wird, verliert sie nicht mehr. Sie wird ein fester Bestandteil seines Lebens – auf welche Weise auch immer.

Was haben mir meine Kindheitserfahrungen in diesem musikalischen Wunderland am Ende der Welt in Morro Bay gebracht? Oberflächlich alles: Mein Leben als Musiker, als Künstler, das alles wurzelt in meiner Kindheit; eine internationale Karriere als Dirigent – natürlich; der Mut, beruflich irgendwann alles auf eine Karte, auf die Musik zu setzen – wahrscheinlich, weil mich die Töne so sehr in ihren Bann gezogen hatten, dass ich gar nicht anders konnte; meine Akribie, mich tief in die Welt der Musik hineinzustürzen und mich nie zufriedenzugeben mit dem, was ich in ihr und mit ihr erfahre – auch das habe ich sicher in meiner Kindheit schon verinnerlicht. Aber das alles ist bloß Teil einer Rezeptur, auf die man als Berufsmusiker wahrscheinlich ebenso wenig wird verzichten können wie auf das Glück zufälliger Begegnungen, die einen prägen und auch in schwierigen Momenten weitertragen.

Und es berührt nur die Oberfläche. Eigentlich geht es um etwas viel Wichtigeres. Die Selbstverständlichkeit, mit der wir Kinder von Morro Bay, dieser durchmischte Haufen von Einwanderersprösslingen, von Musik umgeben waren, sie entdeckten und uns einbrachten, hat uns die Tür zu einer anderen Welt geöffnet: der faszinierenden, grenzenlosen Welt der Ästhetik.

Aus welcher Perspektive schreibe ich das? Aus der eines bekannten Dirigenten, der mit sechzig Jahren und damit ziemlich spät beginnt, sich um sein zukünftiges Publikum Gedanken zu machen? Nein, vergessen Sie das. Nichts von dem, was mich im Innersten bewegt, hat damit zu tun. Ich schreibe das hier als unverbesserlicher Überzeugungstäter, den – wie viele andere auch – ein paar simple Fragen einfach nicht in Ruhe lassen. Warum rührt uns Musik an? Warum entwickelt sie diese Kraft? Warum versetzen uns gerade ästhetische Erfahrungen in die Lage, die Wechselfälle des Lebens und die immerfort damit verbundene Frage nach dem Warum leichter zu ertragen?

Warum ist immer dann ernste Musik im Spiel, wenn wir mit schier unerträglichen Lebenslagen konfrontiert sind? Warum haben Häftlinge in Hitlers Konzentrationslagern in ihren menschenunwürdigen Baracken gezeichnet, gesungen und, so sie denn die Möglichkeit hatten, musiziert? Warum hat ausgerechnet die Kunst sie dazu gebracht, nicht den Mut zu verlieren? Warum hat der französische Komponist Olivier Messiaen in deutscher Kriegsgefangenschaft 1941 mit seinem »Quartett für das Ende der Zeit« ein Meisterwerk geschaffen? Und wie hätte Professor Korisheli die Unwägbarkeiten seines Schicksals ertragen können – die Hinrichtung des Vaters und wenig später den Abschied von der Mutter vor seiner Flucht aus der Sowjetunion, in der quälenden Ungewissheit, sie womöglich niemals wiederzusehen? Als er in den Zug Richtung polnische Grenze stieg, als sie neben den sich langsam in Bewegung setzenden Wagen winkend ein Stück hinter ihm herlief, konnte er noch nicht ahnen, dass dies sein letzter Blick auf sie sein würde. Zu einem Wiedersehen sollte es nicht mehr kommen. Als Kindern war uns klar, dass die Musik ihm die Kraft gegeben hatte, das alles auszuhalten.

MEIN TRAUM   Ich träume also von einer Welt, in der jeder Mensch die Chance hat, Zugang zur klassischen Musik zu finden. Vielleicht nicht nur zu ihr, sondern zu den Künsten überhaupt. Die Künste, deren geheimnisvollste sicher die Musik ist, machen den Alltag mehr als nur erträglich. Sie inspirieren uns, öffnen den Geist. Sie helfen uns, Unbegreifliches und Unerträgliches anzunehmen und als Teil unseres Lebens zu akzeptieren, daraus Kraft zu schöpfen und nicht daran zu verzweifeln. Nennen Sie mich jetzt einen Träumer, einen Utopisten, wenn ich mir wünsche, dass ein jeder in seinem Leben unabhängig von Bildungsstand und Herkunft die sinnstiftende Kraft der klassischen Musik erfahren können soll. Und wenn ich mit diesem Buch ein Plädoyer für die unbedingte Präsenz der Künste im Leben eines jeden Einzelnen versuche.

Aber diese Sehnsucht entspringt meiner Kindheit, in der die Künste auf diese geradezu glückhafte Weise eine bedeutende

Rolle spielten. Dass ästhetische Erfahrungen Teil des menschlichen Alltags sind, habe ich nie anders erlebt. Dabei ist der Zugang zu den Künsten kein Selbstläufer. Er verlangt eine Bereitschaft, sich darauf einzulassen und sich mit ihren Inhalten zu befassen. Klassische Musik birgt mehr als Unterhaltung. Wer diese Bereitschaft nicht erlernt, dem wird sich die Tiefe der klassischen Musik sehr viel weniger leicht erschließen. Vielleicht wird er nie zu ihr finden und sie gar nicht vermissen, weil er nie erfahren hat, wie viel sie einem geben kann. Aber wäre das fair, wenn er so gar nichts von ihr wüsste? Nicht nur einem Künstler wie mir kann und darf das nicht gleichgültig sein.

Sehr oft werde ich nach meinem Lieblingskomponisten gefragt – eine typische Frage von Laien an Musiker, eine, die wir Musiker uns gegenseitig wohl eher selten stellen. Vielleicht weil wir sie vordergründig als banal empfinden. Vielleicht auch, weil eine direkte Antwort darauf, ehrlich gesagt, unmöglich ist.

Musik ist zu meinem Leben geworden. Nichts von dem, was ich tue, hat nicht irgendetwas mit Musik zu tun. Ich habe Werke berühmter und weniger bekannter Komponisten einstudiert und dirigiert, aus ganz unterschiedlichen Epochen. Ich habe versucht, sie zu verstehen. Unzählige Stunden habe ich darüber nachgedacht, wie die Orchester, die ich dirigiere, die Werke spielen könnten, um dem Publikum die darin liegenden Aussagen nahezubringen. Ich habe mich bemüht, bis zum Kern der Kompositionen vorzudringen und so mancher Rätselhaftigkeit auf die Spur zu kommen. Ich tue es heute noch. So sind mir meist die Komponisten, mit deren Werken ich mich gerade intensiv beschäftige, am präsentesten und vielleicht in dem Moment auch am nächsten. Aber sind sie mir dann auch die liebsten?

Ich weiß es nicht. Meine Entdeckungsreise durch die Welt der klassischen Musik, die vor sechzig Jahren an der Westküste

Kaliforniens in einem Fischerdorf begann, ist längst nicht zu Ende. Im Gegenteil: Meine künstlerische Neugier treibt mich täglich weiter in diese faszinierende Welt hinein, deren Umfang immer größer wird, je tiefer ich in sie vordringe. Die Welt der Musik gleicht unserem expandierenden Universum. Je mehr ich mich mit Musik befasse, desto weniger meine ich über sie zu wissen. Wie also sollte ich diese offenbar gar nicht so banale Frage nach meinem Lieblingskomponisten beantworten?

Vielleicht, indem ich sie anders formuliere: »In deiner freien Zeit, in Stunden, die nicht verplant sind und ganz dir gehören – welche Musik würdest du dann für dich spielen?« Die Antwort darauf ist viel einfacher. Es ist die Musik von Johann Sebastian Bach. Das sage ich ohne den Hauch eines Zweifels. Von frühester Kindheit an hat mich Bach verfolgt und ich ihn. Bis heute. Seine Musik lässt mich nicht los. Ihre Tiefe ist unendlich. Sie vereint alles, was klassische Musik ausmacht. Und bis heute bin ich auf der Suche nach dem Warum. Sollen wir es zulassen, dass es immer mehr Menschen gibt, die von diesem einzigartigen Komponisten noch nie etwas gehört haben?

BACH
Durchs Herz zum Kopf

Der erste Akkord trifft mich mit voller Wucht, prallt zurück an die Wände des Kirchenschiffs und hat binnen Sekunden den gesamten Raum erfüllt. Dieser Akkord, der der Orgel so unvermittelt entweicht, ist mächtig, kraftvoll, majestätisch. Nichts bleibt von ihm unberührt, jeder kann ihn hören und fühlen. Mein ganzer Körper spürt ihn. Der riesige Raum scheint zu schwingen. Die Kirche ist bis in die hinterste Ecke erfüllt von diesem ersten Tongebilde, in Sekundenschnelle aufgeladen mit seiner gewaltigen Energie, zum Bersten gespannt.

Unvermittelt löst sich eine einzelne Stimme, sie entweicht der Anspannung des wuchtigen Akkords – scheint davonzulaufen, entfernt sich von der Gruppe ihrer Töne, kehrt zurück, lockt die nächste hervor. Die folgt ihr, ist tiefer. Sie jagen sich, treffen aufeinander und entfernen sich wieder. Plötzlich erklingt eine dritte Stimme. Mir stockt der Atem. Was ist das? Ich sehe ein Spiel, eine Unterhaltung. Mal leicht plaudernd, dann wieder ernst. Ich denke zurück an damals, erinnere mich an diesen ersten Akkord, der mich vor einem halben Jahrhundert so erschüttert hat. Ich sehe mich als Kind in unserer Kirche, vielleicht fünf Jahre alt und vollkommen im Bann dieser Anordnung von Tönen. Es ist die Musik von Johann Sebastian Bach.

Die Kirche unserer presbyterianischen Gemeinde, die mir in der Erinnerung so riesig vorkommt, ist ein kleines weißes Gebäude aus Stein, auf deren enge Empore natürlich auch keine gewaltige Orgel passte. Doch war das Instrument stark genug, um den Raum mit seinem Klang zu erfüllen.

Als Kind hatte ich keine Kenntnis davon, nach welchen Prinzipien Bach seine Musik komponierte. Gleichwohl lag in einer dieser ersten Begegnungen mit dem Komponisten womöglich eine Ahnung von etwas absolut Außergewöhnlichem, einer Ordnung, die dieser Musik ihr festes Fundament gab und mir selbst ein Gefühl tiefer Sicherheit. Der Lauf der verschiedenen Stimmen, die – jede für sich – ihrer Wege gingen, ohne jemals ungeordnet zusammenzustoßen, hatte etwas Beruhigendes. Ich ahnte: Es würde keine Kollision geben, keinen Crash. Keine Beliebigkeit, eine Struktur eindrücklicher Klarheit. So denke ich an diese Momente zurück. Ich sehe mich als Kind in unserer Kirche, in der mich meine erste Begegnung mit dem Komponisten aufgewühlt, emotional erschüttert hat – wie sonst soll ich mein Empfinden in diesen kindlichen Momenten bezeichnen? Er hat mich zutiefst bewegt. Meine damaligen, gänzlich unreflektierten Reaktionen als Kind auf die Musik Bachs erkläre ich mir heute so – in vollem Bewusstsein der Komplexität und Vollkommenheit des Bach'schen Kosmos, ohne das ich die Musik heute nicht mehr hören werde.

Die kindliche Unbedarftheit ist natürlich verschwunden. Gleichwohl muss es dieser Eindruck von Ordnung gewesen sein, der mich mitgerissen und ergriffen hat, und die enorme Energie, mit der die Töne in diesem System vorangetrieben werden. Weiter und weiter. Die Spannung, die Bach in der Führung der einzelnen Stimmen aufbaute, meinte ich damals in meinem Atem spüren zu können, genauso wie die Dramatik, die er in seine Musik hineinlegte. Hinter den Tönen, die sich da unaufhörlich aneinanderreihten, hörte und fühlte ich einen Steuermann, einen Lenker, der ganz selbstverständlich die Verantwortung für den Klang und die einzelnen Stimmen übernahm, sie nicht sich selbst überließ, sondern sie in höchster Sorge und Bedachtsamkeit führte.

Zu dem regen Musikleben, das sich in Morro Bay in meiner

Kindheit entwickelt hatte, gehörte neben den Orchestern auch die Kirchenmusik. Das alles floss sozusagen ineinander. Die Kirche meiner ersten Begegnung mit Bach wurde bald zu klein, zwei neue, größere Gebäude wurden gebaut, in die sich das Gemeindeleben mit seiner Musik verlagerte. Dort sangen wir Bach-Choräle und Kantaten, Kinder und Erwachsene gemeinsam. Während der Proben überkam mich damals häufig die Assoziation verschiedener Schubladen, in denen die einzelnen Stimmen fein säuberlich sortiert waren, so klar und deutlich voneinander getrennt und doch als Teil eines großen Ganzen. Ich verfolgte diese ganz eigenständigen Melodien, einzigartig arrangiert zu einem steten Strom. Die Chor-Kompositionen Bachs haben mich als Kind mitgerissen, die berühmten Kantaten, die Oratorien für Weihnachten und Ostern. Das war aus meinem Leben als Kind und Jugendlicher nicht wegzudenken. Im Chor war ich nicht nur Zuhörer, sondern schon als kleiner Sänger ganz selbstverständlich Teil dieses stetig fließenden Stroms, seiner Strudel und Untiefen, seiner überraschenden Schnellen und an anderen Stellen seines majestätischen Dahingleitens.

Diese frühen Begegnungen mit Bach und die tiefe Verbundenheit, die über die Jahre meiner Kindheit daraus erwuchs, sind womöglich ein erster, entscheidender Teil der Antwort auf die Frage, warum Bach über all die Jahrzehnte eine unerschütterliche Konstante in meinem ganz persönlichen, intimen Musikerleben geblieben ist und mich bis heute in Atem hält. Es ist ein Stück weit kindliche Prägung, eine Resultante der Umstände, in die ich eben zufällig hineingeboren wurde. Die frühe, kindliche Prägung ist offenbar wirkmächtig.

Aber begründet sie notwendigerweise eine lebenslange Faszination für die Musik eines einzigen Komponisten? Oder dafür, dass ich bei meinen Reisen und Abenteuern durch die Welt der Klassik und darüber hinaus immer wieder zu Bach und seiner Musik zurückkehre, gleichsam als würde ich nach Hause kommen? Wenn ich zu Hause in Kalifornien bin, Zeit für mich habe und vor meinem Regal mit den vielen Noten stehe, die sich im Laufe meines Lebens angesammelt haben, dann greife ich unwillkürlich zu Noten von Bach, ziehe vielleicht eine seiner Kantaten aus dem Regal, eine Invention oder auch das *Wohltemperierte Klavier*. Ich setze mich an den Flügel und spiele Bachs Musik. Manchmal für eine Viertelstunde oder zwanzig Minuten, dann wieder versinke ich für Stunden in seiner Welt.

Über Bach und seine Musik habe ich im Laufe meines Lebens mehr nachgedacht, als auf diese Seiten passt. Und es ist mehr über ihn geforscht und geschrieben worden, als ich jemals lesen oder auch nur bedenken könnte, um dem Rätsel der Zentrifugalkraft dieser Musik auf den Grund zu gehen. Aber wenn ich versuche, ein wenig davon zu erklären, dann beginnt dieser Versuch mit Bachs großen pädagogischen Fähigkeiten.

Johann Sebastian Bach war nicht nur ein großer Komponist und Kantor, sondern auch ein begnadeter Pädagoge. Heute nehmen wir ihn nicht mehr als solchen wahr. Zu seiner Zeit allerdings war das nichts Ungewöhnliches. Im Gegenteil: Wer von Berufs wegen musizierte, sich als Kantor in der Kirche oder fürstlicher Kapellmeister seinen Lebensunterhalt verdiente, der vermittelte Musik. Das Musizieren und Komponieren lernte man als Handwerk. Studiengänge an Musikhochschulen oder Konservatorien, wie sie heute überall angeboten werden, gab es damals nicht. Musik war eine Art Ausbildungsberuf. Wer Glück hatte, ging bei Bach buchstäblich in die Lehre.

Der Komponist nahm immer wieder Lehrlinge in sein Haus auf. In seiner Zeit als Thomas-Kantor in Leipzig soll er nebenher bis zu sechzig Studenten der Universität unterrichtet haben. Nicht zu vergessen eine Anzahl von Schülern aus den zahlungskräftigen Adelskreisen. Streift man durch die Literatur, findet man vielerorts Berichte seiner Schüler über die Art und Weise, wie er ihnen – meist anhand seiner eigenen Kompositionen – die Welt der Musik eröffnete. Seine Welt. Lernen bei Bach bedeutete nicht nur, Stücke zu studieren und in möglichst vollendeter Form am Tasteninstrument zu reproduzieren; es bedeutete Musikerziehung im weit umfassenderen Sinn. Seine Schüler lernten, sofern sie willig und begabt und ehrgeizig genug waren, auch das Improvisieren oder die Kunst der Komposition.

Bach wusste, dass dafür nicht nur die technischen Voraussetzungen eines hervorragenden Pianisten vonnöten waren, sondern vor allem ein musiktheoretisches Fundament, welches ihnen die charakteristischen Merkmale damaliger Kompositionskunst nahebrachte. Das Genie schuf diese selbst. Für seine Söhne und Schüler komponierte er die als zweistimmige Inventionen und dreistimmige Sinfonien bekannten dreißig Klavierstücke und fasste diese in einem *Clavier-Büchlein* für seinen Sohn Wilhelm Friedemann zusammen, die er drei Jahre später noch einmal überarbeitete und in neuer Reihenfolge in seinem Lehrbuch *Aufrichtige Anleitung* versammelte. Hier sind die einzelnen Inventionen und Sinfonien streng systematisch abwechselnd in Dur und Moll, ausgehend von der Grundtonart C-Dur, durch alle Tonarten angeordnet.

Bach selbst hat die Zweckbestimmung seines wohl ersten Unterrichtswerks ganz klar benannt: Nicht nur mit zwei und sogar drei Stimmen sollten Klavierliebhaber und Lernbegierige verfahren lernen, sondern auch einen starken »Vorgeschmack« auf das Komponieren bekommen. Musik hören kann jeder, musizieren kann jeder, der ein Instrument beherrscht. Komponieren und damit etwas Neues erschaffen kann nur der, der die theoretischen Grundlagen dafür irgendwann einmal verinnerlicht hat. Und genau das wollte Bach erreichen: mit erkennbarer Systematik, verpackt in wunderbare Melodien.

Im Alter von zwölf oder 13 Jahren habe ich mich erstmals ernsthaft mit diesen kleinen Kompositionen befasst – und in ihnen damals, ehrlich gesagt, zunächst nicht mehr als notwendige Etüden gesehen, die mir mein Lehrer aufgegeben hatte.

Dass das konzeptionelle Denken Bachs als Grundlage für seine Schaffenskraft in diesen Miniaturen überdeutlich wird, habe ich damals natürlich noch nicht erkennen, sondern womöglich lediglich erahnen können. Heute weiß ich es. Diese Miniaturen sind sozusagen ein Kondensat seiner Kompositionskunst, weil sie alles enthalten, was zum Grundverständnis unseres Tonsystems gehört. Es ist tatsächlich möglich, mit Hilfe dieser Miniaturen all das zu lernen, woraus Musik besteht.

Der passionierte Pädagoge hat diese kleinen Stücke ungeachtet ihrer Strukturiertheit lebendig, ungemein farbenfroh und kontrastreich komponiert. Zum Lernen, zum Musizieren und zum Anhören. Und doch gehorchen diese kleinen Werke alle dem grundlegenden Prinzip motivischer Konzentration. Sie sind aus einem musikalischen Grundgedanken entwickelt, aber derart anspruchsvoll und durchdacht, dass ich sie getrost als gänzlich neue Kunstform bezeichnen würde.

Bachs Schüler jedenfalls müssen begeistert gewesen sein. Und fasziniert. So manch einer von ihnen geriet regelrecht ins Schwärmen. Die Schüler lernten überwiegend anhand Bachs eigener Werke. Zunächst arbeiteten sie mit dessen Miniaturen, also den Inventionen und Sinfonien, danach beschäftigten sie sich mit verschiedenen seiner Suiten, um dann, nachdem sie diese zu des Meisters Zufriedenheit studiert hatten, Zutritt zu seinem erweiterten musikalischen Kosmos zu erhalten: dem grandiosen Klavierzyklus des *Wohltemperierten Klaviers*.

1722 schuf er den ersten Teil dieser insgesamt 48 Präludien und Fugen, zwanzig Jahre später den zweiten. Jeder Teil enthält 24 Satzpaare, also immer ein Präludium und eine Fuge, angeordnet im System der Tonarten, in Dur und Moll. Das Werk beginnt in C-Dur, das nächste Satzpaar ist dann in der gleichnamigen Moll-Tonart, also c-Moll, verfasst, alle weiteren folgen chromatisch und damit Halbton für Halbton aufsteigend bis zu der Tonart h-Moll. Ein Paar je Halbton einer Oktave, die derer zwölf enthält, das Ganze in Dur und Moll, sodass es sich genau auf 24 Präludien und Fugen addiert.

Dass Bach in der Lage war, Präludien und Fugen auf jedem Halbton der chromatischen Tonleiter so wohlklingend zu schreiben, hat einen Grund: Er verstand es, sein Instrument perfekt zu stimmen. »Wohltemperiert« bedeutet wohlgestimmt. Gemeint ist die bewusst unreine, also den Gesetzen der physikalisch natürlichen Schwingungsverhältnisse reiner Intervalle zuwiderlaufende Stimmung, sodass sich alle Tonarten angenehm anhören. Das war bis weit ins 17. Jahrhundert hinein noch nicht möglich. Die Idee, dass man bestimmte Intervalle geringfügig verändern musste, damit sich die Dreiklänge eines jeden beliebigen Grundtons der chromatischen Tonleiter angenehm und nicht dissonant anhörten, hatte der Musiktheoretiker Andreas Werckmeister 1681 erdacht.

Bach machte als Erster vollumfänglich Gebrauch davon, stimmte mit einer gehörigen Portion Pragmatismus sein Instrument und komponierte fortan in jeder Tonart. Die temperierte Stimmung wirkte wie ein Befreiungsschlag. Er hatte der musikalischen Sprache ihre letzten Fesseln genommen. Dann endlich konnte er aus dem Vollen schöpfen und seinem musikalischen Einfallsreichtum in jeder beliebigen Tonart freien Lauf lassen. Und er war ein Meister darin. Er hatte die abendländische Tonsprache seiner Zeit vollendet.

Was fasziniert nicht nur uns Musiker daran so sehr? Vielleicht ist es in erster Linie die Ordnung, die Bach geschaffen hat und die wir Menschen brauchen, nicht nur, wenn wir Musik hören. Aber auch dann. Bach gibt uns mit dieser Ordnung Orientierung – in seinen Tonarten und ihren Grundtönen und seinen Dreiklängen, die er auf die Grundtöne setzt, in Dur und Moll.

Die Systematik, mit der Bach diese Werke für seine Schüler komponierte, ist klar und eindrucksvoll. Dieser Klavierzyklus ist ein Kompendium nicht nur aller Tonarten, sondern auch an verschiedensten Kompositionsformen. In der Musikgeschichte ist das einzigartig. Es offenbart einerseits das vollkommen logische Denken des Komponisten, und auf der anderen Seite manifestiert sich hier seine pädagogische Begabung und Leidenschaft, seinen Schülern etwas an die Hand zu geben, womit sie die Welt der Töne und Tonfolgen, der Tonarten und ihre Anordnung ein für alle Male verinnerlichen würden. Die Schüler lernen sozusagen Bachs Tonsystem und damit seine Sprache, eine Sprache, die in der klassischen Musik bis heute gesprochen wird. Und das anhand von Melodien und musikalischen Themen, deren Vielfalt in Bachs Welt keine Grenzen zu kennen scheint. Auf faszinierende Weise verbindet dieser Zyklus beides: Logik und Kreativität, ein geschlossenes musikalisches System mit künstlerischem Erfindungsreichtum, in dem Bach seiner Phantasie scheinbar völlig freien Lauf lässt. Mit diesem Klavierzyklus hat er in wenigen Jahren ein Kompendium an Kompositionskunst geschaffen, das in der Musikgeschichte einzigartig ist.

Wie gern hätte ich ihn selbst einmal gehört! Wie oft habe ich mir vorgestellt, wie er wohl spielen würde, und seine Schüler beneidet, die dieses Genie mit anhören durften und ihre eindrucksvollsten Unterrichtsstunden gerade dann genossen haben, wenn Bach einmal keine Lust aufs Unterrichten hatte. Dann setzte er sich selbst ans Instrument und brachte seinen Kosmos zum Schwingen. Er spielte sein *Wohltemperiertes Klavier* dreimal hintereinander und verwandelte die Stunden, die er dafür benötigte, in Minuten. Kein Wunder: Bachs Musik kann einem nicht langweilig werden. Im Gegenteil, sie steckt voller Überraschungen, derer man sich manchmal sogar erst dann gewahr wird, wenn man ein Präludium oder eine Fuge schon oft gespielt hat.

Warum führt er an einer Stelle die Melodie nach oben, obwohl das natürliche Empfinden eigentlich einen gegenteiligen Stimmverlauf erwarten würde? Warum geht es nicht weiter bergab? Manchmal bin ich so verblüfft, dass ich beim Spielen sogar lachen muss. Vor allem dann, wenn ich meine, just das Stück, das ich gerade spiele, eigentlich besonders gut zu kennen. Dann wieder führt Bach eine Komposition plötzlich in eine andere Tonart, sie erhält eine neue Stimmung und Farbe. Und ich wundere mich. Vielleicht ist es diese immer wieder neue Verwunderung, die der Musik ihren Zauber verleiht. Vielleicht ist es die Tatsache, dass Bachs Musik an Tiefe gewinnt, je mehr man sich mit ihr beschäftigt.

Das *Wohltemperierte Klavier* ist jedenfalls nicht nur ein grandioses Vermittlungsprogramm für die Tonsprache des Barock, in der wir uns bis heute in der klassischen Musik verständigen, sondern auch eine Paarung nahezu gegensätzlicher Typen von Musikstücken: Präludium und Fuge, das erste frei und spielerisch, das zweite strenger, komplexer oder raffinierter angelegt. Während Bach in seinen Präludien ein weites Spektrum an Ausdrucksformen zur Geltung bringt, folgen die Fugen einem festgelegten Schema, in dem die Stimmen einander imitieren. Beides zusammen macht den Klavierzyklus geradezu zu einer Enzyklopädie musikalischen Wissens. Beim Spielen spüre ich diese Kombination aus intellektueller Kapazität des Komponisten und einer kreativen Emotionalität, die er in seine Werke hineinlegt, und wie es ihm gelingt, diese beiden inneren Kräfte in vollkommener Balance zu halten. Wenn es nicht so pathetisch klänge, würde ich behaupten, dass Bachs musikalischen Schöpfungen etwas Göttliches innewohnt.

Bachs Musik zieht Menschen auf der ganzen Welt in ihren Bann – völlig unabhängig vom Kulturraum, in dem sie aufgewachsen sind. Liegt es nur an der Perfektion seiner Tonsprache, seinem Einfallsreichtum und seiner Phantasie? Nein, in Bachs Musik finden sich Geschichten, rein musikalische Geschichten, die aber in ihrem Hörer viele konkrete Assoziationen wecken können. Wenn Sie sich in Bachs Werk ein wenig auskennen, denken Sie an seine Orchestersuiten. Sicher kennen Sie die Suite Nr. 3 in D-Dur, diesen großartig getragenen zweiten Satz, den er mit »Air« (Melodie, Lied) überschrieben hat und der einen sofort in eine Dramaturgie hineinzieht. Oder an das 4. Brandenburgische Konzert für Sologeige und zwei Blockflöten, in dem die drei Protagonisten sich immer wieder aufeinander beziehen.

Doch konnte Johann Sebastian Bach noch viel existenzieller komponieren als in dem heiteren Zyklus seiner sechs Brandenburgischen Konzerte. Er war ein zutiefst gläubiger Christ, ein orthodoxer Lutheraner, der seine gesamte Schaffenskraft in den Dienst Gottes stellte. Aus diesem Selbstverständnis heraus nahm er mit seiner hohen Sensibilität und der von ihm geschaffenen musikalischen Sprache das menschliche Dasein in den Blick. Gleich einem Existenzialisten verarbeitete er die großen lebensbestimmenden Themen, die uns alle immer wieder bewegen, in seiner Musik. Bach bezieht sich auf die Gegensätze, die unser Leben bestimmen, deswegen ist seine Musik so lebensnah. Er setzt Hell gegen Dunkel, spielt mit Dur und Moll, mit Licht und Schatten, dem Kampf des Guten gegen das Böse. Ohne Hell kein Dunkel, ohne Gut kein Böse, das sind kulturübergreifende Gegensätze, die sich in seiner Musik finden und sie für alle verständlich machen.

In seiner Musik geht es um die fortwährende Wiederkehr menschlicher Erfahrungen, um Spaß, Freude, Trauer und Verzweiflung, es geht um Konflikte und Versöhnung. Bach thematisiert das Ringen des Menschen mit dem Schöpfer und seinem Willen. Seine Kantaten, die er für die sonntäglichen Gottesdienste schrieb, sind voller Dramatik. Er hat mehr als zweihundert Kantaten komponiert, keine einzige von minderer Qualität.»Ich will den Kreuzstab gerne tragen« – in seiner 56. Kantate für Solobass und Orchester vertonte er die Worte Jesu auf so berührende Weise, als liege im Moment des Gesangs das Leid der ganzen Welt auf den Schultern von Gottes Sohn. Nicht weniger tiefgründig ist seine h-Moll-Messe, in der sich in den Chorälen und Arien unsere menschliche Existenz auf wunderbare Weise wiederfindet.

Alles, was er komponierte, schuf er Gott zu Ehren. Den Menschen verstand er als Gottes Abbild, die Musik in ihrer vollkommensten Form als Möglichkeit, die Gnade Gottes auf der Erde gegenwärtig werden zu lassen. Und doch verlor Bach bei all seiner Gottesverehrung den Menschen mit seinen Bedürfnissen, zu denen auch die Erholung gehörte, die »Recraation des Gemüthes«, nie aus dem Blick. Bach selbst sah sich verpflichtet, seine überragende Musikalität und Schaffenskraft in den Dienst des Allmächtigen zu stellen. Es ist das barocke Weltbild seiner Zeit, das ihn prägte und das die scharfe Trennung von profaner und sakraler Sphäre noch nicht kannte. Bach sah sich als Geschöpf Gottes, seine Musik als Teil der göttlichen Schöpfung, als ihr Spiegel- oder Abbild mit dem Menschen im Zentrum mit all seinen Stärken und Schwächen. Alles steht miteinander in Verbindung: Unterhaltung und Tiefsinn, Pädagogik und Kreativität, Logik und Gefühl. Dass er aus diesem Selbstverständnis heraus immer wiederkehrende Topoi der menschlichen Existenz aufgriff und musikalisch verarbeitete, ist die logische Folge daraus. Und es ist genau das, was diesen Musiker seiner Zeit am Ende enthob.

So sind es gerade zwei Dinge, die Bach weit über die Barockzeit hinausführten und seine Musik zu einer noch immer sprudelnden Inspirationsquelle für uns, seine Interpreten, machen: die lebensbestimmenden Themen, die er aufgreift und die den Menschen von jeher beschäftigen, und die vollkommene, von ihm geschaffene Sprache. In seiner Allgemeingültigkeit ist Bach vielleicht moderner als alle anderen Komponisten, deren Bezugspunkt er bleibt.

Bach wird damit selbst zum Schöpfer eines eigenen Kosmos – perfekt, logisch, vielschichtig und viel gewaltiger als in seinen Miniaturwerken. Doch schon dort ist spürbar: Er ist der Lenker und Steuermann seiner Welt. Er vollendet eine musikalische Entwicklung, führt sie zur Perfektion und damit weit über ihre Zeit hinaus. Ob ihm die Bedeutung der von ihm geschaffenen Sprache bewusst war? Ich weiß es nicht. Ohne Sprache jedenfalls ist nichts. Ohne sie gibt es kein Denken, kein Bewusstsein, keine Existenz. Eine der ersten göttlichen Handlungen ganz zu Beginn des Alten Testaments ist das Sprechen. Gott spricht, noch bevor es den Menschen gibt: »Im Anfang war das Wort, und das Wort war bei Gott, und das Wort war Gott.«

Für die Musik ist Bachs Sprache existenziell. Und genau das macht den Komponisten so einzigartig. Wie sich Musik in den Jahrhunderten nach ihm entwickelt hätte, wenn er nicht gewesen wäre, wissen wir nicht. Wir können uns das auch nicht vorstellen. Ich habe mich oft gefragt, warum Johann Sebastian Bach bis heute über jegliche Kritik erhaben ist. Er wird niemals in Frage gestellt, seine Werke keiner vergleichenden Bewertung unterzogen, so wie man es von anderen Komponisten kennt – auch von Mozart, dessen zahlreichen Sinfonien man durchaus unterschiedliche kompositorische Qualitäten zuschreibt. Bach wird verehrt und geliebt. Seine Musik bezieht ihre Allgemeingültigkeit schon lange nicht mehr aus dem theologischen Fundament und christlichen Weltbild, das Bach so sehr prägte. Bachs Musik braucht keine christliche Rechtfertigung. Ihre Ästhetik, ihr Wert und ihre Bedeutung sind dieser Sphäre längst entwachsen.

Am Ende des Lebens zieht er sich zurück, beschäftigt sich nur noch mit seiner Schöpfung, spielt mit der von ihm geschaffenen Sprache, benutzt sie, um ein letztes großartiges Werk zu komponieren, einen weiteren Zyklus: *Die Kunst der Fuge*, angelegt als Sammlung von 14 Fugen und vier zweistimmigen Kanons. Über der letzten, also der 14. Fuge, stirbt der an seinem Lebensende völlig erblindete Komponist. Der Zyklus bleibt unvollendet. Und gewährt trotzdem noch einmal einen Einblick in die Intellektualität und unermessliche Phantasie des Künstlers. Die kompositorische Artistik dieses Werks ist unvergleichlich. Bach komponierte manche der Teile als Spiegelfugen, also als Musikstücke, die sich Notenzeile für Notenzeile an einer gedachten horizontalen Linie spiegeln lassen. Oder anders: Man könnte die Noten einfach auf den Kopf stellen; es ergäbe sich natürlich eine andere Melodie, die in ihrer Qualität der ursprünglichen aber in nichts nachsteht. Das ist gerade so, als würde ein Dichter Verse verfassen, die sich auch rückwärts lesen ließen und natürlich einen anderen, aber nicht weniger tiefen Sinn ergäben und nichts an poetischer Qualität verlören. Bach hat diese Fugen in drei- und vierstimmiger Form angelegt.

Aber das ist längst nicht alles. Bachs Klavierkompositionen enthalten unzählige Botschaften, wimmeln von Symbolen, die er auf verschiedenste Arten in seine Stücke eingebaut hat. Wer sich einmal dort hineinbegibt, wird auf ewig fündig werden, man kann nicht mehr aufhören, als wollte man einen Code entschlüsseln, der mit jedem Fortschritt der Decodierung an Komplexität gewinnt. Bach spielt mit Zahlen, zum Beispiel mit der 14. In der letzten, der 14. Fuge des Zyklus, die er nicht zu Ende geschrieben hat, macht er seinen eigenen Namen zum Thema – so als würde er seinem Gesamtwerk ein letztes Mal vor seinem Tod als Schöpfer den eigenen Stempel aufdrücken.

Wer sich die vorausgehenden Stücke genau anschaut, der wird zwar entdecken, dass die Tonfolge B A C H bereits vorher immer wieder verwendet wird, allerdings nicht als Thema, sondern versteckt. In der letzten Fuge aber führt er seinen Namen als tragendes Motiv ein. Es gibt Vermutungen, dass auch die Zahl 14 eine Anlehnung an seinen Namen ist, sein Absender in codierter Form. Nummeriert man nämlich die Buchstaben im Alphabet durch und addiert dann die Ziffern, die zu den Buchstaben seines Nachnamens gehören, ergibt sich die 14. Die Zahl 14 taucht in vielen seiner Werke auf. Ob das nur Zufall ist?

Das Gefühl, dass jemand Ordnung in meine Welt bringt, ergreift mich bis heute. Anders als als kleiner Junge weiß ich inzwischen um die geschlossene Ton-Systematik, auf Basis derer Bach schier unendliche Werke hervorgebracht und Melodien geschaffen hat. Wer die Musik von Johann Sebastian Bach einfach nur anhört, wird unweigerlich in sie hineingezogen. Er wird sich von der bloßen Klanggewalt mitreißen lassen und die musikalischen Prinzipien dahinter womöglich nur erahnen. Die Musik wird ihn erfüllen. Wer sich indes auf Bach einlässt, sich mit den theoretischen Grundlagen seiner musikalischen Schöpfung befasst, der begibt sich auf eine Reise, die ein Leben lang dauert. Er wird erkennen, dass die Allgemeingültigkeit seiner musikalischen Aussagen ihn, diesen genialen Komponisten, seiner Zeit des Barock enthebt und ihn weit darüber hinausführt.

In seiner 1908 erschienenen Monografie über den Komponisten schrieb der berühmte Arzt und Philosoph Albert Schweitzer, dass Bach »ein Ende« ist, der Höhepunkt der großen Tradition westlicher Musik, die in Johann Sebastian Bach ihren Meister und Vollender fand; einen, in dessen Werken sich die musikalische Entwicklung einer wichtigen Epoche vervollkommnete und damit erschöpfte. Schweitzer mag damals so gedacht und die herrschende Meinung über Bachs Bedeutung bestimmt haben. Bach ist jedoch kein Ende, Bach war ein Experimenteur, ein Erneuerer und vor allem ein grandioser Musiker, dessen

Schöpfungen einen Neubeginn ermöglichen, einen Aufbruch in eine andere Zeit.

Bach wird dem Barock zugeordnet. Er mag diese Kunstform vollendet haben. Aber die von ihm geschaffene Tonsprache markiert den Beginn einer Epoche, die wir später Klassik nennen werden. Sie macht sie überhaupt erst möglich, setzt gleichsam eine neue Entwicklung in Gang. Sie ist der Bezugspunkt für Haydn, Mozart und Beethoven, deren Werke ohne das Bach'sche Fundament überhaupt nicht denkbar sind. Sein Werk ist der Anfang einer musikalischen Entwicklung über die Klassik und Romantik bis in die Gegenwart hinein. In seiner Musik sind künftige Entwicklungen im Keim enthalten, manches hat er vorweggenommen. Sein Kosmos ist die Provokation, daraus auszubrechen oder ihn ganz niederzureißen, wie es später Schönberg tat. Mit Bach fängt alles an und er lässt einen nicht los.

KAPITEL 2
Bankrotterklärung in Philadelphia

»Das Verschwinden der alten Kultur bedeutet das
Verschwinden der alten Vorstellung von Wert. Der einzige
Wert, den es heute noch gibt, ist der vom Markt bestimmte.«

Mario Vargas Llosa, in:
Alles Boulevard, 2013

KONZERT IN DER GEISTERSTADT   Das Konzerthaus ist hell erleuchtet. Es strahlt. Festlich gekleidete Menschen strömen durch das Foyer in den großen Saal. Das Orchester spielt heitere Musik aus den Hochzeiten der Klassik. Eine Sinfonie und ein Klavierkonzert stehen auf dem Programm. Dirigent, Musiker und der Pianist geben ihr Bestes, sein Spiel scheint an diesem Abend von besonderer Intensität. Am Ende entlädt sich die Spannung in tosendem Beifall – so wie immer seit fast einhundert Jahren, wenn sich die wohlhabendere Gesellschaft in der Woodward Avenue in Midtown Detroit einfindet. Nichts ist davon zu spüren, dass das Orchester seit einiger Zeit wirtschaftlich am Abgrund balanciert.

Nach der Vorstellung bringt die Limousine den Pianisten ins Hotel, nur einige Blöcke von dem 1919 erbauten Konzerthaus entfernt. Nach seinem Auftritt ist er hungrig und bittet den Fahrer um einen kleinen Umweg. Er will sich in einem dieser 24-Stunden-Läden noch ein Sandwich besorgen. Der Fahrer schüttelt den Kopf. Er weigert sich, der Bitte nachzukommen. Von der Hauptstraße will er nicht abbiegen, keinesfalls in eine der dunklen Nebenstraßen einfahren, in denen die Straßenbeleuchtung aufgrund der kommunalen Finanznot seit Monaten abgeschaltet ist. In Detroit ist das seit einiger Zeit viel zu gefährlich.

Die Begebenheit ist noch nicht sehr lange her. In der amerikanischen Autostadt ist der bedrohliche Niedergang inzwischen an jeder Straßenecke zu sehen und zu spüren. Nur nicht im Konzertsaal, dem das Publikum in seinen besten Roben seit hundert Jahren die Treue hält. Leerstehende Gebäude, eine Unzahl von Überfällen – aus der Berichterstattung weiß jeder, dass die »Motor City«, deren einstmals blühende Autoindustrie die klassische Musik mitfinanzierte, am Ende ist. Im Konzertsaal, im Paradise Theater, wie das Gebäude früher auch schon mal genannt wurde, habe man das nicht gemerkt, erzählt mir der Pianist. Noch nicht.

Die Bilder, in denen er die krassen Gegensätze dieser gebeutelten Stadt beschrieb, bekamen plötzlich etwas Surreales: eine vom wirtschaftlichen Untergang bedrohte Metropole, deren Einwohnerzahl inzwischen auf weniger als ein Drittel geschrumpft ist, auf deren Oberdeck aber unter dem Applaus eines aufgetakelten Publikums das Orchester tapfer weiterspielt, obwohl es sich mit der Stadt schon längst in einem finanziellen Abwärtsstrudel befindet und in die Tiefe gezogen wird.

Während ich ihm zuhörte, musste ich unwillkürlich an die bürgerliche Konzert- und Opernkultur denken, die in der Zeit von 1870 bis in die zwanziger Jahre des 20. Jahrhunderts hinein ihre Hochzeit hatte. Für einen kurzen Moment glich dieser schwerfällige Musikbetrieb in meinen Gedanken einem dicken Schiff, das sich in eisigen Gewässern bewegt. Könnte es sein, dass wir Musiker, die sich der ernsten Musik verschrieben haben, die Kapelle sind, die noch spielt, während der Rumpf des Dampfers längst leckgeschlagen ist? Unverdrossen weiter fiedelnd wollen wir nicht wahrhaben, dass das Schiff bereits voll Wasser läuft.

Die Nachrichten, die sich derzeit um den traditionellen Musikbetrieb ranken, zeigen deutlich, dass vieles im Wandel ist – bedroht durch Sparmaßnahmen und Kürzungen. Von Geldnot ist allerorten die Rede. Jedes Haus kämpft für sich. Die klassische Musik steht überall zur Disposition, weil sie angeblich zu teuer oder – so heißt es oft – zu wenig zeitgemäß ist, eine Kunstform aus einem Museum mit Exponaten des 18. und 19. Jahrhunderts, die mit den Lebensmodellen und Arbeitsbedingungen der Menschen von heute kaum noch etwas zu tun hat. Das große Schiff ist in Schieflage geraten. Und die, die mit ihren Instrumenten nicht schon von Deck gerutscht sind, musizieren einfach weiter.

Es ist fast vierzig Jahre her, dass ich mich ganz und ausschließlich der klassischen, also der ernsten Musik verschrieben habe. Nach meinem Studium der Soziologie und Musik an der Universiy of California, das ich mit einem Diplom in beiden Fächern abschloss, setzte ich mein Studium in San Francisco fort. Von da an hatte ich tatsächlich so etwas wie eine Laufbahnentscheidung getroffen. Seit vier Jahrzehnten also erlebe ich, wie sich die Welt der klassischen Musik verändert. Ich sehe Orchester verschwinden. Ich beobachte, wie unser Publikum altert und die jungen Menschen der Klassik mit zunehmender Distanz oder vielfach gar nicht mehr begegnen. Das betrifft sogar meine eigene Familie, in der meine Neffen und Nichten kaum noch eine Beziehung zur klassischen Musik haben. Und es ist deutlich zu spüren, dass viele Institutionen der Künste in Bedrängnis geraten.

Ich meine in den vergangenen vier Jahrzehnten einen sich beschleunigenden Bedeutungsverlust der Klassik zu erleben. Unsere Zunft – oder nennen Sie es Branche – scheint ihre goldenen Zeiten hinter sich zu haben und benötigt dringend eine Art Neudefinition ihrer Rolle in der Gesellschaft. Verkläre ich die Vergangenheit? Zeigen sich damit erste Begleiterscheinungen des Älterwerdens, die ich früher bei anderen immer nur schulterzuckend zur Kenntnis nahm, weil Menschen jenseits der sechzig mit ihren tiefen Seufzern des Früher-war-alles-besser ihrer Jugend gemeinhin hinterherweinen? Ich weiß es nicht wirklich. Lassen Sie mich beschreiben, was ich erlebe, vergleichen Sie das mit Ihren eigenen Erfahrungen, und urteilen Sie am Ende selbst.

LAUTER TODE AUF RATEN   In meinem Heimatland vollzieht sich seit einigen Jahren ein nie dagewesenes Orchestersterben. Viele große und kleine Klangkörper befinden sich finanziell in einer schier aussichtslosen Lage. Manche sind ganz verschwunden. In anderen wird heftig um das Überleben gerungen. Dabei kennt die Kakophonie in jedem einzelnen Fall keine Grenzen. Manager, Intendanten und Musiker schieben sich gegenseitig die Schuld zu. Es wird gestreikt, Veranstaltungen werden ad hoc abgeblasen, die Künstler werden in Reaktion auf die Streiks einfach ausgesperrt. Monatelang bleiben Häuser geschlossen. Dabei werden die Klangkörper meistens von zwei Seiten unter Druck gesetzt: auf der Ausgabenseite durch steigende Kosten, auf der Einnahmeseite durch sinkende private Finanzierung und einem Rückgang der Nachfrage. Das alles spielt sich vor den Augen einer Öffentlichkeit ab, die dem flächenhaften Niedergang unserer Orchesterlandschaft in Liebhaberkreisen noch reichlich entsetzt, im Großen und Ganzen aber recht unbeteiligt zuschaut.

Die ehemaligen Leuchttürme, die einst fünf renommiertesten Orchester unseres Landes, die gemeinhin unter dem Schlagwort »Big Five« subsumiert wurden, so scheinen sie zu hoffen, würden schon nicht untergehen. Und solange sie ihr Budget halten, große Künstler weiter bezahlen und anspruchsvolle Programme realisieren könnten, bliebe die ernste Musik als Kunstform zumindest noch sichtbar. Im Jahr 2011 aber krachte es in der Szene gewaltig. Der Bankrott erwischte das Philadelphia Orchestra, das zusammen mit der New York Philharmonic, dem Boston und dem Chicago Symphony Orchestra sowie dem Cleveland Orchestra zu den Top 5 des Landes gehört. Dieses stolze, brillante und traditionsreiche Ensemble, dessen Geschichte im Jahr 1900 begann, beantragte Gläubigerschutz, den das amerikanische Rechtssystem nach Chapter 11 gewährt. Wie sollte es weitergehen?

Ich bin in einer Zeit aufgewachsen, in der die klassische Musik Teil des täglichen Lebens zu sein schien. Nicht von allen, aber doch von einem großen Teil der amerikanischen Bevölkerung. Klassische Musik fand überall statt: nicht nur in den Schulen wie bei uns oder in den Konzertsälen großer und kleinerer Städte. Das ganze Land war übersät von ganz unterschiedlichen Musikensembles, in denen sich musikbegeisterte Laien zusammenschlossen, probten und Konzerte gaben. Es gab eine Vielzahl halbprofessioneller Orchester, in denen Berufsmusiker und exzellente Amateure zusammenfanden. Die Ärzteorchester in New York oder San Francisco waren landesweit bekannt für ihre Qualität. Im Fernsehen wurden vielfach Konzerte übertragen und auch Sendungen, die sich mit klassischer Musik beschäftigten.

Unvergessen ist der Zyklus *Young People's Concert* (»Konzert für junge Leute«), eine Serie von regelmäßigen Familienkonzerten des New York Philharmonic Orchestra, die in den zwanziger Jahren entstand und mit Leonard Bernstein den Höhepunkt ihrer Popularität erreichte. Von 1958 bis 1972 wurden die von ihm moderierten Konzerte aus der Carnegie Hall und später vom Lincoln Center aus im Fernsehen zu besten Sendezeiten ausgestrahlt. Sie stehen sinnbildlich für diese von mir als goldene Zeiten der ernsten Musik bezeichnete Ära, in der es der klassischen Musik in den Vereinigten Staaten mit seiner blühenden Wirtschaft selten besser ging als in den sechziger und siebziger Jahren. Klassische Musik war die große Selbstverständlichkeit und Konstante im Lebensalltag unserer Gesellschaft. Für mich als angehenden Musiker waren das wunderbare Zeiten. Wir Künstler wurden gebraucht, selbst solche wie ich, die nicht als Solo-Instrumentalisten, sondern als Generalisten, also als Komponisten, Arrangeure, Musikwissenschaftler oder Produzenten ausgebildet waren. Es gab viele Möglichkeiten, in der Musikwelt unterzukommen. Ich arbeitete an vielen

Häusern, zunächst an der Westküste, später dann in Boston, begleitete die Solisten und Ensembles bei Proben auf dem Klavier und assistierte beim Dirigieren.

Schon Mitte der achtziger Jahre bekam diese so idyllische Welt der Klassik, in der es bis dahin ausschließlich aufwärts zu gehen schien, eine – ziemlich unerwartete – erste tiefe Schramme. Im September 1986 ging das Oakland Symphony Orchestra in Konkurs, begraben unter einem Berg von fast vier Millionen Dollar Schulden. Es war ein Orchester mit bemerkenswerter Tradition, 1933 gegründet und hinsichtlich der Zuschauerzahlen über Jahre ein Gegenpart zu dem Klangkörper des nahe gelegenen San Francisco. Ich erinnere mich noch genau an dieses dynamische Orchester, an dem ich in jungen Jahren einige Zeit als Dirigent assistierte. Oakland war eine lebendige Stadt, das Orchester bespielte das in den siebziger Jahren renovierte Paramount Theater im Zentrum, ehemals ein heruntergekommenes Kino, jetzt ein Haus mit fast 3000 Plätzen für die Musik. Das prächtige, im Art-déco-Stil erbaute Gebäude war Teil eines städtischen Erneuerungsprogramms, aufwendig hergerichtet in der Hoffnung, die Innenstadt um eine weitere Attraktion zu bereichern.

Das Stadtleben florierte. Die Menschen begegneten sich vielerorts, in der beleuchteten Altstadt, im Hafen von Oakland, im Football-Stadion oder im Konzertsaal. Irgendwann Anfang der achtziger Jahre aber wurde das Geld knapper. Die fetten Jahre einer langen Aufschwungphase schienen vorbei. Die Kommunalpolitiker waren zum Sparen verdammt, sie kürzten im Bildungssystem und bei der Stadtverwaltung und mussten entscheiden, ob sie lieber den Sport fördern oder das weitgehend unabhängige Orchester mit einer großzügigen Finanzspritze vor seinem Untergang bewahren wollten.

Die Sportszene in Oakland dominierten in diesen Jahren die Oakland Raiders, eine erfolgreiche Football-Mannschaft und der ganze Stolz der Stadt. Das Orchester war bereits in eine Spirale von Defiziten und immer neuen Schulden geraten. Die Distanz zwischen der Stadtverwaltung und dem Orchester-Management wuchs. Die Stadt hielt sich zurück, und die Oakland Symphony hatte keine Chance. Sie wurde geschlossen, die große Bibliothek des Hauses verkauft, die Musiker wurden entlassen, der Konzertsaal blieb verriegelt und war fortan keine Begegnungsstätte mehr. Mit dem Ende der Musik verdunkelte sich auch das Licht in den Straßen. Die Altstadt leerte sich, weil die Bürger fernblieben. Die sozialen Probleme nahmen überhand. Oakland stieg in der Kriminalitätsstatistik ziemlich weit nach oben.

Kaum dass sich die Protagonisten der amerikanischen Klassik-Industrie von dem seinerzeit singulären Schock der Pleite der Oakland Symphony halbwegs erholt hatten, begannen sie, dieses Ereignis zu deuten: als Einzelfall natürlich. Eine Studie mit dem denkwürdigen Namen *Autopsy of an Orchestra* wurde in Auftrag gegeben, um die Gründe des Niedergangs zu analysieren und aus den Fehlern zu lernen. Sie liest sich so spannend wie ein Thriller. Der Tenor war eindeutig: Managementfehler, uneinsichtige, auf ihren Lohn bedachte Musiker und vor allem überhöhte Erwartungen an eine wachsende Zuschauerzahl hätten die Pleite verursacht. 1400 Orchester in den USA, so hieß es damals in den Medien unverdrossen, würden – ungeachtet der finanziell angespannten Situation so manches Stadtorchesters – schon nicht verschwinden.

Ein wenig vorausschauender war da die Einlassung des Orchesterdirektors von Oregon: »Wir müssen nicht unsere Spendengelder erhöhen, wir müssen das Bewusstsein stärken.« Bewusstsein für die Musik und dafür, wie sehr der Verlust schmerzt, wenn ein Orchester verschwindet. Orchester seien nicht deshalb künstlerisch glaubwürdig, weil sie Millionen Dollar einnähmen, sagte er weiter. »Sie verdienen die Millionen, weil sie künstlerisch so glaubwürdig sind.« Die amerikanische Klassik-Welt traf sich auf Kongressen, sinnierte über Fundraising, Publikum, Programme und vieles mehr und wiegte sich dennoch in der Sicherheit, dass die Künste ihren angestammten Platz in der Gesellschaft nicht verlieren würden.

Im Rückblick kommt nicht nur mir der Tod des Orchesters von Oakland wie der Wendepunkt in der Geschichte der klassischen Musik vor, seit sie von Europa aus Amerika eroberte. Denn hier zeigte sich überdeutlich just jene Haltung, die heute in den westlichen industriellen und postindustriellen Gesellschaften gang und gäbe ist: Vieles ist wichtiger als die ernste Musik; die ist ein *nice-to-have*, keinesfalls ein *essential*. In Oakland war es vor allem das Football Team, dem die Stadt ihre Aufmerksamkeit zollte und ihm, ein paar Jahre nachdem der Konzertsaal längst geschlossen und das Inventar des Orchesters verscherbelt worden war, für 220 Millionen Dollar ein neues Stadion bauen ließ. Aus der Sicht eines Musikers war der Fall seinerzeit an Zynismus kaum zu überbieten. Doch zu jener Zeit, noch in den achtziger Jahren, hätte ich mir nicht vorstellen können, dass um die Jahrtausendwende in Amerika ein großes Orchestersterben einsetzen und etliche Musiker über Monate vor zugesperrte Konzerthaustore oder in die Arbeitslosigkeit treiben würde. Im Rückblick markiert Oakland den Anfang.

EIN GRUSS VON LEHMAN BROTHERS   Es gibt Gründe für dieses Orchestersterben, die vor allem in der jüngsten Finanz- und Wirtschaftskrise liegen und darüber hinaus natürlich in einer Handvoll hausgemachter Schwierigkeiten. Die Finanzkrise des Jahres 2008, die Amerika in der Folge in eine tiefe Rezession stürzte, hat deutliche Spuren hinterlassen. Das Stiftungsvermögen der großen Orchester und Opernhäuser ist dramatisch geschrumpft. Die Verzinsung des Kapitals, also jene Zuflüsse, aus denen sich die Institutionen dann finanzieren, sank stark. Gleichermaßen betroffen waren die großen Vermögen derjenigen Privatpersonen, die die Orchester gemeinhin mit Spenden unterstützten. Und auch die dritte Einnahmequelle, der Kartenverkauf, sprudelte nicht mehr so kräftig. In der Wirtschaftskrise wollten viele auf das in den Vereinigten Staaten ziemlich teure Konzertvergnügen lieber verzichten.

Das hat etliche der ehemals üppig ausgestatteten Klassik-Institutionen in Existenzkrisen getrieben. Natürlich sind nicht alle Orchester betroffen. Manche wachsen sogar, andere erfinden sich neu – dank der hohen Kunst ihres Managements. Anders als in Deutschland erhalten amerikanische Orchester kaum öffentliche Subventionen. Entweder rechnet sich der Betrieb, oder er häuft über die Jahre derart viele Schulden an, dass er irgendwann illiquide und damit bankrott sein wird. So wie 2011 eben das Orchester von Philadelphia, das am 16. April 2011 nachmittags um 15.30 Uhr vor einer abends umjubelten Vorstellung von Mahlers 4. Sinfonie seine Zahlungsunfähigkeit amtlich machte. Für uns Musiker war so etwas bisher unvorstellbar gewesen – ein regelrechter Schock. Bis dahin waren schon verschiedene kleine Orchester bankrottgegangen, aber keines von der Größe und dem Renommee des Philadelphia Orchestra.

Die Finanzkrise traf viele der unabhängigen Institutionen völlig unvorbereitet. Musiker sollten auf erhebliche Teile ihres Gehalts verzichten, Streiks waren an der Tagesordnung. Der amerikanische Kapitalismus, der eine so wunderbare Orchesterlandschaft hervorgebracht und finanziert hatte, war in der Krise. Und die Krise fraß seine Musik. In vielen Städten und Gemeinden waren die Bürger plötzlich gezwungen darüber nachzudenken, was ihnen diese Institutionen als Flaggschiffe der klassischen Musik überhaupt wert waren. Dieses Orchestersterben verlangte eigentlich eine Neubesinnung darauf, wie viel Musik sich die Gesellschaft leisten möchte. Und vor allem, wie viel sie meint zu brauchen.

Finanzielle Engpässe, in Geldnot schlingernde Konzerthäuser und vom Aus bedrohte Orchester sind allerdings nicht ausschließlich ein amerikanisches Phänomen. Es ist nur dort besonders augenfällig, weil die öffentliche Hand kaum zur Finanzierung der Häuser beiträgt. In Wien begann der neue Intendant des Konzerthauses seine Amtszeit mit einem Paukenschlag. Das Konzerthaus sei bankrott – betriebswirtschaftlich gesehen zumindest. Im Jahr seines hundertjährigen Bestehens schiebe es einen Schuldenberg von satten sieben Millionen Euro vor sich her, ohne den Hauch einer Chance, diesen in absehbarer Zeit aus eigener Kraft heraus abzutragen. Der Betrieb geht natürlich trotzdem weiter. Immerhin beteiligt sich die öffentliche Hand noch mit 13 Prozent am Etat des Traditionshauses, in dem ich so gern gastiere. In Österreich darf man sich noch lauthals über seit Jahren eingefrorene Beiträge der Gebietskörperschaften beklagen und mehr Geld fordern. In Amerika ist das seit den siebziger Jahren nahezu ein Ding der Unmöglichkeit.

In schwere See ist auch Italiens großartiger Kulturbetrieb geraten – ausgerechnet dort, wo die Oper mit Giuseppe Verdi, Giacomo Puccini, Gioachino Rossini, Vincenzo Bellini oder Gaetano Donizetti zu wahrer Blüte gelangte. Es gibt Häuser, die ihre gastierenden Künstler kaum noch oder gar nicht mehr bezahlen können. Eine Vielzahl von Opernhäusern ist tief in die roten Zahlen gerutscht, sie müssen schließen. Die traditionsreiche Oper in Rom hat im Herbst 2014 allen Musikern und Sängern gekündigt und sich auf einen mühsamen Sanierungskurs begeben, um das Ruder herumzureißen. Mit beachtlichem Erfolg. Das so dicht gespannte Netz an Opern bekommt immer größere Löcher. Vielleicht wird es sich irgendwann nahezu aufgelöst haben und nur mehr die bekannten Häuser übrig lassen, die auch heute noch oder wieder finanziell stabil sind: die Mailänder Scala, Venedigs La Fenice und das Teatro Regio in Turin und das Opernhaus in Rom. Der Grund für das Opernsterben ist offiziell die Überschuldung des Landes und seiner Gebietskörperschaften: Für die Finanzierung der Kultur ist einfach kein Geld mehr da, es wird gespart. Die Kulturetats sind landesweit drastisch reduziert worden.

SCHWINDSUCHT IM WELTWUNDERLAND   Und Deutschland – dieses Weltwunder der Musik mit über 130 Sinfonieorchestern? Auch hierzulande befinden sich Häuser in bedrängter Lage. Orchester werden fusioniert oder geschlossen. Und es wird immer wieder die Frage aufgeworfen, ob mittelgroße und kleinere Städte Konzertsäle und Orchester brauchen, wenn die Geldsorgen der Kommunen überhandnehmen. Hier kommt der Druck nicht von privaten Geldgebern, sondern von der zum Sparen verpflichteten öffentlichen Hand. Die muss nun entscheiden, ob sie lieber in Infrastruktur oder in die Künste investiert.

Unvergessen ist mir aus meiner Zeit als Chefdirigent des Deutschen Symphonie-Orchesters in Berlin (DSO) das fortdauernde zähe Ringen um genügend Geld, ausreichend Musikerstellen und den eigenständigen Fortbestand dieses traditionsreichen Klangkörpers. Berlin musste sparen und muss es auch heute noch. Da kommt natürlich immer wieder die Frage auf, ob sich das finanziell schwer angeschlagene Bundesland wirklich gleich mehrere namhafte Orchester leisten oder nicht doch Schwerpunkte setzen sollte. Die Beliebtheit und Bedeutung des Orchesters, das ich von 2000 bis 2006 leitete, stand gar nicht in Frage. Aber in einem Land, in dem die Kultur hoch subventioniert ist, sind weder Beliebtheit noch Auslastung notwendigerweise ein schlagendes Argument. Der Kampf um das Orchester geriet immer wieder zu einem Spektakel, das der

Öffentlichkeit einiges an Missklang zu bieten hatte. Berlin entschied sich – wunderbarerweise – bisher jedes Mal für die Vielfalt in der Klassik – ein Glück, das sich hoffentlich nicht wieder verflüchtigt. Aber Berlin ist mit seinen Klangkörpern und Opernhäusern ein Sonderfall. Die Hauptstadt befindet sich eben im Scheinwerferlicht.

Ansonsten wird die klassische Musik in Deutschland eher im Pianissimo aus dem täglichen Leben der Kommunen verdrängt. Kein krachender Eklat wie in den Vereinigten Staaten, eher ein schwindsüchtiges Dahinsterben. Haben Sie mitbekommen, dass sich die so reiche deutsche Musiklandschaft in den vergangenen zwanzig Jahren gemessen an der Zahl ihrer Orchester um ein Viertel reduziert hat? Dieser »Marktbereinigungsprozess«, wie das so mancher Kulturschaffender inzwischen gern bezeichnet, ist noch längst nicht zu Ende. In Deutschlands mittelgroßen Städten sind weitere Klangkörper von Sparmaßnahmen in ihrer Existenz oder Eigenständigkeit bedroht, nicht nur in den finanzschwachen Kommunen einer ehemals blühenden Industrielandschaft, auch im wohlhabenden Süden. Was bedeutet es für das soziale Leben in einer Stadt, wenn mit der Industrie und den Arbeitsplätzen irgendwann auch die Musiker still und leise verschwinden und sich die Menschen nicht mehr in den Konzerthäusern begegnen?

Natürlich ließe sich ebenso umgekehrt argumentieren: Es gibt Zeichen der Hoffnung. Manche Institutionen erfinden sich neu. Darüber hinaus gründen sich Kammerorchester, Streichquartette und hochspezialisierte Ensembles und bringen Dynamik in die traditionelle Klassik-Welt: wie etwa das Freiburger Barock-Ensemble, die Deutsche Kammerphilharmonie in Bremen oder das beständig wachsende Ensemble Modern. Dazu kommt eine blühende Musikfestival-Kultur. Beeindruckendes Beispiel sind die Osterfestspiele in Baden-Baden, das Bonner Beethoven-Festival oder das im chronisch klammen Mecklenburg-Vorpommern florierende und inzwischen sehr bekannte Musikfest. Es werden neue Konzertsäle gebaut und bespielt, die Elbphilharmonie in Hamburg, der Pierre-Boulez-Saal in Berlin oder das Musikforum Ruhr in Bochum. Wie groß die Strahlkraft dieser neuen Leuchttürme auf Dauer für ganz Deutschland ist, wird sich erst in ein paar Jahren zeigen.

Für die Vereinigten Staaten könnte man ferner hoffen, dass es in wirtschaftlich wieder besseren Zeiten, wenn Stiftungsvermögen wachsen und mehr Rendite abwerfen, auch den Orchestern wieder besser gehen wird, sofern sie nicht längst geschlossen sind. Man könnte ja sogar noch verwegener argumentieren: Wenn Reichtum und Zuversicht in mein Heimatland zurückkehren, dann könnten und wollen sich Menschen wieder Kultur leisten, es könnten auch dort neue Orchester oder andere Musik-Initiativen entstehen. Warum eigentlich nicht?

Danach sieht es jedoch überhaupt nicht aus. Trotz mancherorts hoffnungsvoller Zeichen hat sich die Kunstgattung klassische Musik in vielfach beunruhigender Weise in den industriellen und postindustriellen Gesellschaften mittlerweile weit vom größten Teil der Bevölkerung entfernt. Und mit jedem schließenden Haus rückt sie in noch weitere Ferne. Sie ist nicht mehr Teil der Lebenswirklichkeit der Menschen. In den Zeitungen wird über lokale klassische Events nicht mehr berichtet. Klassik-Radioprogramme verschwinden oder werden ins Digitale verbannt, wo man sie gezielt suchen muss. Musiker werden nicht mehr als wichtige Mitglieder unserer Gesellschaft angesehen. Ohne die Bühne haben sie keine Chance auf öffentliche Wahrnehmung und darauf, Bürger für die Kunst überhaupt zu gewinnen, sie von deren Bedeutung zu überzeugen und dafür zu kämpfen. Und das nicht nur in Amerika, wo ihr Bestand in einer weitgehend privat finanzierten Opern- und Konzertlandschaft viel mehr davon abhängt als etwa in Deutschland mit seinem hoch subventionierten Kulturbetrieb.

Das Verschwinden der Orchester, dieses theatralische oder auch leise Sterben einer jeden einzelnen Institution ist jedes Mal wieder Ausdruck einer gesellschaftlichen Festlegung: Wo liegen die Prioritäten unserer Gesellschaft? Was ist ihr wichtig und was weniger? Wenn ein Orchester schließen oder fusionieren muss, wird gegen die Kultur gestimmt. Deswegen ist das Verschwinden der einzelnen Klangkörper so alarmierend. Vor allem dann, wenn es auf einen Rückzug von Spendern und Sponsoren zurückgeht oder auf das Diktat des Sparens, dem die öffentliche Hand unterworfen ist, und nicht bloß auf miserables Management.

Wenn ich mir die Veränderungen in der Orchesterlandschaft der westlichen Industriegesellschaften rückblickend im Zeitraffer noch einmal vor Augen führe und dazu die stetig sinkende Präsenz der klassischen Musik in Rundfunk und Fernsehen, dann lässt sich dahinter – bei allen Besonderheiten der Einzelfälle – ein Muster erkennen, eine Verschiebung des Rangs, den die klassische Musik in der Gesellschaft innehat. Auf der Bedeutungsskala ist sie in jedem Fall weiter nach unten gerutscht. Sie befand sich selbstredend nie ganz vorn, vor allem dort nicht, wo sie in einer Art elitärem Musikverständnis zelebriert wurde und Opern und Konzerte in die Dienste eines gewissen Sozialprestiges gerieten. Diesen gesellschaftlichen Bedeutungsverlust haben wir Musiker womöglich nicht früh genug erkannt, vielleicht, weil die klassische Musik gerade bei uns eine Konstante im Leben bildet und das Leben ohne sie gar nicht denkbar ist. Aber sollten wir es wirklich wagen, die Kunst sich selbst zu überlassen, wo wir doch wissen, dass der Zugang zu ihr zunächst mühsamer ist als der Genuss eines Spektakels im Football-Stadion?

GRAU, NOCH GRAUER   Nicht nur die schrumpfende Orchesterzahl beunruhigt mich, mindestens genauso tut es das alternde Publikum, das über die Jahre mit mir ergraut. Wo sind die vielen jungen Menschen, die Zwanzig- und Dreißigjährigen, die vor ein paar Jahrzehnten in den Vereinigten Staaten noch die Konzertsäle füllten? Der steigende Altersdurchschnitt der Konzert- und Opernbesucher diesseits und jenseits des Atlantiks ist ein allgemeines und gut zu beobachtendes Phänomen. Im Amerika meiner Jugend sah man in den Opernhäusern und Konzertsälen Leute jeder Altersklasse. Noch früher, in den vierziger Jahren, lag das mittlere Alter bei ziemlich genau dreißig Jahren. Zwanzig Jahre später hatte sich der Median auf 38 Jahre erhöht. Der Median ist der Wert, der die jüngere von der älteren Hälfte der absoluten Besucherzahl trennt.

Der eigentliche Altersschub fand verschiedenen Studien zufolge in den achtziger Jahren statt – einer Zeit übrigens, die ziemlich genau mit dem Rückzug der Künste von amerikanischen Schulen korrespondiert. Viele Schüler wuchsen in der Zeit ohne die Begegnung mit klassischer Musik auf.

Wieder zehn Jahre später bildeten die Zuhörer, die zwischen 1936 und 1945 geboren waren, die größte Kohorte der Konzertbesucher. Der Anteil der jungen Menschen sank dramatisch, das Durchschnittsalter stieg unaufhörlich. Um das Alter der Opernbesucher war es, als 1996 in den Vereinigten Staaten eine groß angelegte Studie über genau diese Entwicklung veröffentlicht wurde, noch schlechter bestellt. Schon damals, vor gut zwanzig Jahren also, wiesen die Autoren der Studie darauf hin, dass sich in den Zahlen ein verändertes Freizeitverhalten jüngerer Menschen zeigte, das der Kunstform klassische Musik und Oper in Zukunft womöglich schwer zu schaffen machen würde. Vorbei waren die Zeiten, in denen Opernstars ihre Fans in jüngeren Altersgruppen und unter Teenies rekrutierten und Eltern samt ihrem Nachwuchs in die Konzert- und Opernhäuser lockten. Es wird schwer werden, sie zurückzuholen.

In Deutschland sieht es im Parkett und auf den Rängen in Sachen alternder Konzertbesucher kaum besser aus als in den

Vereinigten Staaten. Das Durchschnittsalter der Besucher klassischer Konzerte und Opern liegt inzwischen bei der magischen Linie von sechzig Jahren. Natürlich ist das eine Durchschnittszahl, einige Orchester liegen deutlich darunter und schaffen es, wieder mehr junge Menschen für sich zu begeistern. Dennoch ist die Entwicklung alles andere als erfreulich. Denn dieses Durchschnittsalter ist in den vergangenen Jahren deutlich stärker gestiegen als das der Bevölkerung insgesamt. Das sind nicht meine persönlichen Eindrücke, sondern durchaus ernst zu nehmende Berechnungen verschiedener Institute. Müssen wir annehmen, dass in dreißig Jahren, wenn viele unserer treuen Konzertbesucher nicht mehr leben, ein großer Teil des Publikums einfach wegbrechen wird?

Wie immer kann man über solche Studien und Prognosen streiten. Jeder Intendant oder Generalmusikdirektor wird die Zahlen auf seine Weise deuten. Ich selbst beobachte die Entwicklung mit gemischten Gefühlen und einem durchaus besorgten Blick wiederum auf Statistiken, die uns Forschungsinstitute über die Bedeutung dieser Kunstform in den Alterskohorten unserer Kinder und Enkel offenlegen. Klassische Musik spielt dort in weiten Kreisen überhaupt keine Rolle mehr. Die Kinder und Jugendlichen sind stark visuell sozialisiert, sie wachsen mit Pop- und Rockkonzerten auf, bei denen der visuelle Genuss dem der Musik nicht nachsteht. Was sollen sie in Klassikvorstellungen, in denen die komplexe Musik ihre das Gehirn stimulierende Wirkung viel langsamer entfaltet als die mit Pyrotechnik effektreich versehenen Songs, bei denen man bereits nach zwei Minuten mitsummen kann?

In der Klassik muss man vor dem emotionalen Kick erst einmal eine ganze Weile genau zuhören, man muss sich ernsthaft auf sie einlassen. Für den, der das nicht gewohnt ist, ist es zunächst ziemlich anstrengend. In Deutschland, wo nur noch jeder Fünfte wenigstens einmal im Jahr überhaupt ein klassisches Konzert besucht, erreichen unsere Orchester bei den unter Dreißigjährigen gerade einmal zehn Prozent – einmal im Jahr. Häufiger verliert sich auch dieses verbliebene Zehntel nicht im Konzertsaal.

Bis heute wird darüber gestritten, was der zunehmende Altersdurchschnitt zu bedeuten hat. Das Verschwinden des klassischen Konzertformats und der Oper oder nicht? Die Optimisten unter den Intendanten und Generalmusikdirektoren meinen, dass sich hier eine geradezu normale Entwicklung manifestiert: In der Jugend gehen die Menschen in Popkonzerte, stecken sich bei jeder sich bietenden Gelegenheit ihre Knöpfe ins Ohr und wippen auf Stühlen, in der S-Bahn oder tanzen über den Zebrastreifen. Irgendwann aber, mit zunehmendem Alter – so die Theorie –, wird ihnen das zu fad, weil ein Popsong den Refrain binnen drei Minuten sechsmal wiederholt, verlieren die älteren den Spaß. Die Konzerte werden ihnen zu laut, ebenso wie das theatralische Gekreische der jungen Menschen, die sich dem Spektakel begeistert hingeben. Spätestens dann entdeckten sie die »alte« Kunst, die klassische Musik, tiefer, komplexer, anziehender und vielleicht befriedigender. Es passt ja auch eher zum mittleren Lebensalter, gesittet auf einem Konzertsaalsessel zu sitzen, als wild gestikulierend in einer Menge zu stehen, deren Blicke einem ziemlich unmissverständlich die Frage entgegenschleudern: Was willst du denn hier? So kann man es sehen. Und so würden es sicher viele und auch ich gerne sehen.

Aber dazu bin ich ein wenig zu realistisch. Ich glaube, dass viele Menschen, die früher nie im Konzert waren, die diese herausfordernde Form des Musikhörens oder sogar des Musizierens in jungen Jahren im Elternhaus oder in der Schule nicht geübt, sondern sich von jeher der Beliebigkeit irgendeines leicht konsumierbaren Musikentertainments verschrieben haben, den Weg in die Konzertsäle und Opernhäuser gar nicht mehr finden werden. Im Gegenteil: Es zieht sie vielmehr noch immer in die Konzerte alternder Rockbands, die Teil ihrer eigenen Jugend waren. Viele von ihnen haben sicher noch nie darüber nachgedacht, stattdessen ein klassisches Konzert oder die Oper zu besuchen.

Die Liebe zur Klassik und ihrer großartigen Tradition, diese Möglichkeit der Selbstidentifikation mit seiner eigenen Kultur und Herkunft entsteht nicht einfach über Nacht. Sie ist auch nicht notwendigerweise Resultante des Alters. Wie wunderbar wäre es, wenn wir einen Bruchteil der Eltern, Großeltern und Kinder, die zu Zigtausenden in Bruno-Mars-Konzerte in die neuen Allzweck-Arenen strömen, für die Philharmonien begeistern könnten! Spätestens hiermit also stellt sich die Frage: Ist klassische Musik, sind die großen Sinfonien, sind diese phantastischen Opern, die vor zweihundert Jahren komponiert wurden, überhaupt noch zeitgemäß?

Es sieht nicht wirklich danach aus in den großen und kleinen Tempeln der Klassik. Und wenn man es nicht gerade mit jenem Publikum zu tun hat, das Klassik als über jede Zeitströmung und Mode erhabene Kunstform schätzen und verstehen gelernt hat, muss man sich schon ziemlich viel einfallen lassen, um ungeübte Hörer davon zu überzeugen, dass uns diese »alte« Musik auch heute noch etwas zu sagen hat. Klassik jedenfalls tritt ihren Rezipienten mit einem ungeheuren Anspruch gegenüber: dem des sich Einbringens, Einlassens, Nachdenkens. Vielleicht ist sie gerade in dieser Herausforderung nicht zeitgemäß, wo heute in Zeiten des anstrengungslosen Konsums alles leicht und sofort zugänglich sein muss. Das wirft einmal mehr die Frage auf: Sind wir Klassik-Künstler nicht irgendwie – für uns selbst nahezu unmerklich – aus der Zeit gefallen?

In Deutschland, so ließe sich argumentieren, leben wir Künstler immer noch in der besten aller Welten. Die Babyboomer, jene Generation, die zahlreicher ist als jede vor ihr und zahlreicher sein wird als alles, was sie an Nachwuchs gezeugt hat, befindet sich just in dem Alter, das nur geringfügig unter dem des durchschnittlichen Konzertbesuchers liegt. Es gehen also überwiegend jene Menschen ins Konzert oder in die Oper, die einstmals mit reichlich Musik aufwuchsen und sie vielfach nicht erst für sich entdecken müssen. Der steigende Altersdurchschnitt erklärt sich mit dieser Kohorte. Die noch immer hohen Auslastungszahlen auch. Aber kann uns das auf Dauer beruhigen, wenn wir doch wissen, dass sich die Wirkung früher musikalischer Erfahrungen erst in zwei oder drei Jahrzehnten in regelmäßige Konzertbesuche übersetzt, wenn aus den jungen Schülern Erwachsene geworden sind? Der schwindende Klassikbezug der Jüngsten heute könnte uns Musikliebhabern in zwanzig Jahren schwer zu schaffen machen.

DREI PROZENT SIND NICHT GENUG   Diese Entwicklung könnte man noch einigermaßen gelassen sehen, vollzöge sie sich nicht zeitgleich vor einem Rückgang des traditionellen Konzertpublikums in absoluten Zahlen. Die sind zumindest für die Vereinigten Staaten augenfällig. Die Anzahl der Menschen, die überhaupt ins Theater, Konzert, die Oper, in Museen oder Galerien gehen, sank in den vergangenen zehn Jahren von über vierzig Prozent auf ein Drittel der Bevölkerung. In Bezug auf klassische Konzerte ist ihr Anteil auf knapp neun Prozent gefallen, dabei wuchs der Anteil der über 65-Jährigen deutlich. Opern gucken sich kaum mehr als zwei Prozent an – trotz der vermeintlich großen Erfolge der Live-Übertragung von Aufführungen, die die New York Metropolitan Opera seit einiger Zeit organisiert.

In Deutschland scheint die Abwärtsspirale mit Blick auf sinkende Besucherzahlen zwar derzeit gestoppt. Den neuen Zuwachs machten auch hierzulande die 65-Jährigen aus. Die jungen Leute blieben der Musik dagegen fern. Wussten Sie, dass sich nach Daten des Statistischen Bundesamtes in der Altersklasse von 10 bis 19 Jahren fast niemand eine Aufnahme mit klassischer Musik kauft oder aus dem Netz herunterlädt? Darüber hinaus paart sich das Interesse an den Künsten weiterhin mit dem Bildungsstand – wider alle anderslautenden Ambitionen. Je höher der ist, desto wahrscheinlicher ist ein Opern- oder Konzertbesuch. In Deutschland gibt es darüber hinaus das Phänomen des »Kulturflaneurs«, der tatsächlich nur einmal im Jahr eine Konzertveranstaltung miterlebt. Der Anteil der Bevölkerung, der dreimal oder sogar öfter ins Konzert geht, ist nicht größer als drei Prozent. Wäre ich Vorstandsvorsitzender eines Großkonzerns, würde ich wahrscheinlich in die Hände klatschen: Da wäre im Markt wirklich noch etwas zu holen. Doch die Klassik ist kein beliebiger Konsumartikel, um das Publikum muss viel hartnäckiger und überzeugender geworben werden. Aber da nun mein persönliches Kulturverständnis absolut kein elitäres ist, sondern ich seit je davon träume, dass ein jeder den Zugang zu den Künsten und der klassischen Musik für sich entdecken möge, würde ich angesichts dieser Zahlen wirklich sagen: Lasst uns noch viel härter daran arbeiten!

Wir Künstler rufen immer nach Unterstützung. Wir brauchen die finanziellen Mittel, um einen Opern- oder Konzertbetrieb auf entsprechendem Niveau aufrechtzuerhalten. Geld ist nie genug da. Es ginge ja immer noch teurer, schöner, größer. Die Stifter, Sponsoren und Spender in Amerika engagieren sich in ihrer Großzügigkeit inzwischen vielfach auf anderen Feldern und nicht mehr so stark in der Musik. Die Finanz- und Wirtschaftskrise forderte zudem Bescheidenheit, solange der Vorhang nur nicht endgültig fällt. Und so manch ein Finanzpolitiker oder Stadtkämmerer, der in Deutschland über die Mittelvergabe des subventionierten Kulturguts E-Musik zu entscheiden hat, könnte auf den gleichen Gedanken kommen: Oper in reduzierter Form, Sinfoniekonzerte in kleinerer Besetzung. Natürlich geht das. Aber es geht nicht immer noch weiter. Irgendwann sind auch Schrumpfbetriebe nicht mehr aufrechtzuerhalten, verlieren an Qualität und Attraktivität, an künstlerischer Freiheit und Kreativität.

So langsam erodiert nicht nur in der Bevölkerung, sondern auch bei den Verantwortlichen die Einsicht in die Notwendigkeit der Präsenz der Schönen Künste. Der kulturelle Konsens einer Gesellschaft beginnt sich aufzulösen. Der Bau eines neuen Parkhauses wird wichtiger als die Aufrechterhaltung des städtischen Orchesters. Musik wird zur schlechtesten Alternative, weil die Bevölkerung eben erst mal ihr Auto parken möchte, bevor sie daran denkt, eine Konzertkarte zu kaufen. Fast möchte man glauben oder hoffen, dass wir so weit noch längst nicht sind. Denn es gibt ja noch Konzerte und Opern und Kritiker, die in Zeitungen darüber berichten. Und es gibt auch noch Stiftungen, die sehr engagiert auf diesen schwindenden Konsens reagieren. Aber das sind die Tropfen auf den heißen Stein – oder wie ich als Amerikaner sagen würde: nur Tropfen in einen Eimer. Viel erschöpft sich in wohlklingenden Bekenntnissen.

WERTE IM WANDEL, WELT IM WANDEL   Bei aller Verschiedenheit in der Organisation und im Aufbau der Konzertlandschaften in Europa und Amerika ist diese Entwicklung doch vergleichbar. Es ist vielleicht nicht ganz korrekt, so unterschiedliche Systeme immerzu in direkten Zusammenhang zu stellen, nur weil ich mich als Amerikaner eben auch in Europa ganz gut auskenne. Aber es gibt einen internationalen Trend, der die Künste in Frage stellt – heute vielleicht sogar mehr als früher. Die immer wiederholten Sätze zur Bedeutung von Kunst und Musik für eine Gesellschaft sind kaum mehr als Lippenbekenntnisse, wenn wirtschaftliche und politische Entscheidungen in die entgegengesetzte Richtung führen. Es hat sich international ein Wertekanon durchgesetzt, der das Ökonomische über das Soziale, das Nützliche über die Erfüllung durch die Künste setzt und in dem just jene Dinge ganz oben stehen, deren Added-Value man in Heller und Cent beziffern kann. Der steigende Altersdurchschnitt der Klassik-Rezipienten und die bedrohten Orchesterlandschaften diesseits und jenseits des Atlantiks sind nur die Symptome eines Wertewandels, der sich bereits tief in unsere Gesellschaft hineingegraben hat.

Lassen Sie sich mit einem einzigen Beispiel provozieren, an dem man genau diesen Wertewandel trefflich ablesen kann. Es betrifft die Kinder und Jugendlichen, die uns Klassik-Künstlern so sehr am Herzen liegen, denen die Gesellschaft inzwischen aber eine ganz andere Hierarchie von Werten vorgibt und vor allem vorlebt.

Alle drei Jahre werden nahezu weltweit Jugendliche in einer repräsentativen Stichprobe auf ihre kognitive Leistungsfähigkeit getestet und verglichen. Heraus kommt jedes Mal eine Rangliste der teilnehmenden Länder, die angeblich über die Qualität des jeweils nationalen Bildungssytems im Wettbewerb mit anderen Staaten Auskunft gibt. Wir alle wissen: Es handelt sich dabei um die Bildungsleistungsvergleiche der Organisation für Wirtschaftliche Zusammenarbeit und Entwicklung (OECD), die unter dem Namen Pisa firmieren. Den Grad der Wertschätzung für ästhetische Bildung kann man derzeit nirgends besser erkennen als genau hier. Die findet nämlich überhaupt nicht statt. Trotzdem wird das Abschneiden eines Landes in diesen höchst eingeschränkten Testserien mit der Leistungsfähigkeit des jeweiligen Bildungssystems gleichgesetzt.

Die Testserien und ihre Ergebnisse würden mich nicht weiter beunruhigen, zeugten sie nicht von der schwindenden Bedeutung der Künste. Äußerst verblüffend ist dabei der breite internationale Konsens, dass just das in diesen Testreihen abgefragte Wissen das maßgebliche ist. Es werden mathematische und naturwissenschaftliche Kompetenzen abgefragt, Leseverständnis wird geprüft, ganz bestimmte kognitive oder kombinatorische Fähigkeiten werden getestet. Aber schon die Fremdsprachen verlieren sich in diesen Bildungsvergleichen in der Bedeutungslosigkeit, obgleich gerade sie in einer global vernetzten Welt für die wirtschaftliche Prosperität eines Landes durchaus Bedeutung erlangen könnten.

Musik und Kunst spielen in diesem Bildungsverständnis überhaupt keine Rolle mehr. Eltern, Kindern und Jugendlichen, so könnte man argumentieren, wird so suggeriert, dass die Fähigkeiten, die sie auf ästhetischem Feld erwerben, keinerlei Relevanz besitzen. Stattdessen hat sich unter der Kuratel international vernetzter Bildungsexperten eine Vorstellung dessen herausgebildet, was Jugendliche im Alter von 15 Jahren unbedingt beherrschen müssen. Natürlich ist es für Staaten nicht verkehrt, über das Leistungsvermögen ihrer Schüler auf bestimmten Gebieten gelegentlich Rechenschaft abzulegen. Aber wie kommen sie ausgerechnet dazu, einer Wirtschaftsorganisation die Definition von Bildung und das Testen ihrer nationalen Qualität zu überlassen?

Die Pisa-Studien haben mittlerweile ganze Kontinente diesem neuen Bildungsverständnis unterworfen. In Amerika, Großbritannien, Australien, Japan, Kanada und Schweden – überall stehen vor allem die Lehrer der mathematischen und naturwissenschaftlichen Fächer unter Druck, ihre Schüler zu besseren Ergebnissen zu führen, damit das Land gute Noten in Sachen Bildung erntet. Denn die internationalen Ranglisten der OECD-Länder werden wie Aushängeschilder im wirtschaftlichen Standortwettbewerb interpretiert.

BEGRENZTE BILDUNG   Mit Pisa hat sich eine inzwischen international gültige, kaum hinterfragte Lehre der »guten Bildung« und ihrer Umsetzung in Standards etabliert, die ungemein wirkungsmächtig ist. Verheerend wird es, wenn ein derart eingeengter Bildungsbegriff einer international vernetzten Elite von – teilweise reichlich bornierten – Bildungswissenschaftlern in aktiver Bildungspolitik nationalstaatlicher Exekutiven seinen Niederschlag findet. Dabei haben die Leistungsvorstellungen der Experten den Begriff »Bildung« überhaupt nicht verdient, weil hier weder die Geisteswissenschaften noch Musik oder Kunst eine Rolle spielen. Der Bildungsstand einer Nation lässt sich an solchen Tests gerade nicht ablesen. Wissen mag ein ökonomisch bedeutender Produktionsfaktor sein. Aber Wissen auf zwei oder drei Spezialgebieten ist nicht mit Bildung gleichzusetzen. Bedrohlich allerdings ist, dass die Öffentlichkeit just dies zu glauben scheint. Und das stimmt mich derzeit so pessimistisch, weil es die Künste und damit auch die klassische Musik auf die hinteren Ränge des bloßen Zeitvertreibs verdrängt hat, ohne dass dieses so verkürzte Verständnis von Bildung international in Frage gestellt würde.

Glaubt man den Protagonisten des Musikerziehungssystems in Deutschland, ist es um das Land der Dichter, Denker und Komponisten mittlerweile offenbar erbärmlich bestellt. Wer von seinem Elternhaus nicht angeregt wird, sich mit klassischer Musik zu beschäftigen, wird in einer allgemeinbildenden Schule ohne besonderen musikalischen Schwerpunkt nicht zu ihr finden. Ausgerechnet in der Grundschule fallen bis zu achtzig Prozent des Musikunterrichts aus oder werden fachfremd erteilt, von Lehrern also, die dafür überhaupt nicht ausgebildet sind.

Die der Musik zugestandene Zeit verknappt sich: privat und in der Schule. Dass ausgerechnet in der Grundschule der Musikunterricht vernachlässigt wird, ist besonders besorgniserregend. Denn Kinder sind dort für klassische Musik viel leichter zu begeistern als Jugendliche in der Mittelstufe, für die vor allem die Popmusik wichtig wird. Außerdem ist die Schule der einzige Ort, an dem Musik für Kinder jeder Gesellschaftsschicht erreichbar wäre, so wie bei uns in Morro Bay. Die Schule hat die meisten von uns zur Musik gebracht und sie zu uns.

Der von mir so bewunderte Dirigent Kurt Masur, der das deutsche System vor allem in seiner historischen Entwicklung viel besser kennt als ich, hat mit sehr deutlichen Worten das umschrieben, was er seit Jahren beobachtet: »Das ganze musikalische Erziehungssystem muss wieder lebendig gemacht werden«, sagt er. »Es ist sagenhaft, dass es Schulen gibt, in denen man keinen Musikunterricht hat, weil die Lehrer fehlen.« Sein Resümee ist bitter: »Es sind Dinge verloren gegangen, die für uns wertvoll waren und sind, wie die Gemeinsamkeit des Musizierens.« Wahrscheinlich gehen wir Zeiten eines musikalischen Analphabetismus entgegen, dessen erschreckendes Ausmaß sich in der künftigen Elterngeneration erst richtig zeigen wird. Die besteht dann aus den Kindern von heute, die in einer musikalischen Diaspora aufgewachsen sind. Der Zustand spottet den hehren Ansprüchen der Kultusministerkonferenz, die auf ihrer Website so schön formuliert: »Kulturelle Bildung ist für die Persönlichkeitsentwicklung junger Menschen unverzichtbar. Sie verbessert die Bedingungen für eine gelingende Bildungsbiografie und ermöglicht den Erwerb kognitiver und kreativer Kompetenzen. (...) Eine Gesellschaft, die die kulturelle Bildung der Heranwachsenden stärkt, schafft damit zugleich wichtige Grundlagen ihrer eigenen Zukunftsfähigkeit.«

Vielleicht können wir diese Entwicklung nicht vereiteln oder wollen es auch nicht. Nur müssten wir dann beginnen, ihre Konsequenzen zu bewerten. Ich denke lieber positiv: Wie groß wären die Chancen, wenn wir mehr Kindern Musik vermitteln könnten? Denn Kinder sind ganz ihrem Naturell und Interesse nach von jeder Art Musik fasziniert – auch von der Klassik. Die Konservatorien und Musikhochschulen in aller Welt sind voll von musikbegeisterten Studenten und bringen Musiker einer noch nie dagewesenen Qualität hervor. Technisch perfekt, leidenschaftlich, engagiert, umfassend gebildet und enorm risikoaffin. Sie sind bereit, alles auf eine Karte, auf die Musik, zu setzen. Dabei handelt es sich – zugegebenermaßen – um einen hochspezialisierten Kreis. Doch das gibt mir zumindest in einer Hinsicht Hoffnung: Die klassische Musik hat auch für junge Menschen nichts von ihrer Anziehungskraft verloren – im Gegenteil. Es müssten nur mehr Kinder Zugang zu ihr bekommen.

Vielleicht schreibe ich dieses Buch auch gerade für diese jungen Leute, damit sie sich nicht entmutigen lassen in einem Umfeld, das der klassischen Musik eine wenig erfreuliche Zukunft voraussagt. Ich werde nicht müde, sie in ihrer Passion und ihrem Eifer zu bestärken, sich weiter mit Leib und Seele den Künsten zu verschreiben, denn die Schönen Künste, die klassische Musik brauchen sie, heute noch viel mehr als früher. Am Ende des Tages wird nur der Enthusiasmus junger Menschen wiederum junge Menschen für die Künste begeistern.

WUNSCHDENKEN, WUNSCHMENSCHEN   Zugegeben, die Larmoyanz von uns Kunsttreibenden ist wohlfeil. Ebenso abgedroschen sind die Beschwerden über den fortschreitenden Utilitarismus, den Ökonomismus, den Materialismus oder gar den entfesselten Kapitalismus, der vor allem der ernsten Musik als vollkommen immaterieller Kunst das Überleben so schwer macht. Ich will mich deshalb einmal auf die Seite der Utilitaristen begeben, der Wirtschaft, und versuchen, aus ihrer Perspektive heraus zu argumentieren. Das ist allerdings eine Perspektive, die mir nicht ganz geheuer sein kann, weil Kunst zunächst um ihrer selbst willen geschaffen und Musik nicht mit Blick auf ihre ökonomische Nützlichkeit komponiert wird, sondern um existenzielle Aussagen zu formulieren.

Was hätte die Wirtschaft denn heute gern für Menschen? Umgänglich und kommunikationsstark sollten sie schon sein, zugewandt, nachdenklich, selbstreflexiv, wertorientiert, diszipliniert, emphatisch, zuhörend – und urteilsfähig in fachlicher, menschlicher, ethischer Hinsicht. Keine Hasardeure – wie jene, die die Finanzinstitute bis zum Jahr 2008 zielsicher in den Abgrund ritten und die Welt in eine Rezession gestürzt haben. Man muss nicht Klavier spielen können, um so ein Mensch zu werden, kein Orchestermitglied gewesen sein, kein Maler oder Tänzer. Aber solche Menschen müssen sich irgendwann einmal mit existenziellen Fragen beschäftigt und über sich und ihre Umwelt Gedanken gemacht haben. Nur wo findet genau das statt? Fast ausschließlich in der dauerhaften Konfrontation mit den Künsten, mit Musik, Literatur, Philosophie, Malerei, in denen genau all das verhandelt wird und die dadurch Erkenntnisgewinn überhaupt ermöglichen. Sollen wir darauf verzichten? Werden die sozialen Kosten nicht unendlich viel höher, wenn Menschen nicht mehr in Disziplinen geschult werden, in denen sie sich gerade diese Fähigkeiten aneignen und üben können?

Dazu kommen Offenheit, Kreativität, Inspiration und Demut. Auch die lernt nur, wer Dingen begegnet, die größer sind als er selbst. Das alles bleibt zweifelsohne auf der Strecke, wenn bereits Kinder und Jugendliche nur das trainieren, was augenscheinlich »Output« erzeugt, und darauf gedrillt werden, auf jede Frage, die ihnen gestellt wird, eine nützliche Antwort zu finden. Genau das passiert gerade. Die klassische Musik ist längst an den Rand gesellschaftlicher Wahrnehmung gerutscht. Aber schon um der materiellen Prosperität einer Gesellschaft willen sollte dies nicht so sein.

Treffender als Harvard-Präsidentin Drew Faust kann man es kaum formulieren: Weit verbreitet seien die Rufe nach messbaren Ergebnissen und einer Bildung, die auf die besonderen

Erfordernisse des Arbeitsmarkts reagiere. »Aber viele der Jobs, die unsere Studenten später annehmen werden, sind noch gar nicht erfunden, die notwendigen Fähigkeiten dafür noch nicht definiert.« Es geht nicht darum, den Nachwuchs in die Lage zu versetzen, irgendwann die Fragen zu beantworten, die uns heute beschäftigen. »Wir müssen sie vielmehr befähigen, jene Fragen zu stellen, die die Welt von morgen verändern werden.« Die Kurzsichtigkeit, mit der politische und wirtschaftliche Eliten den Künsten im Konzertsaal des Lebens nur mehr Stehplätze zuweisen, wird eine Gesellschaft auf Dauer teuer zu stehen kommen. Sie bringt junge Menschen hervor, die nicht in der Lage sein werden, genau solche Fragen zu stellen.

Ich will nicht ganz so pessimistisch sein. Das wäre falsch. Große Unternehmen haben längst begriffen, welchen Mehrwert die Künste bringen können. Sie fördern musisches Engagement von Kindern, gründen Jugendchöre und Jugendorchester. In den Vereinigten Staaten rufen Konzerne sogar Betriebsorchester ins Leben – und das nicht nur aus reinem Altruismus.

Ich will auch nicht verhehlen, dass die Künste es immer ein wenig schwerer hatten, weil sich ihre Nützlichkeit nicht in einer einfachen Input-/Output-Rechnung erschließt. So beklagte schon Friedrich Schiller Ende des 18. Jahrhunderts: »Der Nutzen ist das große Idol der Zeit, dem alle Kräfte fronen und alle Talente huldigen sollen. Auf dieser sehr groben Waage hat das geistige Verdienst der Kunst kein Gewicht, und, aller Aufmunterung beraubt, verschwindet sie vom lärmenden Markt des Jahrhunderts.« Kulturpessimismus ist folglich kein neuzeitliches Phänomen. Wahrscheinlich ist er die dauerhafte Begleiterscheinung, seit es Kultur überhaupt gibt. Alles, was in seinen Wirkungen nicht unmittelbar messbar oder verwertbar ist, bleibt bedroht in einer Welt, die die Menschen in ihrer Evolution zunächst auf das physische Überleben programmiert hat und dann auf die Mehrung ihres Wohlstands.

Lassen Sie mich am Ende dieses zugegebenermaßen reichlich kulturpessimistischen Kapitels noch eine provokante, vielleicht sogar ketzerische Frage stellen, die ich mir als Dirigent noch am ehesten erlauben kann: Was wäre eigentlich so schlimm daran, wenn die klassische Musik mit ihrem alternden Publikum und ihren verstaubten Konzertritualen irgendwann einfach verschwinden würde?

Sie ahnen meine Antwort. Das darf nicht sein! Es wäre verheerend, öde würden die Städte, grau das Leben der Menschen. In jedem Fall um eine Energiequelle ärmer. Für mich handelt es sich um ein Szenario, das gar nicht denkbar ist, auch wenn diese Frage von Provokateuren immer einmal wieder gestellt und von Feuilletonisten schon eifrig diskutiert wurde.

Ich halte dagegen: Menschen brauchen die Künste. Das zeigt die Geschichte. Und die Künste reagieren auf Krisen. Gerade in Zeiten ihrer größten Bedrängnis sind die fortschrittlichsten Werke entstanden. Beethoven schrieb seine 3. Sinfonie, als die großen bürgerlichen Errungenschaften wie die individuelle Freiheit von Napoleon wieder zunichtegemacht werden sollten. Kunstformen verschwinden und neue entstehen. Vielleicht sind es in dieser Krise der Klassik ausgerechnet die jungen Menschen, die völlig neue Formen finden werden, um ihre Musik wieder zum Blühen zu bringen, möglicherweise ganz anders, als wir es uns heute vorstellen können. Ich vertraue und baue auf sie und will sie nicht allein lassen.

In Philadelphia ist die Musik bisher nicht verstummt. Und auch in Detroit spielt das Orchester weiter. In kräftezehrenden Verhandlungen haben sich die Protagonisten des Orchesterbetriebs nach Jahren des Zitterns vor einer ungewissen Zukunft auf einen neuen Vertrag geeinigt. Die Lichter des traditionsreichen Konzertsaals der Autostadt werden 36 Wochen im Jahr für die Vorstellungen leuchten. Detroit ist heute nur noch ein Schatten seiner selbst, eine einst prosperierende Autostadt, deren sechzig Jahre andauernder Niedergang in einem Offenbarungseid über 18,5 Milliarden Dollar Schulden endete und die jetzt das Kunststück vollbringen muss, sich gänzlich neu zu erfinden. Die Kriminalitätsrate ist hoch, Stadtviertel sind verwaist. Doch scheint sich neues Leben in der Stadt zu regen. Und auch die klassische Musik ist immer noch da. Als hätten sich Musiker und Management im letzten Moment darauf besonnen, dass in der krisengeschüttelten Metropole in Michigan nicht auch noch die Musik verstummen darf. Braucht unsere Branche solche Krisen, um der Öffentlichkeit diesen unausgesprochenen gesellschaftlichen Konsens über die Bedeutung der klassischen Musik für das soziale Überleben in Erinnerung zu rufen?

Später in diesem Buch werde ich Ihnen zeigen, das es auch anders geht, dass das Publikum nicht notwendigerweise älter und weniger werden muss und dass Orchester mit vielen Vorstellungen und einem anspruchsvollen Programm nicht automatisch in den Strudel finanzieller Schwierigkeiten geraten. Es müsste gar keine Krise der Klassik geben. Dann nehme ich Sie mit nach Montreal, in mein »Labor«, als das ich das Maison Symphonique und das Orchestre Symphonique de Montréal immer bezeichne, in dem sich viele junge Menschen versammelt haben, um sich unermüdlich für die Künste einzusetzen. Und wo wir jetzt nach Jahren der Innovationen und des Ausprobierens ein kleines Wunder erleben. Vorher aber werde ich gut begründen müssen, warum die klassische Musik aus unserem Alltag nicht ganz verschwinden darf, sondern lieber dorthin zurückfinden sollte: wir zu ihr oder sie zu uns – auf welchem Weg auch immer.

SCHÖNBERG
Kollaps und Neustart

Arnold Schönberg ist ein Amerikaner gewesen. Genauer gesagt, ein Kalifornier. Wann immer früher von »Schoenberg« die Rede war, stand das für mich außer Frage: Er musste einer von uns sein. An der Westküste der Vereinigten Staaten lebten so viele, die deutsch klingende Namen hatten, über deren Herkunft ich mir als Kind allerdings kaum Gedanken machte. Da war Ernst Krenek in Palm Springs, ein Wiener Komponist. Dann Bruno Walter in Beverly Hills, Chefdirigent der New Yorker Philharmoniker, oder Otto Klemperer, der 1933 in die Vereinigten Staaten auswanderte und das Los Angeles Philharmonic Orchestra leitete. Überhaupt waren fremd oder wenig amerikanisch klingende Namen keine Seltenheit – schon gar nicht in Kalifornien. Auch Igor Strawinsky, der große, so brillante russische Komponist, hatte sich dort niedergelassen und wurde von uns Amerikanern bewundert und geliebt.

Wenn meine Mutter, von der ich so viel über Musik gelernt habe, diese Musiker erwähnte, dann sprach sie jedenfalls so über sie, als wären sie Amerikaner. Schönberg war es in den letzten Jahren seines Lebens tatsächlich – allerdings wahrscheinlich nur auf dem Papier. 1941 wurde er amerikanischer Staatsbürger. Nach seiner Flucht vor den Nationalsozialisten 1933, als er Berlin zunächst Hals über Kopf in Richtung Paris verließ und von dort später in die Vereinigten Staaten emigrierte, hat er nie wieder deutschen Boden betreten.

Ich kann mich nicht mehr daran erinnern, was genau ich von Schönberg das erste Mal hörte. Die Musik kam aus dem

Lautsprecher eines Plattenspielers. Professor Korisheli hatte bei sich zu Hause eine Langspielplatte aufgelegt. Im Gedächtnis geblieben ist mir die Fremdheit dieser Klänge, die da auf mich zuströmten. Was waren das für Töne? Dissonanzen reihten sich aneinander, scheinbar ganz ohne Struktur. Hin und wieder tauchte ein Klangbild auf, das mir irgendwie bekannt vorkam. Aber kaum, dass ich es wahrgenommen hatte in dem Wirrwarr der Töne, war dieser Moment auch schon wieder vorbei. Und die vermeintliche Unordnung gewann die Oberhand. Andächtig und fasziniert hörte ich zu – vielleicht auch nur deshalb, weil der von mir so verehrte Lehrer damals gesagt hatte, dass ich diese Musik unbedingt kennenlernen müsse.

Diese Erfahrung von Orientierungslosigkeit teile ich wahrscheinlich mit vielen, die erstmals in ihrem Leben der Musik Schönbergs oder seiner Schüler Alban Berg, Anton Webern und anderen begegnen. Heute ist das für mich anders: Schönberg bedeutet für mich Musik in Reinform, eindrucksvoll, sehr besonders und ungemein bewegend. Nach Jahren intensiver Auseinandersetzung mit seinen Kompositionen habe ich ein geradezu organisches Verhältnis zu seiner Musik entwickelt. Sie berührt mich zutiefst, weil seine Werke und die darin geäußerten musikalischen Gedanken – in ganz anderer Sprache als bei Johann Sebastian Bach – vier Dinge ins Gleichgewicht bringen, ohne die Musik für mich nicht funktionieren kann: Spiritualität, Gefühl, Intellekt und die rein physische Erfahrung der Schwingungen, die den Körper erreichen. Schönbergs Musik spricht das menschliche Musikverständnis im umfänglichsten Sinne an, sie belebt mich, weil sie alle Saiten in mir, in meinem »Hirn und Herz«, wie Schönberg es ausgedrückt hätte, zum Klingen bringt – so wie es die Werke wirklich großer Künstler immer vermögen.

Das mag Sie verwundern, weil Sie die Werke dieses außergewöhnlichen Komponisten vielfach ganz anders empfinden werden: als anstrengend dissonant, ungeordnet, vielleicht sogar verstörend. Aber wenn ich auf Schönberg und seine Werke blicke, dann bleibt er für mich ein Komponist der Spätromantik und des beginnenden Expressionismus. Um in Bildern zu sprechen: Der Schrei Edvard Munchs – das ist für mich Schönberg. Warum? Zum einen sind seine früheren Werke tatsächlich noch tonal und damit in der uns so vertrauten Tonsprache komponiert. Zum anderen sind selbst die späten Werke noch in einer Struktur geschrieben, die der Romantik entstammt: Die Konzerte zum Beispiel, die für uns so ungewohnt klingen, bedienen traditionelle Formen von drei oder vier Sätzen mit den üblichen Eigenschaften eines Allegro vor dem Andante. Auch seine Solokonzerte verfasste er im traditionellen Format: die Violine oder das Klavier in Begleitung eines Orchesters. Und in seiner Oper *Moses und Aron* finden sich alle Merkmale, die für traditionelle Opern üblich sind. Bei Schönberg ist nur die Tonsprache anders, neu oder besser noch: ungewohnt.

Gleichwohl, wer Schönberg zum ersten Mal hört, mag abgeschreckt sein, entsetzt, verstört, frustriert. Der hohe Grad an Dissonanz, die oft sehr unstrukturiert wirkende Rhythmik, die vermeintliche Ziellosigkeit der Melodien – das alles wird zunächst als Zumutung empfunden. Unsere Ohren sind seit Bach daran gewöhnt, bestimmte Akkorde immer wieder zu hören, basierend auf Dreiklängen, die sich aufeinander beziehen. Unser Gehirn hat gelernt, dass Töne hierarchisch angeordnet sind, dass es in einer Melodie wichtige und unwichtige gibt, Grund- und Zieltöne, auf denen die Musik aufbaut und auf die sie sich zubewegt. Wir erwarten automatisch, dass sich musikalische Motive entwickeln, die Musik einem Höhepunkt entgegentreibt oder dem Ende eines Satzes. Wir haben diese Tonsprache gelernt, so wie ein Kind eine Sprache lernt, zunächst ohne jegliche Reflexion. Sie ist uns vertraut, nachvollziehbar, verständlich. Dieses intuitive Verständnis erzeugt den Wohlklang, der wiederum das Wohlgefühl. Der Verlauf von Melodien mag manchmal überraschen, die Harmonien sind uns aber geläufig. Wir befinden uns auf bekanntem Terrain.

In den Werken, die Schönberg nach 1908 komponierte, erscheint alles fremd. Vertrautes ist kaum noch zu finden. Geradezu orientierungslos folgt das Ohr dem Verlauf eines Musikstücks, es scheint weder Zweck noch Sinn noch irgendeinen Zusammenhang zu geben. Manch einen ärgert das so, dass er nach der ersten Erfahrung mit dieser »Neuen Musik«, die ja auch schon wieder hundert Jahre alt ist, gar nicht erst ins Konzert geht, wenn Schönberg auf dem Programm steht und es sich eben nicht um eines seiner spätromantischen Werke handelt, die noch in der vertrauten Tonsprache geschrieben sind, sondern um die Musik in »freier Tonalität« oder gar in der »Zwölftonmusik«.

Bis vor ein paar Jahrzehnten, als es in den Konzertsälen noch richtig lebhaft zuging, blieben die Menschen der Musik nicht fern, sondern setzten sich mit ihr auseinander. Lauthals protestierten sie in Konzerten. Und das ziemlich emotional. Die Traditionalisten empfanden Schönbergs Kompositionen und die seiner Schüler als blanke Provokation, seine Befürworter deren Unverständnis wiederum als unerträgliche Ignoranz. Schönberg erregte die Leute, er machte sie ungemein wütend. In seinen Konzerten wurde gelacht, gepfiffen, gebuht, geschrien. Es kam zu Tumulten und schweren handgreiflichen Auseinandersetzungen.

Unvergessen ist das Ereignis im Frühjahr 1913, als Schönberg das Orchester des Wiener Konzert-Vereins dirigierte, die späteren Wiener Symphoniker. Orchesterstücke von Webern standen auf dem Programm, Lieder von Alexander Zemlinsky, Gustav Mahlers *Kindertotenlieder* und Schönbergs Kammersymphonie op. 9. Niemand anderes als Schönberg selbst übernahm auch bei seiner Kammersymphonie das Dirigat. Das Stück erntete, während die Musiker noch spielten, ungeniertes Gelächter, Protest und gleichzeitig Applaus. Nur ein kleiner Teil der Zuhörer verstand, dass dieses in freier Tonalität geschriebene Werk formal noch immer nicht mit allen Traditionen brach, sondern der Ästhetik und dem Geist der Romantik entsprungen war. Die Stimmung im Konzertsaal war derart aufgeheizt, dass sich ein heftiges Handgemenge zwischen seinen Gegnern und seinen Befürwortern ergab. Die Polizei musste einschreiten, bekam den Tumult allerdings nicht in den Griff. Schönberg unterbrach – ohne Erfolg. Im Gegenteil: Es folgte ein Wortgefecht, schließlich sogar eine Ohrfeige, einige Sekunden erschrockene Stille, danach regelrechter Aufruhr – die Aufführung wurde abgebrochen.

Wegen der Ohrfeige ergab sich sogar noch ein juristisches Nachspiel. Und das Konzert ging als »Watschenkonzert« in die Geschichte ein. Nicht nur an dem Abend hatte diese ganz andere, ganz neue Musik keine Chance. Die Kritiker verrissen Schönbergs Kompositionen über Jahre als solche, die nach ihrer felsenfesten Überzeugung keine Musik sein konnten. Und Schönberg litt. Aber was hatte er eigentlich getan?

Er hatte die so prosperierende Klassik-Gemeinde in eine regelrechte Sinnkrise gestürzt. Mit seiner Musik sprengte er die Grenzen des harmonischen Systems und damit der Tonsprache, in der sich die Stars der klassischen und romantischen Musik wie Mozart und Beethoven, Strauss und Mahler zu äußern pflegten. Schönberg galt fortan als Zerstörer, als Ketzer, als einer, der alles das, was uns lieb und teuer ist, binnen kürzester Zeit demontierte. Und zwar ziemlich genau im Jahr 1908. Vorher hatte er sich noch der traditionellen Tonsprache bedient, hatte Werke wie die *Gurrelieder* geschrieben oder *Pélleas und Mélisande*, für die er gefeiert wurde. Doch schon in dieser Musik war der bevorstehende Zusammenbruch der tragenden Wände des traditionellen Tonsystems spürbar, die die

Harmonik, die Orchestrierung und der strukturelle Aufbau von Kompositionen bildeten. Schönberg hatte das traditionelle System vollkommen ausgereizt. In seinen noch tonalen Stücken war es zum Bersten gespannt. Und er wusste, dass neue Klänge, so wie er sie für seine Gedanken brauchte, in der traditionellen Tonsprache und Formgebung nicht mehr entstehen konnten.

Die Revolution erfolgte auf dem großen Feld der Harmonie. Schönberg begann, die tonalen Bindungen aufzulösen und mit traditionellen Formen zu brechen. Die alte tonale Welt, die er selbst so sehr bewunderte, war ihm zu eng geworden. Wie schmerzhaft diese musikalische Revolution für das Publikum seinerzeit war, ist gut dokumentiert. Und bis heute können wir das nachempfinden. Wir hatten oder haben mit dieser »dissonanten« Musik, die einen unerträglich reizen und physisches Unbehagen verschaffen kann, noch immer große Schwierigkeiten. Dabei folgte Schönbergs neue Musik nur der Logik seines Denkens. Sie kam, als sie kommen musste, weil er musikalische Aussagen treffen wollte, die er in der alten Tonsprache nicht formulieren konnte. Nirgends kann man dies besser verfolgen als an seinem 2. Streichquartett, das er 1908 in einer tiefen Lebenskrise komponierte. Es ist das Kondensat eines atemberaubenden Wendeprozesses unserer Musikgeschichte. Versuchen Sie einmal, sich dieses Stück mit diesem Wissen anzuhören, und denken Sie dabei daran, dass Schönberg dieses bahnbrechende Werk als Romantiker komponierte.

Die ersten beiden Sätze sind auf Basis der tonalen Harmonie geschrieben. Im dritten Satz aber bricht sich das unerhört Neue Bahn. Dieser Satz, in dem er dem Quartett eine Sopranstimme hinzustellt, markiert den Aufbruch in eine ganz neue Welt der Töne. Schönberg stößt die Tür zu einem völlig neuen Musikverständnis weit auf und überquert die Schwelle. Der Sopran singt lyrische Texte des Dichters Stefan George. »Ich löse mich in Tönen«, heißt es da; die Stimme schwebt im Raum, nahezu schwerelos, entfesselt von der Schwerkraft konventioneller Harmonieverläufe. Fast könnte man meinen, Schönberg beziehe dies auf sich selbst. So etwas hatte es noch nicht gegeben.

Die tonalen Beziehungen sind aus der Komposition weitgehend verschwunden, der übliche Rahmen eines Streichquartetts, in dem eben nur vier Streicher mitwirken, wird durch den Gesang gesprengt. Der Sopran ist die Grenzüberschreitung, für die Verfechter traditioneller Besetzungen eine blanke Unverschämtheit. Mehr noch: Schönberg bringt seine Gedanken in eine vollkommen veränderte Form. Er sollte damit das nächste Jahrhundert der Musikgeschichte prägen – in »nie gehörten Harmonien«, wie sein Schüler Anton Webern meinte.

1908 war für die Musikgeschichte so oder so ein bemerkenswertes Jahr. Gustav Mahler schuf das *Lied von der Erde*, Richard Strauss komponierte die Oper *Elektra* in einer avantgardistischen Form, in der er nie wieder schreiben würde. Max Reger verfasste den *Symphonischen Prolog zu einer Tragödie*, vielleicht sein bedeutendstes Werk überhaupt, das mit einem »Psalm« beginnt und Teile eines geradezu metaphysischen Ansatzes zeigt. Und der Amerikaner Charles Ives komponierte *The Unanswered Question*. Die bahnbrechenden Werke allerdings schrieb in Europa dieser vollkommene Autodidakt in Wien, ebenjener Arnold Schönberg mit seinem 2. Streichquartett. Mit dem Fall der harmonischen Begrenzung geriet der Komponist in einen regelrechten Rausch: Ein Jahr später schon schuf er seine *Fünf Orchesterstücke* (op. 16) und seine geradezu expressionistische, so naturbezogene *Erwartung* für Sopran und Orchester (op. 17).

In den darauffolgenden Schaffensperioden drängt der Komponist die traditionellen Harmonieformen weiter zurück. Er entledigt sich ihrer wie zu eng gewordener Kleider. Gnadenlos konsequent und ohne Rücksicht auf das, was die Menschen zu hören gewohnt sind und liebgewonnen haben. Noch liegt seiner Musik aber kein geschlossenes System zugrunde, das eine konsequente Alternative zur traditionellen Tonsprache böte. Erst 1921 ist es so weit. Schönberg findet die »Methode der Komposition mit zwölf nur aufeinander bezogenen Tönen«, die auch als »Zwölftonmusik« bezeichnet wird.

Fast paradox mutet es an, dass ich Schönberg trotzdem als Konservativen bezeichne. Es waren die neuen Töne und Klänge, die er hörte und für die er die alten Harmonien nicht mehr brauchen konnte. Die Form aber, in der er sie präsentierte, war alles andere als revolutionär, sie blieb den traditionellen Satzstrukturen aus der Welt von Brahms und Mahler treu. Hier kommt mir sofort sein Opus 31 in den Sinn, die Variationen für Orchester, in dem wir – wenn auch in anderer Tonsprache – ein Thema hören und diesem durch seine Variationen folgen können. Nicht nur, dass die Komposition von Variationen eine der traditionellsten, jahrhundertealten Formen in der Musikgeschichte ist. Auch wirft Schönberg in diesen Variationen einen Blick zurück auf die berühmte »Passacaglia« der 4. Sinfonie von Brahms. Er hat die Harmonien der tonalen Welt erweitert, ganz verlassen hat er sie nicht.

In seiner Tonsprache gibt es keine hierarchische Anordnung von Tönen und keine Dreiklangstrukturen mehr, in denen immer der eine Ton der Grundton ist. Vielmehr sind alle zwölf chromatischen Töne gleichberechtigt. Dafür hat er Tonreihen angelegt, in denen sämtliche chromatischen Töne in unterschiedlicher Abfolge hintereinandergestellt werden. Die Töne müssen in der Folge der gewählten Reihe erklingen, allerdings nicht unbedingt in der jeweils selben Stimme. Diese Reihen können vorwärts oder rückwärts zum Einsatz kommen oder an einer imaginären Horizontalen gespiegelt werden. An dem Prinzip der Gleichberechtigung ändert sich dadurch nichts.

Schönberg selbst weiß, was er seinen Hörern damit zumutet. Was er vielleicht nicht geahnt haben mag, ist, dass sich die ernste Musik von dieser »tonalen Krise« bis heute nicht ganz erholt haben würde. »Man hat mich einen Kakophonisten genannt, einen Satan der neuen Musik«, sagte er viel später in Amerika – im Rückblick auf die Skandale, die er in Wien jedes Mal auslöste, wenn Werke zur Aufführung kamen. »Sie mögen mich fragen: Warum haben Sie es dem Zuhörer so schwer gemacht? Und ich kann darauf nur antworten, dass ich es mir nicht ausgesucht habe, auf diese Weise zu komponieren. Von einem inneren Zwang wurde ich in diese Richtung getrieben, einem Zwang, der stärker ist als jede Erziehung.«

Das Gefühl der Zumutung empfinden viele Hörer noch heute. Ich habe die Erfahrung oft gemacht. Es zeigt, dass es uns als Künstlern auch nach hundert Jahren nicht wirklich gelingt, unseren Hörern die romantische Lebenseinstellung dieses Komponisten zu vermitteln, die sich allen zwölf Tönen zum Trotz in seiner Musik manifestiert. Wenn schon dem Hörer der Grundton genommen wird, müssen wir Künstler zumindest versuchen, die ihm bekannten Formelemente hervorzuheben, damit er sich nicht komplett in der Musik verliert – zum Beispiel die natürliche Schwingung eines Werks und die organische Spannung von Intervallen. Versuchen Sie einmal, die immer wiederkehrenden Seufzer in Schönbergs Musik herauszuhören. Sie werden sie vielfach finden.

Die zum Teil hasserfüllten Reaktionen jedenfalls, die Ablehnung, die ätzende Kritik, die ihm mit seinen neuen Werken entgegenschlug, hat er sein Leben lang nicht verwinden können. »Viele wollten mich untergehen sehen«, resümierte er ein paar Jahre vor seinem Tod. »Vielleicht war es der Wunsch, diesen Albtraum loszuwerden, diese unharmonische Quälerei, die unverständlichen Ideen, diesen methodischen Irrsinn.« An der Kontroverse, die er auslöste, ist er mitunter fast verzweifelt: »Ich habe nie verstanden, was ich ihnen (den Kritikern, Anm. d. Verf.) getan hatte, dass sie so maliziös, so wütend, so fluchend und aggressiv wurden. Ich bin noch immer sicher, dass ich ihnen nichts weggenommen habe, was ihnen gehörte. Ich habe sie in ihren Rechten nicht verletzt, sie um ihr Eigentum niemals betrogen.«

Vollkommen überzeugt von der Richtigkeit seines Wegs, hat Schönberg immer darauf gehofft, wenigstens posthum die Bedeutung zu erlangen, die ihm, wie er meinte, eigentlich schon zu Lebzeiten gebührte. Die Bedeutung eines musikalischen Genies nämlich, das das Alte nicht verwirft, sondern weiterentwickeln muss, weil es gar nicht anders kann. Deswegen sah er sich selbst auch nicht als Zerstörer, der sich an der vollendeten Tonsprache Bachs um der Provokation oder Demontage willen vergeht. In dem Zusammenbruch des traditionellen Tonsystems sah er die unvermeidliche Fortführung der klassischen Musik, deren Regeln er meisterhaft beherrschte. In seinen Aufsätzen und Büchern bleiben die großen Werke stets Bezugspunkte seines Schaffens.

Schönberg hat nicht nur komponiert. Er hat auch gemalt und geschrieben – unablässig getrieben von dem inneren Drang, sich zu äußern. Abstrakt in der Musik, konkreter in Bildern, klar und präzise in Worten. In seinen Aufsätzen hat er sich Aspekten der Musik zugewandt, die mich immer wieder beschäftigen. Er hat sich darüber Gedanken gemacht, was »Neue Musik« eigentlich ist, mit der zweifelsohne jene zeitgenössischen Kompositionen gemeint sein sollen, die jenseits der Regel traditioneller Harmonielehre komponiert wurden. Schönberg hat sich stets dagegen gewandt, diese Musik als »neu« und die andere als »alt« zu verstehen, etwas, das sich so sehr mit meinem eigenen Kunstverständnis deckt. In allen großen Werken wirklich bedeutender Künstler werde man jene Neuheit finden, schrieb er, die niemals vergehe. »Denn: Kunst heißt Neue Kunst.«

Wie also könnte man auf die Idee kommen, Bachs Werke als alte Musik zu empfinden? Für mich sind sie immer wieder neu, zukunftsgewandt, fast progressiv. Nach Schönbergs Verständnis kann Bachs Musik nicht alt sein, seine eigene nicht neu. Es sind bloß unterschiedliche Aussagen in unterschiedlicher Sprache. Er schrieb: »Bach arbeitete mit den zwölf Tönen manchmal auf solche Weise, dass man geneigt sein könnte, ihn als den ersten Zwölftonkomponisten zu bezeichnen.«

Die Kritik an Schönberg riss über Jahrzehnte nicht ab. Und auch heute noch wird seine Musik kontrovers diskutiert. Sein Aufbruch in die freie Tonalität und schließlich die Zwölftonmusik haben ihm Zuschreibungen eingebracht, die ihn als großen Künstler in Frage stellten. Er sei ein Konstrukteur, ein Ingenieur oder gar ein Mathematiker, für den das Herz weniger bedeutsam sei als das Gehirn. Dabei wollen wir doch alle, dass uns die Musik ans Herz geht, anrührt, uns sozusagen emotional zum Schwingen bringt. Dazu hatte Schönberg viel zu sagen. Er hat immer dafür plädiert, in der Ausarbeitung der Stücke den Verstand zu benutzen, um den musikalischen Gedanken zu Ende zu bringen. Selbst dann, wenn dadurch die Oberflächenschönheit ein Stück weit verloren zu gehen drohte. Er wandte sich gegen jede Art von Oberflächlichkeit, gegen eine Musik ohne intellektuelle Brillanz, gegen aufgetragenes Pathos, gegen musikalische Moden, Stile oder Attitüden, die vielleicht dem Geschmack des Publikums entsprachen oder dem Zeitgeist. Vielleicht ist es die Kompromisslosigkeit, die mich an Schönbergs Schaffen so in Atem hält.

Mitnichten war er aber einer, der sich ausschließlich des Verstandes bediente. Manche Stücke schrieb er schnell, andere wieder nicht. Vieles war das Ergebnis einer spontanen Eingebung, anderes wiederum das Resultat verstandesmäßiger Überlegung. Manches, was er mit Vernunft begann, trieb seine Intuition weiter voran. Vernunft und Gefühl, Intellekt und Emotion, Hirn und Herz gehörten für Schönberg zusammen. Sie bedingten sich gegenseitig. »Es ist nicht das Herz allein, das alles

Schöne, Gefühlvolle, Pathetische, Zärtliche und Bezaubernde schafft«, schrieb er. Alles, was in der Kunst von Wert ist, müsse sowohl Gefühl als auch Verstand beweisen. Für das wirklich schöpferische Genie sei es nicht schwierig, »seine Gefühle mit dem Verstand zu kontrollieren«. Und umgekehrt – denn der Verstand laufe mitunter Gefahr, sich der Logik eines Stückes zu verschreiben und nur »Trockenes und Reizloses« hervorzubringen.

Sein Misstrauen gegen alle Werke, die »unaufhörlich ihr Herz zur Schau stellen«, einen lediglich zum Schwelgen einlüden, zu unbestimmten oder gar unechten Gefühlen, war tief. Solche Musik konnte seiner Meinung nach weder zu den großen Werken in der Geschichte gehören, noch konnte sie musikalische Gedanken enthalten, deren Kraft nicht irgendwann wieder verblassen würde. Solche Musik würde niemals neu bleiben können und damit zeitlos.

Für mich als Musiker ist diese Haltung eindrucksvoll und zutiefst nachvollziehbar. Schönberg lehnte bloßes Pathos kategorisch ab: »Wir verlangen heute eine Musik, die von der Idee lebt und nicht von dem Gefühl.« Die Stücke der wirklich großen Komponisten der vergangenen vierhundert Jahre leben von der ihnen zugrundeliegenden musikalischen Idee. Ich glaube, dass das, was Schönberg hier in seinen Aufsätzen zum Ausdruck bringt, die Essenz dessen ist, was wir Musiker alle fühlen. Es ist die Sehnsucht nach dem Ideal der vollkommenen Balance von »Hirn und Herz«.

Wenn wir Musiker versuchen, Werke so zu interpretieren, dass die ihnen zugrundeliegende Idee zum Tragen kommt, dann bleibt auch das Herz nicht unberührt. Dann kann die Musik vollumfänglich erfahren werden: emotional, spirituell, intellektuell und physisch. Ich weiß, dass es gerade im Falle Schönbergs und seiner Nachfahren mitunter nicht ganz einfach ist, diese umfassende Erfahrung beim Publikum zu erreichen.

Bis heute fällt es vielen Menschen schwer, sich in seinen Werken zu orientieren. Schönberg hat womöglich zeitlebens nie ganz begriffen, wie schwer. Er konnte nicht einsehen, dass sich der gängige Schönheitsbegriff auch für die Musik von der Wiedererkennung ableitet. Der Komponist hat eben zwei Seiten, die auch er selbst nicht immer zusammenbrachte: seine Leidenschaft und seine Rationalität. Sie durchziehen seine Musik mit der großen Herausforderung, beides zur Geltung zu bringen und zu vereinen.

Vielleicht wird der Zuhörer die Tiefe eines musikalischen Gedankens nicht unbedingt verstehen können. Aber er kann Musik mit einer Bereitschaft zur Offenheit in den Konzerten vollumfänglich erfahren: Er kann sich in Schönbergs Oper *Moses und Aron* von den großen Chören beschwingen lassen. Er kann die beiden Seiten von Schönbergs Charakter darin erleben, in einem tiefen Konflikt miteinander. Er kann die zutiefst romantische Seite des vermeintlichen Intellektuellen erkennen, der sich traditioneller Opernformen wie ergreifender Chorpassagen bedient. Und vielleicht spürt er auch das Drama und die Verzweiflung eines ins Exil getriebenen Deutschen, der seine Oper in Deutschland begann und in der Emigration in den Vereinigten Staaten beendete. In seinem Orchesterwerk *Verklärte Nacht* erlebt der Hörer eine geradezu heitere Schwerelosigkeit. Er kann sich inspirieren und anregen lassen. Die Inspiration wird seine Wahrnehmung, seine Sinne schärfen. Sie wird das Publikum davontragen.

Das sind die Momente, die eine spannungsgeladene, fast atemberaubende Stille ins Publikum bringen – und die ich auch bei der Aufführung von Schönbergs Werken in freier Tonalität schon erlebt habe. Dann ist nichts mehr zu hören, kein Räuspern, kein Blatt aus dem Programmheft, das zu Boden fällt, nur noch die Musik, von deren Kraft wir Musiker und das Publikum gleichermaßen ergriffen sind. Dann verschwindet die Grenze zwischen den Akteuren auf der Bühne und den Zuhörern. Alles wird eins, die Musik fließt durch mich hindurch. Und das Publikum scheint in seiner Spannung, im Zustand höchster Wachsamkeit erstarrt.

Der musikalische Gedanke selbst, die Interpretation, mit der es gelingt, ihn zum Publikum zu tragen – das alles ergibt in solchen Momenten einen tiefen Sinn. Hirn und Herz, Verstand und Gefühl sind im Einklang. Das löst tiefe Freude, vielleicht Beglückung aus, einen emotionalen Zustand, den wir Amerikaner mit *joy* umschreiben würden und der gerade nicht von außen aufgetragen ist. Manchmal gelingt eine Aufführung in diesem Sinne, manchmal nicht. Ist sie gelungen, dann weicht die Spannung am Ende nur zögerlich. Das Publikum braucht einen Moment, um aus dieser wachsamen Starre herauszufinden. Irgendwann beginnt ein Einzelner zu klatschen, zaghaft, andere folgen ihm. Und wenn das Publikum dann gewahr wird, welche Momente wir gerade gemeinsam erlebt haben, bricht sich Begeisterung Bahn.

Schönberg war zweifelsohne ein Mensch, den man einen Musik-Intellektuellen oder besser noch Musik-Philosophen nennen könnte, weil er seinen Geist unaufhörlich antrieb, den Weg, den er eingeschlagen hatte, weiterzugehen. Und weil er über Musik nachdachte, über die Bedeutung musikalischer Gedanken, die ihre Gültigkeit auch dann nicht verlieren, wenn sich Lebensgewohnheiten, Ansichten und Werte ändern. Aber er war auch ein Gefühlsmensch; einer, der sich in seiner Emotionalität immer wieder disziplinieren musste, um vom Pathos und Selbstmitleid ob der steten Anfeindungen und Verunglimpfungen nicht einfach davongetragen zu werden.

Es bleibt die Frage, ob man Schönbergs Musik auch dann verstehen kann, wenn man das System seiner Zwölftonsprache nicht kennt. Kann sie einem dann etwas geben? Das kann sie, davon bin ich zutiefst überzeugt. Der Mensch kann Dinge durchaus verstehen, ohne ihnen intellektuell auf den Grund zu gehen. Platt gesprochen: Ich kann die Fahrt in meinem neuen Auto genießen, ohne dass ich genau weiß, wie es gebaut ist. Aber es muss Menschen geben, die das verstehen und das Auto zum Fahren bringen.

Anton Webern, Schönbergs Schüler, hatte auf diese Frage eine viel bessere, anrührend wahre Antwort: »Mit der Theorie kommt man seinen Werken nicht näher. Nur eines ist notwendig: das Herz muss offen stehen. Hemmungslos, ohne Vorurteile irgendwelcher Art, höre man Schönbergs Musik. Man lasse Theorie und Philosophie beiseite. In Schönbergs Werken ist nur Musik, Musik wie bei Beethoven und Mahler. Die Erlebnisse seines Herzens werden zu Tönen.« Es lohnt sich, das zu versuchen.

In einer Rede vor dem damaligen National Institute of Arts and Lettres in Washington, D. C., das heute als American Academy of Arts and Lettres bekannt ist, rechnete Schönberg mit seinen Kritikern ab. In kurzen Sätzen voller Emotion beschrieb er seinen inneren Zustand in den Zeiten verwehrter Anerkennung: »Ich hatte das Gefühl, in ein Meer kochenden Wassers zu fallen, ohne schwimmen zu können oder zu wissen, wie ich sonst hätte herauskommen können. Ich versuchte es mit meinen Armen und Beinen, so gut ich konnte. Ich weiß nicht, was mich gerettet hat, warum ich nicht ertrunken bin oder bei lebendigem Leib verkocht. Ich habe vielleicht nur ein einziges Verdienst: Ich habe niemals aufgegeben.«

Er ist seinen Weg gegangen – unbeirrbar, kompromisslos wie alle großen Künstler. Er hat die klassische Musik in eine veritable Krise ihres Selbstverständnisses gestürzt. Er konnte gar nicht anders, er musste es tun.

KAPITEL 3
Klassik für die Krise

»Die Künste sind wie Wasser. Und so wie wir Menschen
immer nah am Wasser sind aus Gründen der Lebens-
notwendigkeit (um es zu trinken, uns zu waschen, um etwas
wegzuspülen, um zu wachsen) genauso wie aus Vergnügen
(zum Spielen, Schwimmen, Entspannen, zum Segeln oder um
an gefärbtem Wassereis zu lutschen), so muss der Mensch
immer auch der Kunst nahe sein – in all ihren Formen, frivol
oder essenziell. Ansonsten trocknen wir aus.«

Yann Martel, in:
What is Stephen Harper reading?, 2009

EMPÖRUNG IST ALLER ANFANG   Vor mir auf meinem Schreibtisch in Paris liegt es immer noch, dieses eigentlich unscheinbare Büchlein. Womöglich hätte es vor ein paar Jahren kaum für Furore gesorgt, wäre der Titel nicht eine Aufforderung und der Name Programm gewesen. Im Oktober 2011 erschien die Streitschrift *Empört euch!* des französischen Widerstandskämpfers und späteren UN-Diplomaten Stéphane Hessel. 93-jährig hatte sich der alte Mann, Essayist, Aktivist und vor allem unverbesserlicher Optimist, noch einmal an den Schreibtisch gesetzt und eben jenen kurzen Aufsatz verfasst, der bald Referenz für eine weltweite Welle nationaler Protestbewegungen wurde.

Die Aufregung um diesen zornigen Essay, der kaum mehr als zwanzig Buchseiten umfasst, habe ich in Paris hautnah miterlebt. Binnen kürzester Zeit hatte sich seine Streitschrift in Frankreich mehr als eine Million Mal verkauft. Einer der Käufer war ich. Über die Qualität des Essays kann man streiten. Über zwei Dinge allerdings nicht: Da ist ein Mann methusalemischen Alters auf seiner letzten Etappe – »Wie lange noch bis zum Ende?«, fragt er sich selbst – und donnert mit dem reichen Erfahrungsschatz eines bewegten Jahrhundertlebens der Öffentlichkeit ein letztes Mal seine Sicht der Dinge entgegen. Schon das war für mich zutiefst bewegend. Darüber hinaus adressiert er eine Entwicklung, die uns allen gegenwärtig und kaum jemandem geheuer ist: »Niemals war die Macht des Geldes so groß, so anmaßend, so egoistisch wie heute«, empört er sich. Empörung ist die Grundvoraussetzung für Engagement. Damit fängt

Letzteres an. Und genau darauf zielt der Aufruf. Noch immer liegt die französische Ausgabe vor mir und lässt mir keine Ruhe: *Indignez-vous!* – Empört euch!

Was haben die Empörung des streitbaren Franzosen und sein Aufruf zum Engagement mit der klassischen Musik und schließlich auch mit mir zu tun? Viel. Mehr als ich anfänglich dachte. Mehr als Sie vielleicht vermuten. Denn ich frage mich, warum wir uns nicht mehr empören.

Mich jedenfalls empört, wie wir mit der klassischen Musik, dieser Kunst von überwältigender Kraft, verfahren, wie sorglos wir sie häufig zu einer gesellschaftlich elitären Veranstaltung werden lassen, die breite Schichten weder interessiert noch überhaupt erreicht.

Mich empört die Entwicklungsrichtung, die die Postmoderne in westlichen Industriegesellschaften mit ihrem Materialismus, Konsumismus und Utilitarismus eingeschlagen hat. Man könnte meinen, dass unsere Gesellschaft in eine veritable Sinnkrise gestürzt ist. Haben wir das alle stillschweigend in Kauf genommen? Oder wollten und wollen wir es gar nicht wissen?

Ich will zeigen, dass die klassische Musik aufgrund ihrer Wirkungsmacht genau jetzt eine Rolle spielen könnte. Die Sinnkrise unserer westlichen Gesellschaften, die sich auch im Bedeutungsverlust der Künste manifestiert, könnte die große Chance der ernsten Musik werden – mehr als nur Rückbesinnung, eine Art Revitalisierung. Wir müssen sie nur dazu machen: Klassik für die Krise.

UNTER ANALPHABETEN Musikalischer Analphabetismus – was für ein bedrückend hässlicher Begriff. Nimmt man den Status quo und extrapoliert die steigende Zahl derer, die wir mit unserer Musik nicht mehr erreichen, beschreibt dieser Begriff die Zukunft, der wir entgegengehen. Irgendwann wird die vielfach so komplexe klassische Musik nicht mehr verstanden und dann eben auch nicht mehr geliebt werden. Menschen werden sie nicht mehr als essenziell, als Ausdruck der Schönheit und Menschlichkeit empfinden. Dann werden das Publikum in den Konzertsälen und das Geld für die Musik weniger. Die Bedeutung der Welt, die sich um die klassische Musik und ihre Institutionen dreht – wir sprechen heute von Industrie oder Business – und versucht, diese großartige Kunst den Menschen zu vermitteln, wird weiter schrumpfen. Die zeitlosen Kompositionen, die Teil des Kanons sind, werden gleichwohl bestehen bleiben. Die Werke von Bach, Mozart, Beethoven und Bruckner verschwinden nicht als musikalische Idee. Ob Menschen Musik hören, ob Entscheidungsträger die klassische Musik als hohes Gut anerkennen, das man fördern und unterstützen muss, hat nichts mit ihrer Existenz zu tun.

Die musikalischen Ideen sind gedacht, in Partituren fixiert, gedruckt und digitalisiert, vielfach eingespielt, sie finden sich wohl aufbewahrt in den Archiven. Physisch ist die Musik bestens präpariert für die Ewigkeit. Aber was ist daran Musik, wenn die Noten nicht klingen, sie nicht gespielt und nicht gehört werden? Natürlich wird es weiterhin ein paar Einzelgänger geben, Nerds, Passionierte, Verrückte, Sonderlinge, die sich daran versuchen, ernsthafte Musik zu komponieren und neue musikalische Aussagen zu treffen. Es wird weiterhin hochspezialisierte, virtuose Musiker geben. Auch ein paar Inseln der Klassik werden nicht so schnell verschwinden, weil man sich mit Musik im Sinne des Philosophen Theodor W. Adorno eben auch wunderbar schmücken kann, wenn sich Hochkultur mit Status verbindet. Über den privilegierten Bildungskonsumenten goss er einst Gift und Galle: »Das offizielle Musikleben überlebt vielleicht ... darum so hartnäckig, weil es einige Ostentation (Schaustellung) erlaubt, ohne dass das Publikum, das ja durch seine Gegenwart in Salzburg als kultiviert sich erklärt, dem Vorwurf der Protzerei oder der Ausschweifung sich aussetzte.«

Wenn ernste Musik aber immer weniger gespielt, in den Schulen immer weniger unterrichtet wird, wenn sie in Radio und Fernsehen kaum noch stattfindet, wenn Konzertsäle geschlossen bleiben, werden immer weniger Menschen von ihr wissen. Sie schwindet aus dem Bewusstsein. Und was nicht im Bewusstsein ist, ist auch nicht existent. Dann kommen die ökonomischen Gesetze zum Zuge wie auf dem Basar oder im Kaufhaus: Mit dem sinkenden Angebot schwindet die Nachfrage. Wenn niemand mehr da ist, der guten Wein bewirbt, wenn die Flaschen in den Stellagen ganz nach hinten rücken, wird es auch keinen geben, der auf die Idee käme, ihn zu trinken.

Ein Novum in der Musikgeschichte wäre das nicht. Selbst große Kompositionen fielen phasenweise aus der Zeit, als sich Moden und Geschmäcker änderten. Die Werke Bachs zum Beispiel gerieten nach seinem Tod jahrzehntelang in Vergessenheit. Sie wurden regelrecht ausrangiert und kaum noch öffentlich gespielt. Erst 1829 begann mit der Aufführung der Matthäus-Passion unter der Leitung von Felix Mendelssohn die Wiederentdeckung der Werke dieses Musik-Genies. Genauso verschwanden die vielen Barockopern von den Spielplänen der Theater und schließlich in den Archiven – bis heute. Und auch Beethoven hatte am Ende seines Lebens den Zenit seiner Popularität überschritten. Die Menschen verlangten nach romantischerer Musik, an der sie sich delektieren konnten, und hörten ihn nicht mehr so oft. Dabei hatte er ihnen mit seiner Musik so unendlich viel zu sagen.

Und dennoch empört es mich, wie wir mit dieser großen Kunst verfahren, wie wir sie in eine exklusive Sphäre der Gesellschaft oder – nach Adorno – des Geistes erheben, die für breite Schichten unerreichbar bleibt. Entweder weil sie sich die teuren Konzertkarten nicht leisten können, wenn ein als

»Familienkonzert« beworbenes musikalisches Event je Person 60 Euro kostet und überhaupt kein Rabatt für Kinder vorgesehen ist; oder weil die klassische Musik, die in der Regel ein wenig geübtere Ohren als ein Schlager oder Popsong voraussetzt, von vielen nicht mehr verstanden wird. In der Bildungspolitik spielt die ernste Musik kaum noch eine Rolle, und der klassische Betrieb ist selbst dabei, diese großartige Musik derart zu kultivieren, dass sie für Außenstehende wie blankpolierte, jahrhundertealte Ausstellungsstücke aus einem Museum wirkt, in das sich gemeinhin nur noch Liebhaber hineinbegeben oder eine Art Fachpublikum: entrückt, lebensfern, Kunst um der Kunst willen veranstaltet und auf höchstem intellektuellem Niveau von der Kritik besprochen, des Lebensbezugs vollkommen enthoben.

Genau das darf aber nicht passieren. Wenn ich nicht so sehr davon überzeugt wäre, dass die klassische Musik uns ausgerechnet heute etwas geben, unseren gesellschaftlichen Zusammenhalt befördern und unsere Lebensqualität erhöhen kann, wäre meine Empörung auch nicht so groß. Die Musik ist da, der Himmel hängt voller Töne. Wir müssen einfach Sorge dafür tragen, dass sie viel mehr gehört und viel besser verstanden wird. Schließlich hatten die Komponisten einst ganz anderes im Sinn. Sie schrieben ihre Musik für das Volk; nicht nur, aber auch zur Unterhaltung. Sie komponierten für die Menschen, die Musik nicht nur hören, sondern selbst spielen wollten. Der Besuch einer italienischen Oper war ein gesellschaftliches Event. Im Barock dachte kein Komponist an die Zeitlosigkeit seiner Werke. Bis weit in die Epoche der Klassik schrieben die Komponisten vor allem Auftragswerke, häufig zu bestimmten Anlässen, Gebrauchsmusik sozusagen. Dass sie Musik für die Nachwelt komponierten, zeitlose Werke für die Ewigkeit, entsprach seinerzeit gar nicht dem Selbstverständnis des Künstlers.

Diese Haltung war sogar Mozart noch fremd und änderte sich erst allmählich mit Beethoven, der in dem wachsenden Bewusstsein, ein überragender Komponist zu sein, seine Werke für die Nachwelt fein säuberlich katalogisierte. Das Musizieren war ein Zeitvertreib, eine wunderbare Art, sich zu beschäftigen, mit sich selbst, mit einem oder mehreren Mitspielern. Läufe um die Wette zu spielen, bis einer sich verhaspelt, sich in Duetten gegenseitig mit aller Ironie der Übertreibung zu imitieren – das alles ist Spaß, eine Entdeckung des Gegenüber, für das Gros der Menschen im Hier und Jetzt scheinbar aus vergangenen Zeiten. Mich erschüttert, ja empört, wie schnell das, was in meinem Alltag früher Normalität war, jetzt verschwunden ist. Es hat keine Generation gedauert. Wer macht heute eigentlich noch Hausmusik?

Natürlich verhandeln die Komponisten auch Themen, die alle etwas angehen. Ihr Inhalt repräsentiert jeden Menschen, hebt seine Sorgen und Ängste hervor, seinen Schmerz, seine Freude, sein Ringen um das Gute. Nichts rechtfertigt meiner Meinung nach ein elitäres Verständnis dieser Hochkultur. Sie ist schließlich nicht deshalb Hochkultur, weil sie nur von einer bestimmten Gesellschaftsschicht gehört oder aufgenommen wurde. Hochkultur repräsentiert für mich die Form von Kunst, die demokratischen Idealen am nächsten kommt: die reinste Form menschlicher Ausdrucksweise, die dem Wesen der Dinge nachspürt und es in seiner Wahrheit beschreibt. Jeder Mensch sollte die Chance auf Zugang zu ihr haben.

NICHT NUR FÜR ELITEN   Die Verfechter eines etwas elitäreren Kunstverständnisses mag das provozieren. Bitter beklagt der Nobelpreisträger Mario Vargas Llosa die Folgen einer angeblich fehlgeschlagenen Demokratisierung der Hochkultur. Zwar unterliege eine demokratische und freiheitliche Gesellschaft der moralischen Pflicht, Hochkultur allen zugänglich zu machen: durch Bildung, durch Förderung, durch Subventionierung. »Nur hatte dieses lobenswerte Ansinnen den unerwünschten Effekt, dass es das Kulturleben trivialisierte und ins Mittelmaß herabzog«, schreibt er in seinem Buch *Alles Boulevard*. Hochkultur sei ob ihrer Komplexität und ihrer zuweilen schwer verständlichen Codes einer Minderheit vorbehalten. Ansonsten müsse sie zwangsläufig zum Spektakel verkommen. Sie verliere ihre Würde und Substanz spätestens dann, wenn eine Verdi-Oper, Kants Philosophie, ein Rockkonzert und eine Vorstellung des Cirque du Soleil als gleichwertig betrachtet würden. Oder, würde ich hinzufügen, wenn Unterhaltungskonzerne wie Sony Music Filmmusik kurzerhand als »klassische Musik« unter die Leute bringen.

War die Musik, die wir heute als »ernste« Musik bezeichnen, nicht schon immer nur etwas für bestimmte, für höher stehende Schichten? Ich kenne dieses Argument, und ich höre es öfter, versehen mit der Anschlussfrage: Warum also sollten wir sie nicht dort belassen, wo sie vor ein paar Hundert Jahren entstanden ist: in Kirchen, in der Aristokratie, im gebildeten Bürgertum? In den Genuss dieser Musik kam das Gros der Bevölkerung zu Bachs, Mozarts und selbst Beethovens Zeiten auch nicht wirklich, in einer Epoche also, die gemeinhin als Geburtsstunde einer bürgerlichen Konzertkultur bezeichnet wird. Nicht jedoch etwa, weil sie nicht wollten, sondern weil sie gar nicht konnten. Die Verbreitung der Musik fand ausschließlich über die Konzertsäle statt. Notenlesen galt als hohe Kunst, und trotz der Tatsache, dass sich die Musikwelt gegenüber Minderheiten wie Frauen à la Clara Schumann, Fanny Mendelssohn und Alma Mahler zu öffnen begann, hatten die Massen kaum Chancen auf Zugang.

Die historische Exklusivität der klassischen Musik war den Umständen geschuldet. Doch die Verhältnisse von heute sind nicht mehr so. Die Verbreitung klassischer Musik wäre im Prinzip einfacher denn je – über den Musikunterricht in Schulen, durch unzählige Aufnahmen, in den Massenmedien bis hin zu sozialen Netzwerken. Jeder kann sich zu jeder Zeit fast jedes beliebige Zeugnis klassischer Kompositions- und Aufführungskunst auf YouTube anhören oder über die Streaming-Dienste Spotify oder Napster, Amazon Music Unlimited oder Apple Music, Deezer, Tidal oder andere herunterladen.

Eigentlich ein Anlass zum Jubeln angesichts der modernen Möglichkeiten und punktuell verblüffender Erfolge mit Hilfe neuer Medien. Es gäbe also überhaupt keinen echten Grund mehr dafür, dass die klassische, ernste Musik nicht viel weiter verbreitet und viel passionierter aufgenommen wird – von allen Schichten der Bevölkerung. Doch gibt es genügend Kritiker, deren Artikel nahelegen, dass sie der schwindenden Präsenz der klassischen Musik im Lebensalltag kaum nachtrauern. Denn genau daran zeige sich schließlich, so ihr Argument, wofür die Musik gerade nicht komponiert worden sei: für den Genuss durch das Gros der Bevölkerung. Die Demokratisierung dieser Kunst erweise sich als gescheitert. Vielleicht sogar zu ihrem Glück, drohe durch weitverbreiteten Genuss doch nichts weiter als ihre Banalisierung.

Meine Meinung steht dieser Auffassung diametral entgegen. Ein derart elitäres Kunstverständnis ist für mich ein rotes Tuch. Meine Empörung über den Umgang mit der klassischen Musik rührt also nicht daher, dass eine ganze Branche um ihre Existenz fürchten müsste, schon gar nicht der international so vernetzte Klassik-Zirkus mit seinen Stars und Sternchen. Das Spektakel und der visuelle Genuss waren immer Teil unserer Kunst und ihrer Anziehungskraft. Meine Empörung rührt vielmehr daher, dass wir zunehmend mehr Menschen diese Musik vorenthalten. Ich spreche hier, um mal das Vokabular aus dem Sport zu benutzen, nicht von Leistungs-, sondern von Breitensport. Und das Vorenthalten beginnt im Kleinen und bei den Jüngsten, wenn die Musik in Schulen nicht stattfindet, zu Hause nicht mehr gespielt und von den lokalen Ensembles nicht mehr aufgeführt wird.

Wenn das der Fall ist, haben Menschen überhaupt keine Chance mehr, in den Genuss klassischer Musik zu kommen und diese als das zu erfahren, was sie ist: eine ungemeine Erweiterung des Horizonts, Kraft- und Inspirationsquelle, die uns emotional, spirituell und intellektuell gleichermaßen anspricht. Die immer wiederholte Anmerkung, dass es vor Jahrhunderten auch nicht anders war, lasse ich also nicht gelten, wenn die Verhältnisse heute eigentlich anderes ermöglichen. Wenn die Kollegen des berühmten Orchesters von Minnesota 15 Monate oder 448 Tage lang keine Konzerte geben, weil sie sich in desolater finanzieller Lage in einen Streit um Gehälter und Gagen verstrickt haben und buchstäblich ausgesperrt sind, dann bekommen 5,3 Millionen Einwohner der Stadt genauso lange keine Chance, klassische Musik auf höchstem Niveau von »ihrem Orchester« zu hören. Dann gibt es keine Vermittlungsprogramme, keine Matineen und Kinderkonzerte, keine jungen Musiker, die ihre Begeisterung in ein Publikum tragen. Es bleibt den Bürgern der Stadt lediglich die Möglichkeit, den Zerfallsprozess eines Orchesters zu beobachten und sich ein paar Wochen darüber aufzuregen, bis sich die Stadtbevölkerung womöglich eines Tages mit der Tatsache, dass die Musik eben nicht mehr spielt, als Normalzustand abfindet.

»Das Schlimmste ist die Gleichgültigkeit«, überschrieb Stéphane Hessel ein Kapitel seiner Streitschrift. »›Ohne mich‹ ist das Schlimmste, was man sich und der Welt antun kann.« Den »Ohne mich«-Typen sei eines der absolut konstitutiven Merkmale des Menschen abhandengekommen: die Fähigkeit zur Empörung und damit zum Engagement. In diesem Sinne empöre ich mich – auf meinem Feld. Der Gedanke, dass vielen

Menschen ausgerechnet klassische Musik vorenthalten wird, ist für mich unerträglich, weil sie mir ein Leben lang – jenseits des Konzertbetriebs – so viel gegeben hat und weil sie uns gerade jetzt in der gesellschaftlichen Krise, die Stéphane Hessel adressiert, so besonders viel zu sagen hätte. Machen wir das Beste daraus – die Krise der Klassik zur Klassik für die Krise. Vielleicht sind diese Umbruchzeiten tatsächlich ihre größte Chance. Warum?

AUF SINNSUCHE Die westliche Welt befindet sich in einem geradezu epochalen Wandel. Wir alle spüren das. Das Leben wird schneller, die Konkurrenz unerbittlicher, das Risiko des Scheiterns größer und der gesellschaftliche Zusammenhalt deutlich loser. Die Komplexität, in der wir unsere Entscheidungen treffen müssen, hat ein Niveau erreicht, das uns vielfach ratlos zurücklässt. Die Praxen der Therapeuten, die den Menschen helfen sollen, mit einer derart veränderten Gegenwart klarzukommen, werden regelrecht überrannt. Den Menschen in den postindustriellen, demokratischen Gesellschaften des Westens scheint die Orientierung abhandengekommen zu sein. Ich zögere keinen Moment, ohne Übertreibung zu behaupten, dass unsere Gesellschaft in eine tiefe Sinnkrise geschlittert ist, die zumindest die westliche Welt in dramatischer Weise erfasst hat.

Die alte demokratische Ordnung unter dem Primat der Politik, die auf Recht, Gesetz und moralischen Grundvorstellungen eines gesellschaftlichen Zusammenhalts bis in die achtziger Jahre hinein so sicher ruhte, ist ins Wanken geraten. Die Menschen diesseits und jenseits des Atlantiks sorgen sich um die einstmals »gute« Gesellschaft, die wir als demokratisch, mittelschichtzentriert, marktwirtschaftlich und sozial kannten und als vergleichsweise gerecht und einigermaßen durchlässig empfanden. Dabei hatte das harmonierende Zweigespann von Demokratie und Marktwirtschaft den Menschen in Europa und Nordamerika Wohlstand, Sicherheit und vor allem ein Höchstmaß an Freiheit beschert. Doch sind die tiefen Gräben inzwischen unübersehbar. Es fehlt an gesellschaftlichem Kitt, an einem Minimum an Konsens, einem Grundeinvernehmen, auf deren Basis die Verschiedenheit der Individuen zum Blühen kommt.

Die zentrale Frage, wo und wie sich Menschen künftig begegnen, in welcher Form sie gemeinsam leben und wie sie ihr Gemeinwesen auf den unterschiedlichen Ebenen organisieren wollen, ist vollkommen unbeantwortet. Nicht nur in Amerika, auch in Europa ist der Wunsch danach, dass sich Gesellschaften demokratisch, sozial und vor allem moralisch erneuern mögen, vielfach vorgetragen worden. Wie zahlreich, häufig und heftig haben die Menschen in den vergangenen Jahren dafür demonstriert, nicht nur in New York an der Wall Street und in den Hauptstädten der von der Krise schwer erschütterten europäischen Staaten. Die inzwischen eingetretene wirtschaftliche Erholung hat keinen neuen gesellschaftlichen Konsens geschaffen. Einige Nationalstaaten in Europa und auch die Vereinigten Staaten suchen ihre neue Selbstdefinition in nationaler Abschottung. Diese Tendenzen hat es immer gegeben – sie sind zyklischer Natur. Derzeit steigt die Zahl jener Länder, deren Regierungen mit nationalistischen Versprechen versuchen, das Gros der Bevölkerung wieder hinter sich zu versammeln. Nationalkonservative Parteien befinden sich auf beiden Seiten des Atlantiks im Aufwind. In Europa übrigens nicht erst seit Einsetzen der Einwanderungswelle der Flüchtlinge aus Afrika und dem Nahen Osten.

Dass mit dem Beginn des neuen Jahrtausends irgendetwas langfristig aus den Fugen zu geraten drohte, war nur wenigen klar. Tatsächlich aber gab es einige Hinweise auf tiefgreifende gesellschaftliche Veränderungen, die man vielleicht hätte ernst nehmen sollen. 2004 zum Beispiel erschien *The Working Poor* des Pulitzerpreisträgers David Shipler, ein Buch über die Zustände am amerikanischen Arbeitsmarkt, die bereits ein Licht auf die Symptome des einsetzenden Wandels warfen, einer neuen, gnadenlos kapitalmarktgetriebenen und renditeorientierten Wirtschaft, die das menschliche Bemühen millionenfach in die Sackgasse eines ausweglosen Niedriglohnsektors beförderte. Das Gegenteil des amerikanischen Traums ist das Ende der sozialen Durchlässigkeit, gesellschaftlicher Stillstand. Warum wohl haben sich die Menschen von der Kampagne Barack Obamas in seinem ersten Präsidentschaftswahlkampf elektrisieren lassen, die ihre Kernbotschaft äußerst geschickt in einem einzigen Schlüsselwort verpackt hatte: *change*. In unserer Sehnsucht nach Erneuerung liefen ihm nicht nur wir Amerikaner in Scharen hinterher; die Bevölkerung ganz Europas stand uns in nichts nach. Er versprach viel, wird aber – so erscheint es mir – bis zum Ende seiner Amtszeit nur wenig davon realisieren können. Amerikas Gesellschaft ist nicht zur Blaupause eines gesellschaftlichen Erneuerungsprozesses geworden, an der man die Zukunft hätte studieren können. Sie ist erstarrt.

Und wiederum ein paar Jahre vorher, im Jahr 2000, hatte der Milliardär und Spekulant Georges Soros mit einem Buch auf sich aufmerksam gemacht, in dem er vor den Auswüchsen eines entfesselten Kapitalismus warnte. Das tat ausgerechnet einer der größten Profiteure des Systems. Er begann, sich mit den Schattenseiten auseinanderzusetzen, als sich noch niemand vorstellen konnte, dass sich das Rad nicht immer schneller drehen würde. Heute diskutieren die Wissenschaftler aus Harvard, Stanford und Princeton mit ihren renommierten Kollegen aus anderen Ländern, ob sich die Industriestaaten nicht längst in eine Jahrhundertkrise manövriert hätten, in einen Taumel zwischen Depression und immer neuen Finanzblasen.

Wohl wissend, dass eine solche verhängnisvolle Entwicklung Milliarden Menschen in Armut stürzen und den Glauben vieler in die demokratischen und humanistischen Errungenschaften gefährlich unterminieren würde.

Diese Zusammenhänge beschäftigen mich ungemein. Auch ich könnte nicht vorhersagen, wie eine postindustrielle Gesellschaft aussehen sollte, was sie ausmacht und sie zusammenhält, worüber sie sich definiert und wie ein neuer Gemeinsinn entstehen könnte. Wie wohl die meisten Menschen habe auch ich keine Vorstellung davon, wie Freiheits- und Bürgerrechte in einer Zeit ausgestaltet sein müssen, dass sie uns, ihren Nutznießern, in Zeiten der Globalisierung und immer neuer technologischer Errungenschaften gerade nicht genommen werden. Um mal ein ganz großes Wort zu gebrauchen: Eine gesellschaftliche Vision ist noch nirgends erkennbar. Deren Fehlen beschreibt das inhaltliche Vakuum, das vielen Menschen zu schaffen macht. Denn zwei Entwicklungen spüren sie ganz genau: die bedrohlichen Zerfallserscheinungen unserer Gesellschaften und die Einschränkung ihrer Möglichkeiten der Selbstbestimmung. Das ist in den Vereinigten Staaten kaum anders als in Europa. Die vielfach beschriebene Allmacht staatlicher Sicherheitsdienste und großer Internetkonzerne wie Google, Amazon und Facebook macht mir Angst. Und ich bin nicht allein.

Was sehe ich konkret? Noch immer befindet sich die Welt in einer Finanz- und Staatsschuldenkrise, die auf ein gnadenloses Versagen der Eliten aus Politik und Finanzwirtschaft zurückgeht. Niemand wagt auszuschließen, dass sich die Lage weiter zuspitzt. Geradezu unverantwortlich und hemmungslos haben sie die Vereinigten und die europäischen Staaten verschuldet. Das sind Schulden, denen auf der Aktivseite nichts entgegensteht, aufgenommen für sinnlose Kriege, die nichts als Zerstörung und riesige Migrationswellen gebracht haben, für gigantische Spekulationsverluste der Finanzindustrie und zweifelhafte

Konjunkturprogramme, die notwendig wurden, nachdem Investmentbanken und Versicherungen die Weltwirtschaft dem Abgrund ziemlich nah brachten.

Die jüngste Krise, die im Jahr 2008 in meinem Heimatland ihren Anfang nahm, das globale Finanzsystem an den Rand einer Kernschmelze trieb und die Weltwirtschaft in eine Rezession stürzte, hätte man an verschiedenen sozialen Vorboten bereits erkennen können: das Auseinanderdriften von Arm und Reich, das Schrumpfen der Mittelklasse, das der Nobelpreisträger Paul Krugman Anfang dieses Jahrhunderts in einem langen Artikel in der *New York Times* konstatierte, die ins Astronomische steigenden Managergehälter, die geradezu euphorischen Reaktionen an den Aktienmärkten, wenn ein international agierender Konzern verkündete, 20 000 Menschen in die Arbeitslosigkeit zu schicken, als ob das ein Grund zur Freude wäre; oder wenn es ihm gelang, Milliardengewinne nahezu steuerfrei einzufahren, während seine Mitarbeiter zu zum Teil unwürdigen Bedingungen ihre Arbeit leisteten. Ein kleiner Teil der Gesellschaft befand sich im Goldrausch, ein anderer, weitaus größerer wurde abgehängt. Geändert hat sich das bis heute nicht.

DES MENSCHEN FEIND   Was mich dabei umtreibt, ist die Menschenfeindlichkeit dieses Systems mit seinen zerstörerischen Qualitäten. Der Kapitalismus, auf dessen gesunder Basis über die Jahrhunderte auch die Künste florierten, kam in seiner entfesselten Form noch nicht einmal vor dem einzelnen Menschen zum Halten, im Gegenteil: Alle gesellschaftlichen Bereiche wurden von ihm erfasst. Dadurch mutierte er zur Ideologie. Irgendwie ergriff sogar die Vorstellung von uns Menschen Besitz, dass nicht nur die Wirtschaftssysteme weniger sozial sein sollten, sondern dass sich ein jeder von uns die Haltung eines Kapitalisten zu eigen machen sollte. Inzwischen fühlen sich die Menschen genötigt, selbst zu Kapitalisten zu werden, die stets flexibel, gewinnorientiert und ehrgeizig zu jeder Zeit das Beste aus sich herausholen. Ich weiß aus Gesprächen mit vielen Menschen unterschiedlicher Provenienz in Deutschland, dass dies den Deutschen in den vergangenen Jahren stark zu schaffen machte.

In meinem Heimatland, den Vereinigten Staaten, war die Idee, dass ein jeder seines Glückes Schmied ist, historisch zwar schon immer stärker ausgeprägt als in Europa oder in Deutschland, interessanterweise allerdings gepaart mit einem hohen Maß an privater gesellschaftlicher Verantwortung jener, die Verantwortung übernehmen und eigene Mittel dafür bereitstellen konnten. Doch auch in diesem Land scheinbar unbegrenzter Möglichkeiten, das Idealisten und Abenteurer wie meine Großeltern besiedelten, ist eine Werteverschiebung zu spüren, die sich inzwischen als Paradigmenwechsel entpuppt. Um es mit einfachen Worten zu umreißen: Egoismus statt sozialer Verantwortung, Individualismus anstelle von Gemeinsinn. Auch vielen Menschen in unserem Land macht der soziale Druck zunehmend Angst.

In der Folge hat sich die Wertschätzung für Dinge verschoben, die eben auch zum guten Leben gehören: die Übernahme sozialer Verantwortung und die individuelle Befriedigung, die der Einzelne daraus erfährt, das Engagement für die Gemeinschaft und natürlich auch das Erfahren von Kunst, die unser Denken prägt. Nahezu unbewusst sind wir immer mehr dem Irrtum verfallen, dass nicht die glücksversprechenden Erfahrungen das Leben erst lebenswert machen, sondern vor allem die unmittelbar gewinnträchtigen. Es ist das Spiel mit dem Risiko, das die großen und kleinen Kapitalisten nun alle verinnerlicht haben, die dauerhafte Abwägung von Ressourceneinsatz und Erfolgswahrscheinlichkeiten, von Kosten und Nutzen.

Der Kapitalismus hat das Potenzial, Gemeinschaften zu zerstören. Er hat – das wissen wir jetzt – eine potenzielle Downside.
Zu einem sinnerfüllten Leben gehören auch Erfahrungen, die
nun einmal verlangen, dieses Risikospiel mit Gewinn und Nutzen bleiben zu lassen. In unserer eigenen Machtlosigkeit hat es
uns allen die Sprache verschlagen. Wie wollen wir in Zukunft
leben? Und was ist uns wichtig?

In der Sinnkrise unserer Gesellschaften sehe ich eine große
Chance für die Rückbesinnung auf die Künste und auf die
klassische Musik. Ästhetische Erfahrungen, so umfassend sie
uns Menschen berühren, sind überlebenswichtig. Wir müssen
uns ihrer Kraft nur wieder ein bisschen bewusster werden.
Die großen Symphonien von Haydn, Mozart, Beethoven bis zu
Brahms und Mahler sind keine Stücke aus dem Museum, die
wir uns nur dann anhören sollten, wenn wir ein wenig Musikgeschichte atmen wollen. Es sind zeitlose Kompositionen, die
uns gerade heute berühren und inspirieren können. Ich bin davon überzeugt, dass sie zur Sinnsuche beitragen können. Dafür
aber müssen wir Künstler etwas tun. Klären wir also zwei wichtige Fragen: Erstens, wie entfaltet Musik ihre Kraft? Und zweitens: Was bewirkt sie eigentlich?

VON DER MACHT ÄSTHETISCHER ERFAHRUNGEN   Über
den Sinn und die Bedeutung ästhetischer Erfahrungen zerbre-
chen sich seit mehr als zweitausend Jahren die großen Denker
der Geschichte den Kopf. Platon und Aristoteles haben darüber ebenso nachgedacht wie Martin Luther, Immanuel Kant,
Arthur Schopenhauer, Jean-Jacques Rousseau, Friedrich Schiller, Friedrich Nietzsche oder Theodor W. Adorno. Sie haben unterschiedliche Ansätze vertreten und sich den Schönen Künsten – vielfach vor allem der Musik – von sehr verschiedenen
philosophischen Richtungen her genähert. Die Bedeutung äs-

thetischer Erfahrungen für die menschliche Existenz an sich aber haben sie nie in Zweifel gezogen, sondern sich vielmehr auf einen Grundgedanken verständigt, der für mich auf immer gelten wird: Ästhetische Erfahrungen bringen Erkenntnisgewinn, sofern man dem Nachdenken über das Erfahrene gegenüber offen ist. Dann können sie sogar charakterbildend wirken.

Wie durch die Ästhetik Erkenntnisgewinn des Menschen befördert wird, darüber allerdings wird gestritten. Das kann durch den Affekt, dem Platon in seiner Philosophie den ersten Rang einräumte, angestoßen werden. Die Erziehung durch Musik sei deshalb so wichtig, weil »am tiefsten in die Seele Rhythmus und Harmonie eindringen, sie am stärksten ergreifen und ihr edle Haltung verleihen«, schreibt der Philosoph der griechischen Antike. Das kann aber auch durch eine eher intellektuelle Aufnahme des Ästhetischen erreicht werden, so wie es Nietzsche verlangte, indem er der Verklärung der Musik als unmittelbare Sprache des Gefühls eine Absage erteilte. Dass einem vor Rührung und Ergriffenheit immer nur die Tränen kommen, reicht eben nicht.

Wie immer man das sieht, sicher ist es für jeden Menschen anders, wenn auch der Weg über das Herz zum Kopf für die meisten der gängigere sein wird. Die Musik rührt uns an und mobilisiert unsere Sinne und Empfindungen dergestalt, dass wir in nahezu geheimnisvoller Weise auf uns selbst zurückgeworfen werden. Verblüffenderweise haben nicht die Komponisten selbst die Macht der Musik beschworen. Vielleicht waren sie sich ihrer nicht unbedingt bewusst, ging es ihnen doch eher um eine musikalische Aussage an sich. Es waren die großen Denker, die Literaten und Dichter, die sich dem Geheimnis musikalischer Wirkungsmacht aus den verschiedenen Richtungen zu nähern versuchten.

Bisher hat es keiner von ihnen geschafft, den Strudel ganz hinab auf den Grund zu tauchen. Und doch haben alle Erklärungsversuche etwas Zutreffendes. »Die Musik«, schrieb E. T. A. Hoffmann über Beethovens 5. Sinfonie 1810, »schließt dem Menschen ein unbekanntes Reich auf; eine Welt, die nichts gemein hat mit der äußeren Sinnenwelt, die ihn umgibt und in der er alle durch Begriffe bestimmbaren Gefühle zurücklässt, um sich dem Unaussprechlichen hinzugeben.« Dass die Kraft der Musik in ihrer Abstraktheit liegen könnte, hatte der Dichter bereits vor zweihundert Jahren formuliert. Was sie darstelle, sei nicht spezifisch, keine bestimmte Freude oder Betrübnis, kein eindeutig zu identifizierender Schmerz, Entsetzen, Heiterkeit oder Gemütsruhe, sondern das jeweilige Gefühl an sich oder besser: das Wesentliche dessen.

Bemühen wir noch einige andere Zeugen. Friedrich Schiller setzte sich in seinen Briefen »Über die ästhetische Erziehung des Menschen« mit der Wirkungsmacht der Künste auseinander. Die Kunst sei eine Tochter der Freiheit, schrieb er an den Prinzen Friedrich Christian von Augustenburg im Juli 1793 im ersten seiner Briefe, der eine ganze Reihe philosophischer Überlegungen einleitet. Und deswegen könne man auch nur durch die Kunst zur Freiheit gelangen. Die Kunst erfreue sich einer Immunität gegenüber der Willkür des Menschen. Sie richte sich gerade nicht nach menschlichen Konventionen und sei nicht kontrollierbar. Politische Gesetzgeber könnten das Gebiet der Kunst sperren, darin aber nicht herrschen. Sie könnten die Künstler erniedrigen, aber die Kunst nicht verfälschen.

Die Briefe zeugen von Schillers Auseinandersetzung mit der Französischen Revolution, von deren Ergebnis er tief enttäuscht ist. Er befasst sich nicht nur mit der Willkür eines aristokratischen Staates, sondern auch mit der Herrschaft eines Volkes, das an dem hohen Anspruch der von der Aufklärung postulierten politischen Vernunft krachend scheitern musste. Ein Mehr an Humanität hatte die Französische Revolution den Menschen wahrlich nicht gebracht, im Gegenteil. Gegen die Verrohung der Menschen, die offenbar in der Lage sind, humanistische Errungenschaften mit Füßen zu treten, setzt er die ästhetische Erziehung.

Es gibt in der Literatur kaum ein leidenschaftlicheres und überzeugenderes Plädoyer für die Künste als das dieses großen deutschen Dichters. Die Schönen Künste sind eine notwendige Bedingung der Menschlichkeit – aber leider, wie die Geschichte immer wieder zeigt, keine hinreichende. Das Schöne, sagt Schiller, bahne dem Menschen den Übergang vom Empfinden zum Denken. Der Weg zum Verstand führt über das Herz. Der Ausbildung des Empfindungsvermögens misst Schiller vorrangige Bedeutung bei, »nicht bloß weil sie ein Mittel wird, die verbesserte Einsicht für das Leben wirksam zu machen, sondern selbst darum, weil sie zu Verbesserung der Einsicht erweckt«.

Schon Jean-Jacques Rousseau war überzeugt davon, dass der Mensch durch seine Sinne verändert werde. »Niemand bezweifelt dies, aber mangels einer genauen Bestimmung dieser Veränderungen verwechseln wir deren Ursachen«, schreibt der Philosoph in seinem »Essay über den Ursprung der Sprachen, worin auch über Melodie und musikalische Nachahmung gesprochen wird«. Sinneswahrnehmungen entfalten eine moralische Wirkung. Aber: »Es bedarf einer langen Gewöhnung, um sie zu empfinden und zu genießen«, also dessen, was Schiller die Ausbildung des Empfindungsvermögens nannte und woran Professor Korisheli mit uns Kindern so unermüdlich arbeitete. In den Künsten wird einem wenig geschenkt. Den Kunstschaffenden so oder so nicht, ebenso wenig aber ihren Rezipienten, für die Erfüllung müssen sie sich erst einmal anstrengen.

Eine regelrechte Hommage an die Kraft der Musik formulierte Martin Luther, der diese Kunst in ihrer barocken Vollendung noch überhaupt nicht kennen konnte. »Denn nichts auf Erden kräftiger ist, die Traurigen fröhlich, die Fröhlichen traurig, die Verzagten herzhaftig zu machen, die Hoffertigen zur

Demut zu reizen, die hitzige und übermäßige Liebe zu stillen und zu dämpfen, den Neid und Hass zu mindern.« Der schönsten und herrlichsten Gaben Gottes sei die Musik, der besten Künste eine. »Sie verjagt den Geist der Traurigkeit, wie man am Könige Saul siehet.«

EINE FRAGE DES SOZIALEN ÜBERLEBENS Die bildenden Künste, Literatur, Poesie und Musik – das sind die Felder für ästhetische Erfahrungen, die lebensprägende Wirkung entfalten können, weil Maler und Bildhauer, Dichter und Komponisten in ihren Werken Fragen verhandeln, auf die die Menschheit von jeher nach Antworten sucht. Ein Kind weiß das nicht, aber ich bin davon überzeugt, es spürt das sofort. Dabei muss es sich nicht unbedingt um klassische Musik handeln, nur weil es in meinem Fall so war und noch ist. Aber klassische Musik gehört zu diesem Kanon der Schönen Künste dazu, die einem mehr ermöglichen als eine unterhaltsame Bereicherung des alltäglichen Lebens oder eine oberflächlich so strahlende Karriere als Interpret.

Sie wirft einen immer wieder zurück auf sich selbst, auf die Frage nach dem Woher und Wohin und nach dem, wer wir Menschen sind oder wer ich wirklich bin. Sie verändert die Selbstwahrnehmung und darüber den Umgang mit anderen. Sie lässt einen nicht in Ruhe, wenn man es sich gemütlich einrichtet in seinem Leben mit ein paar rudimentären Antworten auf Fragen, die noch gar nicht beantwortet sind. Es sind denn auch nicht die Antworten, die uns die großen klassischen Komponisten geben oder die Maler und Bildhauer, die Dichter und Denker in ihren Gemälden und Skulpturen, ihren Texten und ihrer Poesie. Es sind die Fragen, die sie stellen und denen auch wir in unserem Leben unweigerlich immer wieder aufs Neue begegnen.

Die Schönen Künste sind mehr als ein Add-On, eine Dekoration des Lebens, Entspannungskultur für den beschleunigten Alltag im Erwachsenenalter. Sie sind mehr als das, was das San Francisco Classical Radio mit seinem Slogan »Klassische Musik – deine Insel des Wohlgefühls« verspricht. Und das Musizieren im Kindesalter ist keinesfalls nur dem Zweck geschuldet, Kinder in ihrer Konzentrationsfähigkeit, ihren sozialen Kompetenzen und damit in ihrer Lebenstauglichkeit zu fördern. Das kann Musik – natürlich. Damit wird auch immer wieder geworben, wenn es um eine musikalische Erziehung von Kindern geht. Aber dafür ist die Musik gar nicht da, davon bin ich zutiefst überzeugt. Musik ist nur dazu da, erfahren zu werden. Sie kann einen begleiten, bewegen, verändern, viel mehr noch. Ästhetische Erfahrungen sind unverzichtbarer Bestandteil des Lebens. Sie sind Teil unserer Identität, wenn sie uns mit unserer Vergangenheit, unseren gesellschaftlichen Traditionen verbinden und uns Orientierung für die Zukunft geben.

Heute weiß ich, dass es diese Erkenntnis ist, die mir meine Kindheit gebracht hat. Nur haben es die Künste schwer. Es erscheint von jeher nicht überlebensnotwendig, sich ästhetischen Fragen tiefergehend zu widmen. Zuerst braucht der Mensch Wasser und Brot und ein Dach über dem Kopf. Er benötigt ein Einkommen, um sich seinen Unterhalt zu sichern. Ferner ist er auf soziale Kontakte angewiesen. Aber rangieren hinter den materiellen Grundbedürfnissen nicht schon sehr bald die Künste? Sind sie nicht Grundvoraussetzung für unser soziales Überleben?

Lippenbekenntnisse, werden Sie denken, nichts als ein weiterer Beschwörungsversuch. »Versuch« ist die treffende Bezeichnung, weil die Musik zwar so wirkungsmächtig, in ihrem individuellen Effekt aber unbestimmt, unvorhersehbar und nicht messbar ist. Wir wissen nicht, wann, wo und wie sie ihre Macht entfaltet, wann sie zuschlägt, wann sie jemanden berührt – noch nicht einmal bei uns selbst. Wir wissen nicht, ob die Lösungsidee in einem Konflikt mit unserem Arbeitgeber ausgerechnet am vorabendlichen Recital angestoßen wurde, in dem uns Pianist und Geigerin auf eine musikalische Reise mitgenommen haben.

Musik ist anders als alle anderen Künste. Sie ist abstrakt und flüchtig. In der Gruppe der Künste verleiht ihr das ihre Einzigartigkeit. Sie ist semantisch unbestimmt, die Sprache der Musik ist keine Sprache im figurativen Sinn. Und weil sie abstrakt ist, wird mit ihr, anders als mit den anderen Künsten, auch kein direktes Abbild der Welt geschaffen. Vielmehr zielt sie auf das Wesen der Dinge, die Meta-Ebene. Darin liegt ihre Schönheit, und genau darin liegt auch ihre Anziehungskraft.

»Musik drückt aus, was nicht gesagt werden kann und worüber es unmöglich ist zu schweigen.« Es gibt eine Fülle von Zitaten über Musik, auf die ich in diesem Buch weitgehend verzichte. Dieses aber von Victor Hugo ist eines der schönsten. Natürlich ist das Unkonkrete nicht nur der Musik vorbehalten, auch unter den bildenden Künsten hat Abstraktion ihren Platz. Gemälde und Skulpturen müssen nicht immer konkret oder figürlich sein. Dazu aber gesellt sich die Flüchtigkeit. Anders als bei einem Bild ist Musik nicht mit einem Mal als Ganzes zu erfassen. Sie fließt sozusagen vorbei. Der Sog entsteht durch die Zeit, die bis zur Vollendung des musikalischen Kunstwerks verstrichen ist, und mit dem darin enthaltenen Spiel der Erwartungen. Mit jedem neuen Ton werden schon im Moment seines Erklingens Erwartungen für den nächsten geweckt. Auch das macht sie so unwiderstehlich.

Die Erklärungsversuche über die Wirkungsmacht der Musik bleiben gleichwohl unbefriedigend. Ich weiß nicht, was es ist, das uns immer wieder so sehr in ihren Bann geraten lässt. Aber wir können – in einem umgekehrten Annäherungsversuch – intuitiv recht zielsicher sagen, was verloren geht, wenn zum Beispiel einem Kind die Musik vorenthalten wird. Es wird um eine Chance ärmer, sich selbst auszudrücken, es verliert die Möglichkeit, mit Musik Erfolg zu haben, anderen eine Freude zu machen, zu glänzen. Es verliert ein Spiel, den Spaß und jede Menge Entdeckungsmöglichkeiten.

Ästhetische Erfahrungen ermöglichen Menschen einen ganz neuen Blick auf die Welt. Dem Funktionsmechanismus, der dahinterstehen könnte, will ich im übernächsten Kapitel nachgehen. Aber so viel ist sicher: Ästhetische Erfahrungen können Menschen verändern. Sie bringen diejenigen, die bereit und vor allem willens sind, sich darauf einzulassen, vielleicht zu anderen Lebensentwürfen. Nicht jede dieser sinnlichen Erfahrungen muss dabei positiv verlaufen. Ein Konzert kann auch erschütternde, ein Bild verstörende Wirkung haben. Diese Erfahrungen kann allerdings nur machen, wer zur Ästhetik überhaupt einen Zugang findet. Ohne eine gewisse Form von Erziehung ist dieser Zugang nicht möglich. Ohne die Ausbildung eines ästhetischen Empfindungsvermögens, das wiederum ästhetische Erfahrungen ermöglicht, bleibt ein Mensch unvollständig und zu einem Teil auch unfähig, sich in unserer so komplizierten Welt zurechtzufinden. Es wird ihm an Urteilsfähigkeit nicht nur in Fragen der Ästhetik fehlen.

WHAT'S YOUR MIND MADE OF?   Beim Hören klassischer Musik fallen der tägliche Krach, die Eile, die Kurzatmigkeit der dauernden digitalen Kommunikation sofort von uns ab. Kaum dass die Musik erklingt, gelangen wir in eine andere Welt, und es beginnt dieses Spiel der Erwartungen, ein innerer Dialog – bewusst oder unbewusst: Wir hören, wir bewerten, wir erwarten den nächsten Akkord, vielleicht den Verlauf einer Melodie, die dann doch eine ganz andere Wendung nimmt. Wir ärgern uns, wir fragen nach der Bedeutung der Musik und nach dem Grund, warum sie uns anrührt, mit wilden Rhythmen aufregt, in ihrer Atonalität vielleicht frustriert oder warum sie uns einfach nur davonträgt aus der alltäglichen Umgebung des immerzu Notwendigen und Nützlichen in einen Zustand höchster akustischer Wachsamkeit. Wir lauschen der Musik, die ein Fremder auf Notenpapier geschrieben hat und die andere uns jetzt vortragen. Die Musik schafft einen ganz eigenen, in sich geschlossenen Raum für emotionale, intellektuelle und spirituelle Erfahrungen, die nicht aus unserem Lebensumfeld angestoßen werden. Sie werden nur durch die Kunst geschaffen. Genau in diesem Raum begegnen wir uns selbst.

Lassen Sie mich noch einmal fragen: Warum sollen wir uns klassische Musik überhaupt anhören? Warum sollen wir uns für sie auch noch anstrengen? Versetzt sie uns in die Lage, klarer zu denken, mehr zu empfinden und damit ein erfüllteres Leben zu führen als ohne sie? Verändert sie unsere gesellschaftspolitischen Einstellungen, unsere Art, unseren Mitmenschen zu begegnen, vielleicht sogar unsere Selbsteinschätzung? Diese Fragen sind reichlich suggestiv, denn meine Antwort fällt natürlich positiv aus. Sie werden zu Zielvorstellungen, die mir vorschweben, wenn ich Konzertprogramme auswähle. Ich möchte, dass die Musik, die wir vorführen, das Publikum dazu anregt, all diese Fragen ebenfalls positiv zu beantworten. Sie soll zu einer dauerhaft unverzichtbaren Dimension seines Lebens werden. Aber warum entfaltet die klassische Musik, oder nennen wir sie ernste Musik, die ja nicht nur zu den Hochzeiten und im Stil der Klassik des 19. Jahrhunderts geschrieben wurde, diese Wirkungen?

Es ließe sich eine Vielzahl von Erklärungsbeiträgen aus den unterschiedlichsten Disziplinen zusammentragen. Nicht nur von

Philosophen, Dichtern, Denkern und Musikern selbst, die sich seit Jahrhunderten mit der Wirkung von Musik auf den Menschen als geheimnisvollster, weil völlig abstrakter Kunst beschäftigen. Auch Literaten, Neurologen und Psychologen forschen bis heute unermüdlich daran, diese ganz eigene, kaum zu beschreibende Qualität der Musik zu erklären. Ihr Geheimnis ist jedenfalls bis heute nicht entschlüsselt. Und vielleicht wird es uns auch für immer verwehrt bleiben, je mehr wir an Antworten zusammentragen.

Eine letzte Idee will ich Ihnen allerdings doch noch zumuten, weil sie von bestechender Logik ist und die Frage beantworten könnte, die ich mit dem Titel dieses Kapitels aufgeworfen habe: Klassik für die Krise. Der inzwischen verstorbene kanadische Literaturwissenschaftler Northop Frye fand einen anderen Zugang zu der Bedeutung der Künste. Als Literaturkritiker hatte er freilich vor allem die Belletristik im Sinn. Aber das, was er über die Wirkungsweise der Literatur schrieb, lässt sich wunderbar auch auf die Musik übertragen und auf die Frage, warum man sich mit ihr beschäftigen sollte. Es gibt, so sein Ansatz, einen Unterschied zwischen der Welt, in der der Mensch lebt, und der, in der er gern leben möchte. Das Erste ist die Realität, das Zweite fällt in den großen Bereich der Imagination.

Die Naturwissenschaften erklären uns die Welt, die den Menschen unmittelbar umgibt. Mit der Welt in unseren Vorstellungen aber haben sie nicht unmittelbar etwas zu tun. Auf dieser Ebene kommen die Künste ins Spiel: die Literatur, die Malerei und die Musik. »Die Kunst beginnt an der Grenze der Welt, die wir uns vorstellen, die wir uns in Gedanken konstruieren, nicht der, die wir unmittelbar sehen.« Die Künste also prägen unsere Vorstellung davon, wie wir leben wollen. Sie wirken mehr oder weniger direkt darauf ein, die Literatur vielleicht unmittelbarer als die Musik, die als abstrakte Kunstform andere Prozesse in Gang setzt. Genau deswegen sind die Künste so wichtig. Gerade jetzt in dieser tiefen historischen Zäsur, dieser gesellschaftlichen Sinnkrise, in der es darum geht, Vorstellungen von der Welt zu entwickeln, in der wir künftig leben wollen.

Frye hat diese Ideen schon 1964 in einem Aufsatz veröffentlicht, den er »The Educated Imagination« nannte und mit dem er die Relevanz der Literatur hervorzuheben suchte und die Bedeutung der Künste, die das Denken der Menschen so tief beeinflussen. Literatur sei dazu da, die Vorstellungskraft der Menschen »zu bilden«, sie zu erziehen und darin zu trainieren, sich Dinge vorzustellen, die möglich sein könnten. Hätte er diesen klugen Aufsatz nicht genauso auch für die klassische Musik schreiben können? Sie bewirkt Ähnliches, erzieht uns in unserem Vorstellungsvermögen. »Einbildungskraft, Phantasie und Vorstellungsgabe (Imagination) sind nicht nur eine Angelegenheit der Schriftsteller«, schreibt Frye weiter, sondern eines jeden. »Die grundlegende Aufgabe der Imagination ist es, aus der Gesellschaft heraus, in der wir leben, eine Vorstellung von der Gesellschaft zu entwickeln, in der wir eigentlich leben wollen.« Und genau danach suchen wir gerade. *This is what it's all about.*

Die Künste haben eine ungemein mobilisierende Kraft, deren Geheimnis sich den Menschen nie ganz erschlossen hat. Das mag der Grund dafür sein, dass Menschen seit mehr als zwei Jahrtausenden Kunst nicht nur erschaffen oder erleben, sondern unablässig über ihre Wirkung philosophieren. Die Macht der Musik wird schon in der griechischen Mythologie thematisiert, wenn Orpheus zur Lyra greift und das Herz des Herrschers der Unterwelt erweicht. Es ist das Urbild musikalischer Wirkungsstärke, der Beginn der Reflexion über Musik. Oder wenn die Sirenen – unheilvoll diesmal – mit ihren geradezu magischen Gesängen Menschen in den Abgrund locken.

Die musikalische Erfahrung schafft eine ganz eigenwillige erkenntnisfördernde Emotionalität. Tyrannen lassen sich erweichen – wenn auch nicht immer. Die bösen Geister, von denen König Saul besessen war, ergriffen bei Davids Harfenspiel die Flucht. Die Musik beflügelt Sauls Imagination, sie weckt in ihm die Vorstellung, wie anders die Welt auch sein könnte. Musik und Gesang bringen ihn zur Räson oder zu der Vermutung, dass Gott an Davids Seite ist, sie führen ihn zur Wende zum Besseren.

Rembrandt hat den Moment von Sauls lebensverändernder ästhetischer Erfahrung eindrucksvoll in Öl gebannt. Der angeschlagene Tyrann ist zu Tränen gerührt. Sein Blick richtet sich nach innen. In seinen vom Hass erschöpften Zügen spiegelt sich der Sinneswandel.

Braucht unsere Branche erst die Existenzkrise, um die Gesellschaft wachzurütteln und ihr den unausgesprochenen Konsens über die Bedeutung der klassischen Musik in Erinnerung zu rufen? Das war die Frage am Ende des vorangegangenen Kapitels. Mittlerweile bin ich einen Schritt weiter gegangen. Nun will ich die Frage noch einmal anders formulieren: Ist erst eine gesellschaftliche Sinnkrise epochaler Dimension nötig, um zu erkennen, dass die Künste und allen voran die ernste Musik in diesen Zeiten wirklich viel zu bieten hat?

MUSIK-VERSPRECHEN   Derzeit sehe ich eine unglaubliche Chance für die ernste Musik, für die Klassik, für die alten und doch so zeitlosen Werke, die vor Jahrhunderten geschrieben wurden. Aber auch für neue Kompositionen, die ihre zeitlose Gültigkeit noch nicht beweisen konnten, sich aber mit dem Zittern und Beben, den Fragen und den Unsicherheiten dieses Epochenwandels auseinandersetzen und vielleicht auch damit, worin dieser schließlich münden könnte.

In der klassischen Musik liegen viele geradezu wunderbare Versprechen. Als Kind habe ich das weder gewusst noch verstanden. Aber ich habe es, wie alle anderen auch, natürlich gespürt. Es sind Versprechen von Energie, Kraft, Erkenntnis, Inspiration, Trost und Glück, von geistiger Freiheit, die über gesellschaftlicher Konvention steht. Aber man muss ein bisschen dafür tun. Das gilt für Kinder und Erwachsene gleichermaßen. Der Zugang ist für Kinder im Grundschulalter vielleicht am leichtesten. Professor Korisheli wusste das. Er hat sich nicht zufällig entschieden, Lehrer einer Grundschule zu werden, um bei den Jüngsten anzufangen. Er hat uns vorgelebt, dass es sich lohnt, sich auf die Musik einzulassen, immer mehr über sie zu lernen und nach Dingen zu suchen, die viel gewaltiger und größer sind als wir selbst und auf die auch er keine Antwort hatte. In seinen Kursen sind wir Stufen hinauf- und hinuntergesprungen, um etwas über Chromatik und Intervalle zu erfahren. Wir haben auf Tische geklopft, um Rhythmus und Takt zu lernen. Wir hatten Spaß, doch nicht um des Spaßes willen. Vor allem erlebten wir aber viele dieser kleinen und großen Glücksmomente, die in einem Zuwachs an Verstehen und Können liegen und in der Ahnung von etwas noch viel Größerem, das der Musik innewohnt.

Darüber hinaus verspricht die Musik uns Teilhabe – ein Wort, das es im vergangenen Jahrzehnt nicht umsonst zu einiger Bedeutung gebracht hat. Musik wird erst durch einen interaktiven Prozess ihres Schöpfers, der Vortragenden und der Hörer zu Musik. Was nützen die Noten auf dem Papier, wenn sie gar nicht erst erklingen? Musiker und Hörer sind also schon im Moment des Schaffens mit von der Partie. Dann, wenn Musiker die Noten spielen, werden sie Teil der Entstehung eines Werks. Es wird mit jeder Aufführung zwar nicht von Grund auf neu erdacht. Und doch entsteht es jedes Mal aufs Neue – und immer wieder anders. Die Hörer tragen ihren Teil dazu bei, dass sich nichts weiter als ein paar Schallwellen oder akustische Reize in Musik verwandeln. Die Musik entsteht in ihren Köpfen. Damit werden auch die Hörer Teil des schöpferischen Prozesses einer Aufführung

Ein weiteres Versprechen ist das der Gleichheit: Klassische Musik ist nicht exklusiv. Sie gehört allen, niemandem im Besonderen, schon gar nicht einer Gesellschaftsschicht, die sich selbst als Bildungsbürgertum oder gar als Elite bezeichnen würde. In den Momenten musikalischen Erlebens begegnen sich die Menschen auf Augenhöhe. In der *Zauberflöte* von Mozart zum Beispiel. Das ist eine Oper, die alle zusammenführt, unabhängig von ihrem Alter und ihrer Sozialisation. Nicht jeder kann ein berühmter Basketballspieler oder Golfer werden, ein großer Unternehmer, Investmentbanker, ein Milliardär der Internetwirtschaft, Staatspräsident oder ein Superstar am Klavier. Aber wir können alle die gleiche Erfahrung machen, wenn wir uns ins Konzert oder in die Oper begeben. Oder wenn wir gemeinsam musizieren. Es ist eine ästhetische Erfahrung, in der weder Ruhm noch Wohlstand zählen. Klassenunterschiede verschwinden.

Im Moment der sinnlichen Erfahrungen schließen sich die Spalten, die sich tief in unsere Gesellschaft hineingeschoben haben. Und es öffnen sich Grenzen. Kulturelle Gräben verschwinden. Auf meinen Reisen in den hohen Norden Kanadas mit dem Orchestre Symphonique de Montréal waren die Inuits von Mozarts *Nachtmusik* ergriffen. Dabei hatten sie so etwas vorher noch nie gehört. Ein Musikerlebnis zu teilen bedeutet, sich als Mensch zu begegnen, unabhängig von Rang und Herkunft oder Nationalität. Nirgends spürt man das unmittelbarer denn als Dirigent, wenn die Musik des Orchesters zum Publikum strömt und den Saal bis in die hinterste Ecke erfüllt und wenn Musiker und Publikum, wenn wir alle von diesem Strom der Klänge gemeinsam davongetragen werden.

Das schönste Versprechen in der Musik aber ist das der Unendlichkeit. Genauso wenig, wie es uns gelingen wird, das letzte Geheimnis um die Macht der Musik zu lüften, werden wir kein Ende musikalischer Tiefgründigkeit, keinen Boden, keine letztgültige Antwort auf die existenziellen Fragen finden, die die großen Werke klassischer Künstler aufwerfen. Unmöglich wäre es mir, von einem Musikstück zu behaupten, ich wäre mit ihm ein für alle Mal fertig. Genauso begrenzt sind die Ansprüche, die letztgültige Interpretation eines Werkes oder seine allein gültige Aufführungspraxis gefunden zu haben. Wer sich mit diesem Anspruch der Musik nähert, wird ihr fremd. Große Werke sind unendlich. Den Machbarkeitswahn unserer Zeit entlarven sie als pure Hybris. In Meisterwerken höre ich jedes Mal wieder andere Nuancen, neue Fragen, die mich heute noch erschüttern können.

BEETHOVEN
Superstar

Die rhythmischen Schläge der Äxte hallen durch den Wald. Unaufhörlich. Eichen und Buchen fallen zu Boden. Die Waldarbeiter sind fleißig – und guter Dinge. Es herrscht Aufbruchsstimmung. Napoleon ist geschlagen. Die ersten Vorboten der industriellen Revolution haben inzwischen auch das in Wirtschaftsdingen ziemlich verschlafene Wien erreicht. Die Stadt wächst raumgreifend, sie braucht plötzlich unendlich viel Brenn- und Bauholz. Der Wiener Wald bietet davon reichlich. Heiterkeit und Optimismus liegen in der Luft.

Wunderbar leicht, fast lieblich kommt der zweite Satz von Beethovens 8. Sinfonie daher, dieses Allegretto Scherzando, als könnte die Stimmung in Wien nicht besser sein. Die nimmermüden Waldarbeiter pfeifen während ihrer Arbeit dieses kleine melodische Thema. Und die Bürger der österreichischen Musikmetropole sind voller Hoffnung auf eine bessere Zeit. Sie wird den Menschen die Maschinen bringen und damit ganz neue Möglichkeiten.

In diesem Allegretto geben die Bläser mit ihrem Stakkato den Rhythmus vor. Für etliche Takte scheint die Wiener Welt in Ordnung, würde der Hörer nicht langsam dieser insistierenden Bläser-Akkorde gewahr, die kurz hintereinander ausgestoßen die heitere Melodie so unnachgiebig vor sich hertreiben. Mit ihren Äxten schlagen die Männer unablässig auf die Stämme alter und junger Bäume ein. Und sie hören nicht auf. Das dominante Bläser-Stakkato tritt derart in den Vordergrund, dass jeder spürt: Das ist keine ganz heile Welt, die Beethoven gerade beschreibt. Hier schwingt eine gewisse Bedrohung hinein. Denn jetzt geht es dem wunderbaren Wiener Wald an die Substanz. Wie lange er wohl noch in der Schönheit stehen wird, die Beethoven in der Pastorale, seiner 6. Sinfonie, elegisch besungen hat?

Die Musik Ludwig van Beethovens weckt Bilder. Solche Bilder zum Beispiel. Seine Sinfonien sind Ideen, die zu Gemälden werden, in denen die aufregende Zeitgeschichte des ausgehenden 18. und frühen 19. Jahrhunderts ihren Niederschlag findet. In dieses provokante Allegretto Scherzando seiner 8. Sinfonie legt Beethoven etwas Eindringliches, Beunruhigendes, fast Rücksichtsloses. Die Bläser drücken mit ihrem rhythmischen Stakkato die Streicher an die Wand. Man könnte hier auch an laufende Maschinen denken, die den Menschen unnachgiebig ihren Takt aufzwingen. Die Menschen aber werden lange nicht merken, wie sie von ihren eigenen technischen Errungenschaften buchstäblich überrollt werden – die fortdauernde Ironie der Industriegeschichte, die im frühen 19. Jahrhundert ihren Anfang nimmt. Mit Begeisterung haben sich nicht nur die Wiener damals dem Wirtschaftswachstum verschrieben. Die ganze westliche Welt geriet in einen Produktionswahn. Und Beethoven mag sich schon zu Beginn der Industrialisierung gefragt haben, ob das auf Dauer gutgehen kann. Das provozierende Stakkato wird immer wieder unterbrochen. Am Ende fällt es ganz auseinander. Dann ist der Spuk vorüber.

Wenn ich in Beethovens Partituren lese, seine Musik am Flügel spiele oder dirigiere, denke ich oft in Bildern. Über Jahre haben sich diese Bilder immer wieder verändert, so wie sich meine Wahrnehmung seiner Musik verändert hat. Beethoven ist wahrscheinlich derjenige Komponist der Klassik, dessen Musik den größten zeit- und ideengeschichtlichen Einfluss aufweist. Kein Wunder, wurde er doch in eine sehr aufregende Zeit mit humanistisch bahnbrechenden Errungenschaften hineingeboren: Beethoven ist – historisch gesehen – Komponist einer Wendezeit, in der die alten Gesellschaftsordnungen zerbrachen und ganz neuen gesellschaftlichen Vorstellungen Platz machten. Er erlebte die Französische Revolution und mit ihr die Abschaffung des feudalabsolutistischen Ständestaats und die Durchsetzung bürgerlicher Freiheitsrechte.

Er selbst war erfasst von der ungeheuren Anziehungskraft der Ideen der Aufklärung. Er bewunderte Napoleon, zunächst als Soldaten der Revolution, dann als grandiosen Feldherrn, um ihn später als despotischen Herrscher über Europa zu verachten, der sich daranmachte, die Werte der Revolution und damit die blutig erkämpften Freiheitsrechte zu verraten. Beethoven feierte den Sieg Wellingtons über Napoleon, er verfolgte den Wiener Kongress und mit ihm die Neuordnung Europas. Und er erlebte den Beginn der industriellen Revolution, die schon ein paar Jahrzehnte später eine ganz andere Klassengesellschaft hervorbringen sollte. In seiner Musik setzt er sich immer wieder mit den Themen seiner Zeit auseinander.

Beethoven ist für mich eine Art Lebensbegleiter. Seine Kompositionen sind immer da. Die Sinfonien setze ich seit Jahrzehnten sehr regelmäßig auf die Programme meiner Konzerte. Und wenn ich mich nach dem Warum frage, liegt die Antwort womöglich in der Vielzahl der Bilder und Gedanken, die Beethovens Musik freizusetzen vermag – mit jeder Beschäftigung aufs Neue, ohne dass frühere Bilder an Bedeutung verlieren. Es kommen einfach weitere dazu. In meiner Jugend habe ich Beethovens humanistische Aussagen entdeckt, später seine Sicht auf den Menschen als Individuum. Und heute? Seit einiger Zeit berührt mich nun diese zunehmend rätselhafte 8. Sinfonie auf ganz andere Weise als früher.

In meiner Kindheit habe ich Beethovens Musik erst einmal als eindrücklichen Zusammenhang vieler Noten und Klänge erfahren. Als kleiner Bratschist in einem unserer Orchester in

Morro Bay habe ich natürlich nicht sofort danach gefragt, was mir der Komponist mit seinen Tönen eigentlich sagen will. Ich weiß noch, wie wir damals die *Eroica* probten, seine 3. Sinfonie, in der er die Freiheitsideen der Französischen Revolution thematisiert. Ich erinnere mich noch genau, wie ich inmitten dieses großen Klangensembles mit meiner Bratsche hockte, zwischen lauter Kindern und Jugendlichen unterschiedlichen Alters. Und wenn man Teil eines solchen Klangkörpers ist, als Bratschist wirklich mittendrin, dann kann man sich dem Sog der Musik überhaupt nicht entziehen. Sie wirkt allein physisch auf einen ein. Mein Arm bewegte den Bogen parallel mit den anderen Streichern, der Körper wiegte im Rhythmus, die Schwingungen erreichten mich aus jeder Richtung: die tiefen Töne der Celli von links, die der Bläser von hinten, die hohen Geigen von rechts.

Jeder Orchestermusiker kennt das Gefühl, beim Spielen Teil eines großen Ganzen zu werden, vereinnahmt vom Fluss der Musik, wenn plötzlich nichts anderes mehr Bedeutung hat. Das gemeinschaftliche Musizieren ist eines der prägendsten Erlebnisse in der Musik überhaupt – viel intensiver als bloßes Hören. So erlebte ich mit Beethovens Musik als Erstes die Zugehörigkeit zu einer Gemeinschaft, in der sich jeder Einzelne dem gleichen Ziel verschrieben hatte. Wir alle waren beseelt davon, diese Sinfonie für unsere Hörer zu einem wunderbaren Erlebnis werden zu lassen. Beethovens Musik war ein fester Bestandteil meiner musikalischen Kindheit und Jugend.

Ganz anders berührte sie mich als jungen Zuhörer. Eines der beiden großen Orchester der Westküste, es müsste entweder das Orchester aus San Francisco, die San Francisco Symphony, oder aus Los Angeles die LA Philharmonic gewesen sein, gab ein Konzert in der Highschool von Morro Bay. Die Basketballhalle war brechend voll. Ich hatte einen Platz neben der Pauke ergattert und befand mich direkt zwischen den Orchestermusikern und dem Chor. Das Orchester sollte Beethovens 9. Sinfonie geben, und es fand sich kaum ein Mitschüler, der sich das entgehen lassen wollte. Diesmal war ich nicht mit dem Musizieren selbst beschäftigt, sondern mit dem Zuhören – allerdings befand ich mich wieder mittendrin in dem Kessel des Orchesters, dessen Temperatur im Laufe der Neunten unaufhörlich zu steigen schien – bis zum Einsatz des Chors im letzten Satz.

Als die Sänger mit ihrer ganzen Inbrunst diese große Utopie erklingen ließen, das friedvolle, gleichberechtigte Miteinander aller Menschen, die zu Brüdern werden, stockte mir der Atem. Die Pauke hämmerte mir diese Botschaft regelrecht ins Gedächtnis. Und gleichzeitig ahnte ich, wie weit die Welt von dieser Utopie entfernt war. Zu dieser Zeit bewegte sich der Kalte Krieg am Vorabend der Kubakrise auf einen neuen Höhepunkt zu. Die Öffentlichkeit verfolgte den Krisenverlauf mit zunehmend ängstlichem Interesse. Und jeder Haushalt war aufgefordert, auf seinem Grundstück einen Bunker auszuheben. Innerhalb Amerikas kämpfte Martin Luther King für seinen Traum – die Gleichberechtigung aller Amerikaner unabhängig von ihrer Herkunft und Hautfarbe.

Für junge Menschen vor Beginn der Adoleszenz kann so ein Erlebnis sehr prägend sein: der Frieden und die Gleichberechtigung als Utopie, von der schon König David tausend Jahre vor Christus in seinen Psalmen sprach. Aber der Mensch ist nicht friedfertig, das hatte ich damals natürlich mitbekommen und gespürt, dass sich die Sehnsucht nach umfassender Brüderlichkeit nicht so ohne weiteres erfüllt. Auch wusste ich, dass die Hoffnung auf Frieden nie vergehen dürfte. Vielleicht markiert dieser Moment in der Basketballhalle der Highschool nicht den unmittelbaren Beginn meiner näheren Beschäftigung mit Beethovens Sinfonien und der Frage danach, was er den Menschen eigentlich mitteilen will. Aber es war eine erste Ahnung, dass hinter dieser Musik Ideen standen. Später dann hat mich

seine Musik tief in das Europa des 19. Jahrhunderts hineingezogen und mich dazu gebracht, mich mit der Geschichte und
dem Menschenbild auseinanderzusetzen, das damals entstand.

Wer ist der Mensch? Was bedeutet Menschenwürde? Und in
welcher Gesellschaft sollte er leben? Das alles sind die Fragen,
die in Beethovens Werk verhandelt werden. Ideen wie die einer
aufgeklärten Geisteshaltung, die Selbstbestimmung ermöglicht
und gesellschaftliche Freiheit braucht, erlangten für mich eine
ganz überragende Bedeutung. Das mag auch an den unruhigen
Zeiten gelegen haben, in die die Vereinigten Staaten in den späten sechziger Jahren hineinglitten, und an den hitzigen gesellschaftspolitischen Debatten, die die siebziger Jahre dominierten.
Für die Auseinandersetzung mit diesen großen humanistischen
Ideen stehen Beethovens Sinfonien, die dritte, die fünfte, die
siebte und natürlich die neunte. Die Aussagen, die Beethoven in
musikalischer Sprache trifft, sind zeitlos. Damals ahnte ich zum
ersten Mal, dass die Freiheit des Menschen und sein Recht auf
Selbstbestimmung keine Selbstverständlichkeit sind, sondern
über alle Zeitläufte hinweg ein mühsamer Kampf gegen die
dauerhafte Bedrohung durch jene, die sie beschränken wollen.

In einer weiteren Phase meiner Beschäftigung mit Beethovens Sinfonien faszinierte mich sein Menschenbild und der darin liegende Individualismus. Als einer der ersten Komponisten war er überzeugt davon, dass der Mensch alle Möglichkeiten
hat, sich zum Guten hin zu verändern, dass er an sich und am
Leben wachsen kann: durch Bildung, Erfahrung und eigene
Anstrengung. Auch durch die Anstrengung des Verzichts und
der Entsagung. Deshalb wohnt Beethovens Musik so viel Hoffnung inne, deshalb dürfen wir uns mitreißen lassen und an uns
selbst glauben. Deshalb steht in seiner Musik die Entwicklung
im Vordergrund und nicht irgendein Ergebnis. Seine Musik sollte die Menschen weiterbringen, sie zum Besseren verändern.
Trotz der großen, effektreichen Stärke seiner Sinfonien liegt in

ihnen doch immer auch die Aufforderung an ihre Rezipienten, sich ihres eigenen Verstandes zu bedienen, über sich selbst und das eigene Handeln nachzudenken.

Alles das, was sich mir in jüngeren Jahren erschloss, hat die Menschen schon zu Beethovens Lebzeiten elektrisiert. Das Bedürfnis nach Freiheit und Selbstbestimmung war einfach zu groß, als dass seine Musik für sie hätte ohne Bedeutung bleiben können. Die Veränderungen lagen in der Luft. Und Beethovens Musik drückte genau diese Stimmung aus. Sie war neu, anders, genial. Das mag einen Teil des Phänomens Beethoven erklären, der bereits zu Lebzeiten ein Superstar war und das gesamte Musikgeschehen in Europa völlig veränderte. Nach ihm war kaum noch etwas wie vorher. Mit seinen Sinfonien hat er eine Orchester- und Konzerttradition begründet, die das städtische Musikleben in dieser Form bis heute prägt.

Mit ihm etablierte sich der Komponist als freischaffender Künstler. Er war nicht länger angestellter Kapellmeister in Kirchen- oder Adelskreisen, sondern konnte, sofern er wollte, ganz auf sich gestellt leben – freilich mit allen Risiken, die eine selbstständige Existenz nun einmal mit sich bringt. Natürlich ging es Beethoven um die Musik. Aber seine Musik war auch ein »Business«, bei dem er stets versuchte, die für sich besten Konditionen auszuhandeln – er schacherte mit Verlagen, kämpfte um hohe Eintrittspreise, legte sein Geld in Aktien an, erpresste sich mit seinem drohenden Wegzug aus Wien von reichen Mäzenen eine Art Leibrente und starb – trotz manch prekärer Lebensphase – als ein vergleichsweise wohlhabender Mann. Als Erster lebte Beethoven das Leben eines modernen Künstlers.

Aber das war längst nicht alles. Das Komponieren erhob er zu einer eigenständigen Kunstform – nolens volens. Denn mit der Verschlechterung seiner Hörfähigkeit, die lange vor seinem Tod in vollkommene Taubheit mündete, kam Beethoven – immerhin einer der größten Klaviervirtuosen seiner Zeit – weder für Aufführungen noch für die Dirigate seiner Werke mehr in Frage. Das musste er anderen überlassen.

Die für mich faszinierendste Entwicklung allerdings besteht in einer ganz neuen Breite des Publikums, das er erreichte. Nicht eine kleine, gesellschaftliche Elite kam fortan in den Genuss klassischer Musik, sondern die große Schicht einer neuen bürgerlichen Mittelklasse in den Städten, die in diesen Wendejahren der europäischen Geschichte entstand. Beethovens Wiener Konzerte waren – um sich einmal moderner Diktion zu bedienen – Events. Die Akademien, die er organisierte, wurden von zweitausend Menschen besucht. Da ging es dann zu wie in Pop-Veranstaltungen. Mitunter war das Publikum derart begeistert, dass es schon nach dem zweiten Satz einer Sinfonie frenetisch zu applaudieren begann.

Beethoven konnte das in fortgeschrittenem Alter alles nicht mehr hören. Er war bereits taub geworden. Die Menschen begannen deshalb, mit den Armen zu winken, Hüte und Taschentücher zu schwenken. Die Konzerte wurden in den Zeitungen besprochen, manchmal über mehrere Tage. Beethoven wurde gefeiert, mitunter kritisiert, selten wirklich verrissen. Zu Beethovens Trauerzug in Wien pilgerten wohl um die 20 000 Menschen der damals von rund 400 000 Einwohnern besiedelten Stadt. Vielen liefen die Tränen über die Wangen. Man stelle sich vor, wie viele Menschen es, analog dazu, heute in den Millionenstädten auf die Straßen treiben müsste, wenn einer der Popstars zu Grabe getragen würde. Beethoven hatte sich mit seiner Musik nicht nur unsterblich gemacht, sondern die Musikwelt auf den Kopf gestellt. Vor allem aber hatte er mit seinen musikalischen Gedanken und Ideen viele Menschen unmittelbar in seinen Bann gezogen.

Das ist sicher der Grund, warum sich vor allem durch seine Sinfonien und das heroische, heute aber nicht mehr besonders oft gespielte Werk zu Wellingtons Sieg über Napoleon eine neue Form der Konzertkultur entwickelte, die die Veranstaltungen in den Mittelpunkt eines breiten öffentlichen Lebens stellte. Seine Musik berührte die Menschen in dieser Wendezeit hin zur modernen, offenen und nicht mehr ständischen Gesellschaft. Sie vermittelte die modernen Werte seiner Zeit, die Freiheit und Gleichheit der Menschen, ihre Rechte und den sozialen Zusammenhalt. Beethoven formuliert in seiner musikalischen Sprache einen neuen, gesellschaftlichen Konsens. Den nämlich, dass das Individuum unabhängig von Geburt und Stand eine Würde und die Chance auf Teilhabe, auf Aufstieg und eigene Entwicklung hat.

Beethoven war der Komponist des Bürgertums, ein starker Protagonist des neuen bürgerlichen Selbstbewusstseins. Dass ihm dies auf geniale Weise gelang und er mit seiner Musik die Menschen unmittelbar ansprach, ist sicher einer der Gründe dafür, warum sich durch ihn eine völlig neue Form der Orchestertradition und des Konzertlebens entwickeln konnte. Menschen verschiedener Schichten konnten sich begegnen, fanden einen Ort der Gemeinsamkeit und in der Musik die Möglichkeit zu träumen. Niemand anderes als Beethoven hatte diese Notwendigkeit besser erkannt – und auch die Chance, die darin lag, die Musik breiteren Schichten der Bevölkerung zugänglich zu machen.

Kann man dies heute alles hören, wenn man sich ins Konzert begibt, auf dessen Programm eine Beethoven-Sinfonie steht? Ich denke schon. Der Grad des Musikverständnisses des einzelnen Zuhörers ist dafür nicht wichtig. Vielleicht kennt er sich aus im Aufbau einer Sonate und in der Orchestrierung und weiß, welche musikalischen Konventionen Beethoven einfach über Bord geworfen hat, um seiner Musik einen ganz neuen Klang zu verleihen. Vielleicht hat er sich schon einmal näher mit der Kompositionstechnik befasst, derer sich dieser einzigartige Tonkünstler bediente, um den einzelnen Instrumenten zu einer ganz individuellen Bedeutung zu verhelfen, oder damit, wie er Dynamik und Tempo wechselt, wie er musikalische Themen jäh abbricht, um neuen Gedanken Raum zu geben. Vielleicht weiß er das alles aber auch nicht. Sicher haben viele Konzertbesucher noch nie intensiver in eine Partitur geschaut. Wahrscheinlich kann der eine oder andere Zuhörer noch nicht einmal Noten lesen. Aber das ist auch alles gar nicht notwendig. Beethovens Ideen wird man trotzdem hören, fühlen, erspüren können in seiner Musik mit all ihrer Dramatik, schillernden Leichtigkeit, ihrer Provokation und Ironie. Und jeder Konzertbesuch wird neue Ideen freisetzen.

Provokation und Ironie brechen sich in der 8. Sinfonie Bahn, die mich derzeit so sehr beschäftigt. Diesem Werk, das schon bei seiner Erstaufführung in Wien in seiner Wirkung auf Publikum und Kritiker deutlich hinter der Siebten zurückblieb, haftete lange das Image eines Leichtgewichts unter den neun Sinfonien an. Alle anderen erschienen gewichtiger. Die Achte aber war immer die kleine Sinfonie, ein serenes Werk, bevor der Hörer mit der Neunten wieder so richtig gefordert werden würde. Die Melodien, vor allem die des Allegretto Scherzando, kann man vor sich hin summen. Und bis heute findet ausgerechnet die 8. Sinfonie in der umfangreichen Literatur über Beethoven, die die Regale der Bibliotheken füllt, nur sehr wenig Beachtung.

Früher habe ich die 8. Sinfonie immer als eine Art Rückblick oder auch Rückbesinnung auf die früheren Sinfonien und ihre Kompositionsweise betrachtet, vielleicht sogar als eine Hommage an Haydn, den Beethoven so sehr schätze, zumindest aber an seinen Kompositionsstil. Es schien mir, als fiele Beethoven noch einmal hinter seine eigene Modernität und Aussagekraft zurück. Die 8. Sinfonie ist für ein kleineres Orchester geschrieben und in ihrer Anlage viel klassischer und kürzer. Früher habe ich die Siebte und Achte stets als Gegensatzpaar wahrgenommen, als dramatische große Sinfonie zum Zeitpunkt der Befreiung Europas von der Herrschaft Napoleons und als heiteres Folgestück.

Doch heute sehe ich in der 8. Sinfonie keine Rückbesinnung mehr, sondern musikalisch einen gewaltigen Schritt nach vorn. Ich entdecke sie neu und erlebe sie mittlerweile ganz anders. Es ist eine weitere Phase meiner Beschäftigung mit Beethovens Werk. Heute behaupte ich, die Achte ist eine der konfrontativsten aller Sinfonien. Unheimlich provokant in ihrer Aufforderung, sich mit der Zeit und ihrer Wahrnehmung auseinanderzusetzen. Zu Beginn des Zeitalters der industriellen Revolution scheint Beethoven bereits zu ahnen, dass mit der Moderne im Wortsinn andere Zeiten aufziehen, die dem Menschen die Rastlosigkeit bringen und ihn dazu verdammen werden, immer zügiger zu arbeiten, zu reagieren und zu entscheiden. Sollte Beethoven dieses Momentum der Beschleunigung in seiner Musik tatsächlich erfasst haben, dann in der Achten. Da ist sie aktueller denn je. Die Geschichte der Moderne ist eine Geschichte permanenter Beschleunigung, in der der Zeitgewinn durch den atemberaubenden technischen Fortschritt den Menschen nicht mehr Zeit verschafft, sondern ihn paradoxerweise unaufhörlich vor sich hertreibt. Im 21. Jahrhundert jedenfalls ist – zumindest in freiheitlichen Gesellschaften – die Frage der Fremd- oder Selbstbestimmung vor allem eine der Zeit.

Aber was macht der Komponist hier eigentlich? Mit welchen musikalischen Mitteln gelingt es ihm, die Frage nach der Zeit und ihrer individuellen Wahrnehmung so sehr in den Vordergrund zu rücken? Ausgerechnet in der vermeintlich so klassischen Sinfonie, in der es oberflächlich um Heiterkeit und Lebensfreude geht, komponiert Beethoven gegen jegliche Gepflogenheiten und jedes Maß. Schon dem ersten Satz, dem Allegro vivace con brio, verordnet er eine dynamische Steigerung, die in der Musikgeschichte bis dahin seinesgleichen sucht:

Fünfzig Takte setzt er in ein dauerndes Forte, dann aber geht es erst richtig los. Beethoven will es noch lauter, fordert von den Musikern ein doppeltes und dann noch ein dreifaches Forte ein. Im nächsten, besonders schnellen Satz arbeitet er mit dem eingangs erwähnten, nahezu enervierenden Bläser-Stakkato. Im dritten Satz wimmelt es von Sforzati, also von starken Akzentuierungen einzelner Noten oder Akkorde, die er so gesetzt hat, dass sie dem zugrundeliegenden, uns so eingängigen Metrum entgegenwirken. Geradezu verschwenderisch setzt er sie ein. Mehr als zwanzig solcher Akzente sind allein in der Einleitung des Satzes zu finden. Wenn man einmal darauf achtet, bekommt man sie gar nicht mehr aus dem Kopf. Soll das wirklich nur eine Burleske sein, nichts weiter als Heiterkeit, Humor, ein bisschen unterhaltsame Musiksatire?

Man muss in der 8. Sinfonie nicht so konkret an das Verschwinden des Wiener Waldes denken, wie ich es zu Anfang dieses Kapitels getan habe. Man kann Beethovens Werke auch auf einer anderen, etwas abstrakteren Ebene für sich entdecken: Er setzt sich hier mit dem Phänomen der Zeit auseinander und mit der Art, wie sie von den Menschen wahrgenommen und empfunden wird. Die Zeit wird als schnell oder langsam beschrieben, ruhig oder hektisch, stetig oder gebrochen. Manchmal auch als erbarmungslos, zum Beispiel wenn sie abläuft. Man kann einen Rückblick auf die historischen Ereignisse und starken Umbrüche des ausgehenden 18. und beginnenden 19. Jahrhunderts wagen, in denen die Zeichen der Zeit nach radikalen gesellschaftlichen Veränderungen schrien, die wiederum in der Musik ihren Niederschlag fanden. Man kann seine Musik aber auch auf die ganz individuelle Ebene eines einzelnen Menschen beziehen, der in Umbruchzeiten immer mit den Fragen nach Kontinuität und Brüchen konfrontiert ist. Diese unterschwellige Unruhe findet vor allem in der 8. Sinfonie ihren Niederschlag. Sie durchzieht das gesamte

Werk. Ganz anders übrigens als die 7. Sinfonie, die sich ganz konkret auf den Zeitpunkt der Befreiung Europas bezieht.

Die Idee der Zeit und des so unterschiedlichen Zeitempfindens beschäftigen mich. Vielleicht ist deshalb die 8. Sinfonie in meinen Blick geraten. Oder umgekehrt: Sie hat mir dieses Thema nahegelegt. Wahrscheinlich kommt hier beides zusammen. Es ist womöglich keine ganz zufällige Entscheidung, mich noch einmal ganz neu in ausgerechnet dieses Werk zu vertiefen, dessen Partitur ich schon unzählige Male gelesen und analysiert habe. Mein eigenes Zeitempfinden ändert sich genauso wie meine Wahrnehmung. Das Alter legt die Reflexion über die Bedeutung der Zeit nahe, eine Reflexion, die in jungen Jahren kaum Bedeutung hat. Da sind es eher die Ideen, die Verstand, Herz und Seele berühren. Heute ist es für mich das Phänomen der Zeit.

Vielleicht liegt das Rätselhafte der 8. Sinfonie genau hier in diesem verwirrenden Spiel mit der Zeit und ihrem Empfinden. Die Beschäftigung mit ihr fordert mich geradezu heraus, mich mit meiner ganz persönlichen Wahrnehmung der Zeit auseinanderzusetzen, mit der Beschleunigung, die so gar nicht zu meinem eigenen Metrum als Künstler zu passen scheint. In dieser kleinen, auf den ersten Blick eher unscheinbaren Sinfonie kontrastiert Beethoven zudem den erlebten Moment eindrücklich mit dem unerbittlichen Fortschreiten der rein physikalischen Zeit und unserem Unvermögen, Momente für uns festzuhalten. Fast nirgends in der Musik wird einem so nachdrücklich klar, dass die Musik – anders etwa als ein Gemälde – einfach vorüberfließt. In dieser Sinfonie wird die Zeit selbst zum Thema. Musik ist Zeit. Sie geht vorüber wie das Leben.

Beethovens Ideen dagegen sind zeitlos: Der Mensch ringt mit der Technik, irgendwann bemerkt er seine Naivität, sich zum Sklaven seiner eigenen Erfindungen gemacht zu haben – und doch kann er nicht anders. Das Scherzo dieser provokanten 8. Sinfonie: Was für ein Spott auf unsere Abhängigkeit von

Smartphones, die die Hochtourigkeit unseres Lebens weiter nach oben getrieben haben.

Der Schluss der 8. Sinfonie ist das Gegenteil dessen, was vorher stattfand. Für das Ende nimmt sich Beethoven plötzlich unglaublich viel Zeit. Fünfzig Takte braucht die Musik, um nach einem geradezu rastlosen Vivace den finalen Akkord zu erreichen. Diese Unverhältnismäßigkeit kommt einer Frechheit gleich, auch wenn sie – zumindest zum Teil – der harmonischen Entwicklung geschuldet ist. Was will uns Beethoven in dieser neuen Variante des Spiels mit der Zeit diesmal sagen? Macht er sich lustig über die Traditionalisten, so wie er seine ganze, vermeintlich klassische Sinfonie mit unglaublichem Tempo und einer gehörigen Portion Ironie aufgeladen hat? Amüsiert er sich etwa über die, die noch nicht begriffen haben, dass ein neues Zeitalter begonnen hat? Nicht nur in der Tonkunst, sondern in Wien, in ganz Europa, in der gesamten Zivilisationsgeschichte?

Wir wissen das nicht so genau. Denn die rätselhafteste seiner Sinfonien ist nun einmal die achte. In rein musikalischer Hinsicht ist sie auf ihre Art revolutionär. Er hat sich in diesem Werk jedenfalls noch einmal umgedreht und einen letzten Blick auf die alte geordnete Welt geworfen, er hat sich über das Alte mokiert, Formen gebrochen und wieder neu zusammengesetzt. In dem Moment, in dem der letzte Akkord verklingt, ist klar: Jetzt ist es wirklich vorbei mit der alten Zeit. Schluss, aus, Ende. Der Weg ist frei für die Neunte – neu, ganz anders, überragend. Es ist eine Sinfonie, die alles in den Schatten stellt, was es an sinfonischer Komposition je gegeben hat. Eine Zäsur in der Musikgeschichte. Mit der fast unverschämt provokanten Achten ist der neuen Musik der Weg bereitet. Jetzt kommt die Zeit der großen Utopien.

»Die Kunst verlangt von uns, dass wir nicht stehen bleiben«, sagt Beethoven. Er hat genau das gelebt. Er hat probiert, verändert, musikalische Formen revolutioniert und vor allem in seinen späten Kammermusikwerken so modern, so dissonant komponiert, dass seine Musik manchen Zeitgenossen gar nicht mehr verständlich war. Wer sich mit Beethovens Musik befasst, bewegt sich am Rande eines Vulkans. Der Boden ist zu heiß, um dort ewig zu verharren. Die hohen Tempi, die schnellen Wechsel musikalischer Gedanken, die dynamischen Überraschungen, die explosive Fülle seiner Einfälle – das alles treibt den Hörer vor sich her. »Die Kunst verlangt von uns, dass wir nicht stehen bleiben« – nicht die Kunst, sondern Beethoven verlangt es von uns. Oder anders: Er lässt Stillstand einfach nicht zu. Seine Musik fordert uns immer wieder aufs Neue heraus.

So geht es vielen, nicht nur mir. Nur weiß man nie genau, wann und wie die Wucht seiner Kreativität einen ganz unmittelbar trifft und den Blick in eine neue Richtung lenkt. Das ist Beethovens Geheimnis. Man kann nicht vorhersagen, welches seiner Werke plötzlich seine unerhörten Kräfte entfaltet und einen zu neuem Denken führt: über die Musik, über die Zeit, über die Menschen, die einen umgeben, am Ende über sich selbst.

KAPITEL 4
Helden auf Eis – und niemals Kompromisse

»Man wird ... der Frage nicht ausweichen können, ob nicht
das, was der Kultur heute der Gesamttendenz nach wider-
fährt, die Quittung auf ihr eigenes Misslingen ist, auf die
Schuld, welche sie dadurch auf sich lud, dass sie als Sonder-
sphäre des Geistes sich abkapselte, ohne in der Einrichtung
der Gesellschaft sich zu verwirklichen.«

Theodor W. Adorno in seinem letzten
zu Lebzeiten veröffentlichten Essay
Wissenschaftliche Erfahrungen in Amerika, 1969

SCHRÄGE TÖNE FÜR JUNGE LEUTE   Die sieben Cellisten des Orchestre Symphonique de Montréal verfehlten ihre Wirkung nicht. Schon als sie auf die Bühne kamen, wurden sie von dem jungen Publikum wie Popstars gefeiert. Frenetischer Beifall, dabei war noch kein Ton gespielt worden von dem komplizierten Stück, das ich auf das Programm unseres Konzerts gesetzt hatte: Pierre Boulez' *Messagesquisse*, eine Komposition für ein Solo-Cello und sechs weitere. Der Zugang zu dieser Musik bahnt sich nicht leicht. Zumindest für ungeübte Ohren.

Das Stück beginnt geradezu provokant statisch und verlangt dem Hörer in seinen ersten Minuten reichlich Langmut ab. Dann geht es für unsere an Tonalität gewöhnten Ohren recht disharmonisch weiter, langsam wird die Melodie lebhafter, in einzelnen Passagen ziemlich schräg und schließlich virtuos. Doch das junge Publikum hatte damit überhaupt keine Schwierigkeiten. Es fremdelte nicht, sondern ließ sich vom ersten Moment an darauf ein. Die befürchteten Berührungsängste waren zu keinem Moment spürbar. Und kaum hatten die Musiker die letzte Note gespielt, wurden sie auch schon begeistert gefeiert. Überschwänglich, enthusiastisch – so wie es bei Jugendkonzerten ganz anderer musikalischer Genres der Fall ist. Unsere Cellisten waren im ersten Moment ziemlich überrascht und standen fast ein wenig unbeholfen auf der Bühne. Über Nacht jedenfalls waren sie in Montreal zu Stars geworden.

Mit Pierre Boulez' *Messagesquisse* begannen wir im Oktober 2010 ein ziemlich ungewöhnliches Konzert einer recht extravaganten Konzertreihe. Wir nannten sie »Éclaté«, abgeleitet von dem französischen Verb *éclater*, was so viel heißt wie »krachen«, »bersten«, »explodieren«. Die Konzertreihe konzipierten wir als Event für ein etwas anderes Publikum, für junge Menschen vor allem, also Jugendliche und junge Erwachsene, die etwas anderes zu anderer Stunde erleben wollten als die Gediegenheit einer klassischen Konzertveranstaltung. Die Konzerte dieser Reihe beginnen um 21 Uhr und damit deutlich später als die regulären Veranstaltungen. Und ihren Auftakt verlegten wir von unserem Konzertsaal in ein ehemaliges Gebäude der Molson Brewery. Neben Boulez setzte ich Mahlers 1. Sinfonie auf das Programm. Für das Ende des Konzerts engagierten wir den Elektronikmusiker Thomas Feldmann, der in der einzigartigen Elektronikmusikszene Montreals fast schon so etwas wie eine Ikone ist.

Wenn wir überhaupt die Chance bekämen, so dachte ich damals, junge Menschen für ernste Musik zu interessieren, dann würden wir diese Musik zunächst in einem Rahmen und Kontext präsentieren müssen, der ihnen vielleicht vertrauter ist als ein Konzertsaal, bevor sie den Weg zu uns fänden. Wir würden alle Aspekte der konventionellen Konzertpräsentation in Frage stellen müssen.

Die Tickets kosteten 25 kanadische Dollar – und damit weniger als 20 Euro. Die Idee war einfach: Junge Leute sollten die Gelegenheit bekommen, Stücke zu hören, die sie sich wohl kaum je auf YouTube anhören oder von Spotify herunterladen würden. Will man sie davon überzeugen, sich so etwas überhaupt erst einmal zuzuwenden, muss man die Musik zu ihnen bringen und nicht darauf warten, dass sie sich in unseren Konzertsaal verirren. Molson verfügt über ein riesiges Brauereigebäude im Alten Montreal direkt am Hafen des Sankt-Lorenz-Flusses mit dem Backstein-Charme des beginnenden 20. Jahrhunderts. Würde ich die Sprache der Jugend gebrauchen, würde ich sagen, diese »Location« ist ziemlich »cool« und »abgefahren«. Dennoch war sich niemand von uns sicher, ob das Konzert angenommen würde und wer dorthin käme. Am Ende wurde es brechend voll. Viele junge Menschen kamen, ein ganz neues Publikum. Darunter allerdings mischten sich etliche unserer vielen treuen Hörer. Das Konzert war ausverkauft.

Die Begeisterung der jungen Leute in unserem ersten Éclaté-Konzert in der Molson Brewery hat auch mich überrascht. Am meisten aber verblüffte mich, mit welcher Konzentration und Ernsthaftigkeit sie sich auf die 1. Sinfonie Mahlers einließen. Auch die ist kein einfaches Werk, das es seinem Zuhörer besonders leicht macht, vor allem dann nicht, wenn sie zum ersten Mal ein klassisches Konzert besuchen und sich eine Sinfonie über eine Stunde hinzieht. Aber von Desinteresse, Überforderung oder Unverständnis auf Seiten des Publikums konnte überhaupt keine Rede sein. Als niederschwellig könnte man lediglich die »Location« bezeichnen, mit der vielleicht der eine oder andere Vorbehalt verschwand, der junge Leute gemeinhin davon abhält, ins Konzert zu kommen. Reizvoll war sicher auch der Auftritt eines Stars aus der Elektronikmusikszene, die in Montreal eine bedeutende Rolle spielt. Hier könnte man mir sogar entgegenhalten, dass wir uns als Sinfonieorchester ein wenig anbiederten an eine im Grunde an klassischer Musik desinteressierte Jugend. Aber mit dem Programm muteten wir, so dachte ich, den jungen Leuten einiges zu. Wir spielten ja nicht Mozart oder Beethoven und damit Sinfonien, die der eine oder andere vielleicht schon einmal gehört hatte – und sei es in einem dieser unsäglichen Werbespots für Pick-ups, helles Bier oder Katzenfutter. Es war das erste Konzert in dieser Reihe. Und es war das aufregendste.

Damals war ich schon ein paar Jahre lang Chefdirigent des Sinfonieorchesters von Montreal. Ich hatte diesen einstmals international so renommierten Klangkörper 2006 in unruhigen, ziemlich herausfordernden Zeiten übernommen. Die Bedingungen, die ich vorfand, mögen von außen besehen kaum dafür gesprochen haben, dass mein Engagement dort schon bald zum Selbstläufer würde. Ich wusste, wir hatten ein hartes Stück Arbeit vor uns. Allerdings lag darin für mich auch der Reiz und eine große Chance, zu zeigen, was man tun muss, um ein Orchester mit so vielen exzellenten Musikern und sein Konzerthaus wieder als kulturelles Zentrum der Stadt zu etablieren und zurück an die Weltspitze zu führen.

Das Orchestre Symphonique de Montréal war eine wunderbare Herausforderung. Wir würden viele Dinge ausprobieren müssen, das ganze Haus in ein »Labor« oder eine Werkstatt verwandeln und zusehen, was wir mit welchem Angebot bei recht begrenzten finanziellen Mitteln leisten könnten. Die Optimierungsaufgabe war klar: Bei gleichbleibendem Budget wollte ich einen steigenden Auslastungsgrad erreichen und vor allem das Durchschnittsalter des Publikums senken. In ihrer Zusammensetzung sollten die Besucher die Einwohnerschaft Montreals widerspiegeln. Und im Klang, bei Auftritten und im Repertoire des Orchesters sollten die Besonderheit der größten Stadt der frankophonen Provinz Quebec in Kanada, die Ideen und Werte ihrer Bürger und deren Selbstverständnis zu hören sein. Im reichen kulturellen Angebot der Stadt musste das Orchester wieder wettbewerbsfähig werden und in der Prioritätenliste möglichst vieler Menschen möglichst weit oben stehen. Somit hatte der Neustart 2006 etwas Experimentelles an sich, diesen gewissen Zauber des Anfangs und ein gehöriges Maß an Spannung. Würden wir den Menschen vermitteln können, dass klassische Musik heute noch zeitgemäß ist?

ORCHESTER OHNE DIRIGENT   Das Orchestre Symphonique Montréal (OSM), dessen Gründung auf das Jahr 1934 zurückgeht, wurde von vielen berühmten Persönlichkeiten dirigiert, darunter Wilfrid Pelletier, Igor Markevitch, Zubin Mehta und Rafael de Burgos. Doch schien es viele Jahrzehnte ungeachtet seiner hohen Qualität ein wenig hinter dem internationalen Renommee der nordamerikanischen »Big Five« zurückzustehen. Mit der rasanten wirtschaftlichen Entwicklung Quebecs und der hohen Identifikation der Provinz mit den Künsten begannen dann wirklich großartige Zeiten. Unter dem Schweizer Dirigenten Charles Dutoit brachte es das Orchester tatsächlich zu Weltruhm. Dutoit trat 1977 seine Stelle als Orchesterchef an. In der schier endlosen Zeit seines Dirigats von 25 Jahren formte er einen einzigartigen Klang und verhalf dem Klangkörper zu internationalem Prestige. Dutoit war jung, gerade vierzig Jahre alt, als er die Leitung übernahm. Mit ihm ging das Orchester auf Tournee, spielte an den berühmtesten Häusern der Welt und unterzeichnete 1980 einen langfristigen Vertrag mit der Decca London, mit der es nahezu achtzig Aufnahmen veröffentlichte, die sich hervorragend verkauften. Preisgekrönt schaffte es das Orchester mit der Aufnahme von Ravels *Boléro* in die Platin-Kategorie der Plattenverkäufe: Die Scheibe ging mehr als 100 000 Mal über die Ladentheke. Überhäuft mit Preisen und Ehrungen, waren das Orchester und Dutoit in den achtziger Jahren ganz vorne auf der internationalen Bühne. Er und seine Musiker hatten den Status von Stars. Zum fünfzigjährigen Bestehen des Orchesters emittierte die kanadische Regierung zu dessen Ehren sogar eine Briefmarke. Dutoit hatte ich anlässlich einer Einladung des Orchesters kennengelernt, fühlte mich befreundet mit ihm und bewunderte seine künstlerische Arbeit.

Doch die Zeiten blieben nicht so glanzvoll. In den neunziger Jahren wurde es beschwerlich, der Decca-Vertrag wurde nicht erneuert, das britische Label, das sich selbst in einer Restrukturierungsphase befand, entließ das Orchester ohne Möglichkeiten weiterer Verbreitung. Das Internet-Zeitalter hatte noch kaum begonnen. Dabei war eine aktuelle Diskografie nicht nur ein Muss für Solisten, sondern eben auch für Orchester. Der Rausschmiss bei Decca war ein vernichtender Schlag. In dieser heiklen Lage nahmen auch die Spannungen zwischen Dirigent, Orchester und dem Management unübersehbar zu. Es ging bergab: Die Auslastung sank, das Orchester verlor viele Abonnenten, das Publikum wurde älter, und die wachsenden Schulden engten den Handlungsspielraum des Hauses immer mehr ein. Der Öffentlichkeit blieb die zunehmende Entfremdung von Orchester, Dirigent und Management keineswegs verborgen – fatal für eine Institution, die sich in einer kulturellen Landschaft Montreals zu behaupten hat, welche an Angebotsvielfalt und Qualität weltweit ihresgleichen sucht. Es gibt das Ballett, die Oper, verschiedene großartige Museen, ein weiteres Orchester, eine Elektronikmusikszene und bekannte Festivals. Daneben existiert auch noch der Sport, die große Faszination der Kanadier für das Eishockey, das bei begrenztem Budget einzelner Haushalte natürlich immer vor einem Konzertbesuch steht.

Im April 2002 und damit ausgerechnet im Jubiläumsjahr Dutoits kam es nach Jahren unruhiger Zeiten schließlich zum Eklat. Der Maestro und das Orchester gingen nach einem nervenzehrenden öffentlich ausgetragenen Streit ganz plötzlich getrennte Wege. Dabei war die Saison des silbernen Jubiläums Dutoits 2002/2003 mit besonderer Akribie und einem gewissen Pomp geplant worden. Sie sollte ein großes Fest werden und das Orchester wieder zurück auf die internationale Agenda bringen. Auch mich hatte man als Gastdirigent eingeladen. Aber statt eines glanzvollen Auftritts endete Dutoits Ära mit einem Paukenschlag. Er zog sich zurück. Und keiner wusste, wie es weitergehen würde.

Dem Management gelang es, die Lage in den Jahren nach Dutoits Abgang halbwegs stabil und das Orchester ohne Chefdirigent irgendwie zusammenzuhalten. 2005 aber zogen wieder unruhige Zeiten auf. Schon ein Jahr nach Dutoits Rückzug hatten die Musiker erneut begonnen, über ihre Gehälter zu verhandeln. Drei Jahre später waren sie mit dem Management heillos zerstritten. Aus Protest traten sie in ihrem letzten Konzert der Saison 2004/2005 statt in Fracks in roten T-Shirts auf, um kurz danach in den längsten Streik zu treten, den ein nordamerikanisches Orchester bis dahin gewagt hatte. Mehr als fünf Monate spielten sie keinen Ton. In der perplexen Öffentlichkeit liefen bereits erste Wetten, ob das Orchester überhaupt überleben und irgendwann wieder spielen würde. Um das Verhältnis des Orchesters zum Management und um sein gesamtes Prestige hatte es in der Geschichte des Klangkörpers kaum je schlechter gestanden.

In diesem Umfeld sollte ich 2006 meine Stelle als Chefdirigent antreten. Manche Kollegen rieten mir ab. Das Orchester sei nicht in den Griff zu bekommen, warnten sie mich. Aber sie kannten es nicht, lasen die Zeitungen und machten sich daraus ihr Bild. Ich dagegen hatte das Orchester schon mehrfach dirigiert und wusste: Die Musiker konnten zu phantastischer Form auflaufen. Und das machte das Orchester unglaublich attraktiv.

Darüber hinaus reizten mich die Besonderheiten Montreals, der zweitgrößten Stadt Kanadas und nach Paris die größte französischsprachige Stadt der Welt. Montreal, das im Süden in der frankophonen kanadischen Provinz Quebec direkt am Sankt-Lorenz-Fluss gelegen ist, ist mit seinen gut 1,6 Millionen Einwohnern eine Metropole, die sich bis heute eindeutig nach Europa orientiert. Unübersehbar ist sein französisches Flair. Französisch ist einzige Amtssprache und für vier Fünftel tatsächlich auch Muttersprache. Quebec ist eine Provinz mit ganz besonderem Selbstverständnis. Mit ihrer Sprache, Kultur und ihren Institutionen stellt sie eine eigenständige Gemeinschaft innerhalb Kanadas dar, die alle Attribute einer eigenen Nationalität aufweist. Stolz, europaaffin, konfliktfreudig, ein wenig separatistisch, großzügig, innovativ und leidenschaftlich – so könnte man den Charakter ihrer Bewohner beschreiben, ohne ihnen vielleicht allzu nahezutreten. Dazu kommt die für Nordamerika allgemein so typische Lebenshaltung einer Einwanderergesellschaft. Montreal ist international, anderen Sprachen und Kulturen gegenüber offen, tolerant. Nicht umsonst verfügt die Stadt über eine sehr junge, avantgardistische Kulturszene. Kurz: Montreal ist ein Ort, von dem ich oft denke, dass ich dort richtig atmen kann.

Reich ist die Stadt allerdings nicht. Die Unabhängigkeitsbestrebungen der Vergangenheit mit ihren separatistischen Forderungen verunsicherten viele Unternehmen und Investoren. Schon in den siebziger Jahren verlor Montreal seine Führungsposition an Toronto, als sich der Schwerpunkt der Wirtschaftsverbindungen weg vom transatlantischen auf den interkontinentalen Handel verlagerte. Das Kapital folgte. Das Geld jedenfalls blieb nicht in Montreal – ganz anders als in München. Das hat zwei Implikationen: Die Unterstützung des Orchesters durch die öffentliche Hand konnte nicht so üppig ausfallen wie in anderen Metropolen mit einer ähnlichen kulturellen Finanzierungsstruktur. Und auch die Budgets unserer Zuschauer waren nicht unerschöpflich. Die Kartenpreise mussten moderat bleiben.

Im Sommer 2006 also trat ich mein Engagement an, zeitgleich mit meiner Verpflichtung an der Bayerischen Staatsoper. Nur: In Montreal waren die Herausforderungen ungleich größer. Es gab eine Menge zu bewältigen. Als Erstes galt es, dem Zuhörerschwund ein Ende zu setzen. Das Orchester sehnte sich nach Stabilität, neuen Ideen und nach Leadership. Denn auch die Musiker waren ehrgeizig und bereit, neue Wege einzuschlagen. In solch einer Situation lässt sich enorm viel bewegen.

Ein zerstrittenes Haus mit begrenztem Budget, eine offene, aber nicht besonders wohlhabende Stadt, ein alterndes Publikum – wie schafft man aus so einer Situation heraus die Wende? Meine Antwort fällt schlichter aus, als Sie womöglich vermuten würden. Das Orchester muss Nähe schaffen und zulassen, damit die Musik nahe bei den Menschen ist – in ideeller und in sozialräumlicher Hinsicht buchstäblich an sie heranrückt. Man braucht also eine übergreifende Idee für ein Engagement und lebensnahe Bezüge für die einzelnen Programme. Und man muss von seinem Olymp herabsteigen, um im Wortsinne dort zu spielen, wo die Menschen sind. Das erfordert ziemlich viel Kreativität und eine gewisse Risikobereitschaft, um mit so mancher Konvention zu brechen. Ich war mir sehr wohl dessen bewusst, dass ich auch scheitern konnte.

ALLES FÜR DEN TURNAROUND   Mein Team und ich beschlossen, uns auf die Seite der Mutigen zu schlagen und das Orchester anders und neu zu positionieren. Denn ein Orchester muss für seine Hörer einzigartig sein, sozusagen unverwechselbar. Dafür muss seine Musik in einem Kontext spielen, der mit der Geschichte des Landes, den Menschen der Stadt und dem Orchester selbst etwas zu tun hat. Einfach gesprochen: Beethoven muss im frankophonen Montreal in einem anderen Kontext stehen als in Berlin, München, New York oder gar in Vancouver. Wenn das gelingt, dann wird Beethoven auch anders klingen. Warum ist mir das wichtig?

Lassen Sie mich vier Gründe dafür nennen: Erstens versuche ich, mit der durch den regionalen Bezug hergestellten Einzigartigkeit eine dauerhafte Verbindung der Musik zu jenen Menschen herzustellen, die an dem Ort leben, an dem das Orchester seinen Sitz hat. Das Orchester kommt ihnen damit nahe – es wird Teil der Gesellschaft. Das ist ungemein wichtig.

Schließlich rekrutieren sich aus ihr unsere Hörer. Damit gebe ich den Bürgern im besten Falle die Möglichkeit, sich mit ihrem Orchester zu identifizieren. Je mehr sich die Besonderheiten einer Gesellschaft in dem Orchester, seinem Klang und Repertoire widerspiegeln, je unverwechselbarer das Orchester ist, desto größer die Identifikation, die dann – allmählich – nicht nur die klassischen Konzertbesucher, sondern auch neue und vor allem junge Hörer anzieht. Die Zuhörer müssen bei jeder unserer Aufführungen unsere Wertschätzung für sie und ihre Relevanz für uns spüren. Ohne ihr Interesse würden wir keine Karten verkaufen, könnten unsere staatliche Unterstützung von vierzig Prozent des Gesamtbudgets nicht rechtfertigen, wären bald nicht mehr auf der Bühne und würden nicht mehr spielen. Diese tiefe Verbindung zu den heimischen Zuhörern ist die Basis für den Aufbau eines zunächst regionalen, schließlich nationalen und dann internationalen Renommees. Ohne die Verankerung vor Ort geht gar nichts.

Zweitens kann ich den Menschen nur so zeigen, dass ein zweihundert oder gar dreihundert Jahre altes Werk, eine Sinfonie oder ein Oratorium zum Beispiel, kein Ausstellungsstück aus dem Hochglanzkatalog eines ehrwürdigen Museums ist, sondern seine Gültigkeit über die Zeitläufte hinweg bewahrt hat. Wenn es mir nicht gelingt, eine Komposition in Bezug zur aktuellen Lebenswelt der Menschen zu setzen, die die Konzertkarten kaufen und uns mit ihren Steuern über die Subventionen des Betriebs auch noch unterstützen, dann wird die Musik auch nicht besonders klingen. Und damit hätte ich meine Daseinsberechtigung als Dirigent ziemlich schnell verwirkt.

Drittens entsteht erst durch den Kontext der besondere Klang eines Orchesters. Der Klang bildet sich über den Inhalt der Programme, über die Idee eines Engagements, über den regionalen Bezug und damit über den gesamten Erfahrungsrahmen, den wir dem Publikum bieten. Dann wird das Orchester über die Jahre unverwechselbar. Es wird – um einmal im Jargon der Wirtschaft zu sprechen, der längst auch bei uns Einzug gehalten hat – zur Marke.

Und viertens gewinne ich durch dies alles das Vertrauen des Publikums, sich mit uns gemeinsam auf neue Werke einzulassen. Das ist wichtig, damit neue Kompositionen oder ein Repertoire, das vorher nicht häufig gespielt wurde, ihren Niederschlag in unserem Gesamtprogramm finden können.

Fragen Sie mich danach, wie heute das Orchestre Symphonique de Montréal klingen mag, würde ich vielleicht sagen, *quebecois*, also nach der frankophonen Provinz, in der es residiert: brillant, sehr warm, schlank, elegant, nicht sehr amerikanisch, aber eben auch nicht rein europäisch. Oder besser: Es wirkt so. Denn es gehört eine große Portion Konzerterfahrung dazu, um den reinen Klang differenziert zuordnen zu können. Und es ist überhaupt kein Versäumnis, wenn man dazu nicht in der Lage ist. Bei internationalen Spitzenorchestern, die allesamt aus dem gleichen Fundus des Repertoires schöpfen und auf das gleiche Angebot weltweit ausgebildeter Musiker zurückgreifen, handelt es sich bei den Klangunterschieden so oder so nur um Nuancen. Die Positionierung, die Programm-Idee ist viel wichtiger, weil nicht der Klang allein die Unverwechselbarkeit schafft, sondern auch der Kontext, in dem das Orchester seine Werke präsentiert.

STRAUSS ODER DER WEG ZUR PROGRAMM-IDEE Wie aber entsteht so eine Programm-Idee? Oder anders: Wie schafft man eine Verbindung der Musik zur Lebenswirklichkeit der Menschen und damit die Nähe, die mir so wichtig ist? Ziemlich am Anfang meines Engagements setzten wir *Ein Heldenleben* von Richard Strauss auf das Programm. Das Orchester hatte diese einzigartige sinfonische Dichtung zwar schon mal gespielt, aber noch nie eingehend studiert. Es hatte unter Dutoit vor allem die großen französischen Komponisten gepflegt. Sie spielten unvergessen eindrucksvoll Ravel, Debussy, Berlioz und Bizet, Poulenc, Saint-Saëns, Franck und Fauré und viele andere. Russische Komponisten fanden sich auch in ihrem Repertoire, Strawinsky, Mussorgski, Tschaikowsky, Schostakowitsch oder Sinfonien des tschechischen Komponisten Antonín Dvořák. Aber Haydn, Beethoven, Mendelssohn, Schumann, Schubert, Bruckner, Brahms, Wagner, Richard Strauss – die Werke dieser Komponisten hatten sie über etliche Jahrzehnte nie regelmäßig aufgeführt.

Die musikalischen Erfahrungen des Orchesters und damit das Repertoire mussten sich nach meinen Vorstellungen und unter meiner Leitung unbedingt erweitern – ausbalancieren sozusagen. Nur: Wie würde das Publikum darauf reagieren, das doch anderes gewohnt war? Das war nicht ganz ohne Risiko. Trotzdem wollte ich zunächst diesen hervorragenden Musikern und bald auch dem Publikum unbedingt zeigen, wie viel die musikalischen Aussagen der großen Kompositionen aus anderen Kulturkreisen und vor allem aus dem deutschen Sprachraum ihnen würden sagen können, wie neu, progressiv und visionär sie sind.

Strauss polarisierte mit seinem *Heldenleben* bereits im Moment seiner Uraufführung die Öffentlichkeit und die Kritik. Während die einen die Sinfonie für den Höhepunkt sinfonischer Kompositionskunst schlechthin hielten, erschien sie anderen als übersteigerte Form der Selbstdarstellung. Sie deuteten die Sinfonie als hybriden Akt der Selbstbeschreibung, ein Epos, in dem sich der Künstler mit seinen Kritikern heftig auseinandersetzt. Ganz abwegig war das nicht im ausgehenden 19. Jahrhundert. Die musikalische Dichtung hatte nun einmal keinen Text, Spekulationen waren demnach möglich. Und reichlich Anlass hatte der Komponist durch diverse Anspielungen auch gegeben.

Doch enthob Strauss höchstpersönlich seine eigene Dichtung schließlich den Niederungen derart profaner Auslegung. Es ging ihm um etwas anderes und gerade nicht um das Heldenleben einer einzelnen poetischen oder historischen Figur. Vielmehr verhandelte er das Thema allgemeiner, abstrakter. Es war ihm an den Grundzügen »eines großartigen und mannhaften Heroismus« gelegen, eines Heroismus, »der die inneren Kämpfe des Lebens beschreibt und der durch Anstrengungen und Entsagung die Erhebung der Seele anstrebt«. In Tönen formulierte Strauss eine Aussage, die heute noch gilt: Die Sache mit dem Heldentum ist nicht so einfach. Mühsal, die innere Zerrissenheit und auch das Scheitern können Teil einer Heldengeschichte sein.

Ich wollte unbedingt, dass das Publikum gemeinsam mit uns einen anderen, eben modernen Blick auf diese Komposition werfen würde, die sich kaum passender in unser Zeitalter hätte fügen können, in dem wir alle immerzu irgendwelche Helden suchen, zu denen wir aufsehen können. Was also macht einen wahren Helden aus?

Wie so oft begann ich in meinem kanadischen Team die Diskussion über diese Programm-Idee mit ein paar Fragen. »Wer sind eure Helden?«, fragte ich sie in einer Teamsitzung. »Wen verehrt ihr?« Wer würde für Kanada wichtig sein, für Quebec oder Montreal? Wer wäre eine wichtige Quelle für Inspiration und Leadership? Management und Mitarbeiter schauten mich vollkommen verständnislos an. Ich legte nach und redete. Aber es kam so gut wir gar nichts zurück. »Hier in Kanada haben wir nicht wirklich Helden«, sagten sie. »*Come on*«, ich ließ nicht locker, »das glaube ich nicht. Ihr müsst doch Helden haben, so jemanden wie wir Amerikaner, die George Washington, Abraham Lincoln oder den Astronauten John Glenn verehren.« Wieder sah ich in fragende Gesichter. Es ging ein bisschen hin und her, ich insistierte, doch die Antworten blieben seltsam vage und blass. »Was ist mit militärischen Führern, Generälen?« Sie schüttelten den Kopf: »Wir sind eine friedliebende Nation.« Mit ziemlichem Erstaunen musste ich lernen, dass Kanadier offenbar keine Helden haben oder aber gar nicht gewohnt sind, in solchen Kategorien zu denken. »Wir verehren die Menschen nicht so«, sagten sie noch.

Ein paar Tage später nahm ich das Thema noch einmal auf. Diesmal fragte ich nach dem Sport – Football, Basketball, irgendwelche Ikonen oder Popstars würde es doch geben müssen. Und plötzlich sprudelte es aus ihnen heraus: Eishockey, da gäbe es ganz große Namen, die von vielen verehrt würden. Und nahezu unvermittelt wurde ich Zuhörer einer aufgeregten Unterhaltung über einen Sport, der im frankokanadischen Selbstverständnis offenbar eine ganz besondere Rolle spielt. Mein Team war mitten im Thema, einem Teil seiner Geschichte, seines kulturellen Erbes. Wieder lernte ich etwas: Eishockey war mehr als nur ein Sport, es war eine Lebensanschauung, eine Philosophie.

Sie beschlossen, mich einmal mit in die Arena zu einem Spiel zu nehmen, damit ich kanadisches Eishockey live würde erleben können, bevor wir weiter über Helden redeten. Und unmittelbar in der Arena erschloss sich mir die Logik des Sports und die Passion der Menschen in dieser Stadt für ihn, die bis Ende März noch im tiefsten Winter liegt und deren Land weit über den Polarkreis hinausreicht. Danach fielen in unseren Diskussionen plötzlich viele Namen, aktuelle Helden und große Spieler aus früheren Zeiten, die Generationen geprägt hatten. Aktive Eishockeyspieler sind Popstars in Kanada, Legenden aus der Vergangenheit, Ikonen. Da wusste ich: Die Vermittlung von Strauss' *Heldenleben* würde in Montreal etwas mit dem Eishockey zu tun haben müssen.

Ich gab eine Komposition in Auftrag, die sich diesem Phänomen der Kanadier in Montreal zuwenden sollte. Eishockeyspieler sollten im Rahmen eines neuen Werkes Texte vortragen, in denen der Sport und seine Helden zum Thema würden. Dafür gewannen wir den kanadischen Komponisten François Dompierre und den Schriftsteller Georges-Hébert Germain. Gemeinsam schufen sie das Werk *Les Glorieux*, das wir im Februar 2008 zusammen mit Strauss' *Heldenleben* und einigen kleinen Kompositionen von Erik Satie aufführten. Satie passte wunderbar, hatte er seine Miniaturen doch mit *Sport et divertissements* überschrieben.

Die Kanadier hörten zunächst *Ein Heldenleben* und dann die Stimmen ihrer Helden: Yvan Cournoyer zum Beispiel, den schnellsten Spieler, den ein Team je hatte, seit dreißig Jahren in der Hockey Hall of Fame, den über siebzigjährigen Henri Richard oder Guy Lafleur, den langhaarigen Rechtsaußen, den sie wegen seiner Mähne auch den »blonden Teufel« nannten. Er war ein Held des Publikums, über den damals alle sprachen, weil er und seine Familie durch eine tiefe Krise gingen. Ein Held mit Schwächen. »*It ain't gonna be easy*«, hieß es im Text – es wird nicht einfach werden; nicht auf dem Eis, schon gar nicht als Held, auch nicht im normalen Leben.

Es war ein bewegender Konzertabend, an dem das Publikum die Musik von Strauss in einem anderen Kontext hörte. Sichtlich berührt verließen die Menschen den ausverkauften Wilfrid-Pelletier-Saal, den wir seinerzeit noch bespielten, bevor wir 2011 in unser neues, akustisch einmaliges Konzerthaus umzogen. Oft habe ich gehört, dass dieses Konzert die Art und Weise, wie Menschen Helden wahrnehmen und über sie urteilen, für einen kurzen Moment verändert hat. Die sinfonische Dichtung hatte ihnen offenbar Anlass dazu gegeben.

DRAUSSEN VOR DER TÜR Ein Jahr später brachten wir die Musik ins Eisstadion, in das sogenannte Bell-Center. Das

Konzert war – aus deutscher Sicht – mit reichlich Pathos als Begegnung des Jahrhunderts angelegt: Das Eishockey-Team, die Montréal Canadians, wurde 100 Jahre alt, das Orchester feierte sein 75-jähriges Bestehen. Ich werde nie vergessen, wie das Stadion kochte, gleich einem Hexenkessel. Vor mir glitten die aktuellen Stars der Mannschaft auf die Bühne. 15 000 Menschen schrien vor Begeisterung. Dann wurde mein Name ausgerufen, und die Menge schrie weiter. Ehrlich gesagt – sicher nicht für mich, sie waren einfach in Fahrt. Wir spielten eine bunte Mischung aus Beethoven, Rossini, Respighi und noch einmal *Les Glorieux*, die Komposition des letzten Jahres. Die Menschen standen an ihren Plätzen. Sie applaudierten und jubelten. Ich war bewegt. Das Orchester gehörte in diesem Moment so sehr in ihre Lebenswirklichkeit wie der Sport. Mir war bewusst, wie viele Menschen wir dort erreichten, die noch nie ein klassisches Konzert gehört hatten. Es war eine große Chance, die klassische Musik zu den Menschen zu bringen.

Die Idee ist das eine, aber sie allein zieht noch nicht unbedingt Menschen an. Wichtig war mir immer, die Musik zunächst zu den Bürgern von Montreal zu tragen. Ich wollte auch räumlich näher an sie heran. Denn bevor ein Klassik-Künstler mit seinem Produkt erwarten kann, dass die Menschen zu ihm kommen, muss er zu ihnen gehen. Das ist ein Angebot – nichts weiter. Das Orchester hat hier bereits eine gewisse Tradition: Seit Dekaden spielt es alljährlich eine Reihe von freien Open-Air-Konzerten in verschiedenen Parks in Montreal. Die Reihe heißt *»OSM dans les parcs«* und ist jeden Sommer ein großes Event. Die Bevölkerung kommt eigentlich immer, um ihr Orchester zu hören. Wenn es regnet, spannen die Leute einfach ihre Schirme auf.

In überfüllten Stadien oder in Parks zu spielen, ist für viele der Musiker die leichtere Übung. Sie bringt Glanz und Heiterkeit. Die Auftritte sind Herausforderungen im positiven Sinne,

bei denen keiner von ihnen und auch ich nicht mit den Schattenseiten menschlicher Existenz konfrontiert werden: mit Krank-
heit und Tod, Gewalt, Benachteiligung und Chancenlosigkeit.
Doch ist es meine Devise auch, sich mit den Musikern an Orte
zu begeben, wo wir tatsächlich gebraucht werden und an denen
die Musik vielleicht einen Beitrag dazu leisten kann, den Alltag
von Menschen einen Moment lang aufzuhellen: auf Krebssta-
tionen in Krankenhäusern, in Kindergärten und Schulen einer
Jugend in sozial stark benachteiligten Vierteln. Das machen
wir regelmäßig. Ich nehme mir dafür viel Zeit.

Bewegt hat mich vor einigen Jahren ein Auftritt vor dem Rat-
haus in Montreal-Nord: ein durchmischter Bezirk mit Vierteln,
die man als soziale Brennpunkte bezeichnen könnte. Hier leben
viele Einwanderer. Die Jugendarbeitslosigkeit nimmt überhand.
Auf den Straßen geht es mitunter ruppig zu, die Kriminalitätsrate ist vergleichsweise hoch, Banden und Clans beherrschen
das Geschehen, Gewalt und Drogenhandel bestimmen die Le-
benswelten der Bürger. Teile des Bezirks Montreal-Nord stehen
in dem Ruf, die gefährlichsten Viertel der Stadt zu sein. Jahrelang hatte sich die Stadt nicht richtig um diesen Bezirk geküm-
mert, in dem Montreals vergessene Kinder lebten. In dem Viertel war es Wochen vor unserem freien Konzert zu erheblichen
Unruhen gekommen. Die Polizei hatte aus nicht endgültig ge-
klärten Gründen den lateinamerikanischen 18-jährigen Einwan-
dererjungen Fredy Alberto Villanueva erschossen, der wohl eher
zufällig anwesend war, als sein großer Bruder mit vier jungen
Männern einem in Montreal verbotenen Würfelspiel nachging.
Es kam wie so oft: Die Polizei entdeckte sie und verlangte, dass
sie sich auswiesen. Einer weigerte sich. Es fielen Schüsse, die
ausgerechnet dem unbeteiligten Jungen das Leben kosteten.

Die Proteste der Bevölkerung ließen nicht lange auf sich
warten, begannen zunächst friedlich als Schweigemarsch, eska-
lierten dann aber doch und endeten in gewalttätigen Ausschrei-

tungen, die Montreal tagelang in Atem hielten. Autos brannten, Geschäfte wurden geplündert. Fassungslos beobachteten die Bürger der Stadt, wie eines ihrer ethnisch stark durchmischten Viertel buchstäblich in die Luft zu gehen schien. Wenn ich etwas tun kann, sagte ich damals dem Bürgermeister Gerald Tremblay, dann lassen Sie es mich wissen. »Könnten Sie ein Konzert dort geben?«, bat er mich. Am besten mitten im Zentrum dieses Viertels.

Wir taten es. Allerdings stellte ich jedem einzelnen Orchestermitglied die Teilnahme anheim. Jeder sollte selbst entscheiden, ob er nach den gewalttätigen Aufständen dort auf offener Bühne musizieren wollte. Überwältigend war die Bereitschaft der Musiker, hier mitzumachen. Junge und altgediente waren dabei. Wir spielten unsere Musik vor mehr als tausend Leuten, von denen wahrscheinlich nur ein Bruchteil jemals klassische Musik gehört hatte. Es blieb friedlich, still, konzentriert.

Mit welchem Ansinnen traten wir dort auf? Ich weiß es nicht. Vielleicht als Zeichen des Mitgefühls, immerhin hatte eine Mutter auf tragische Weise ihren Sohn, eine Familie ein Mitglied verloren. Womöglich als Geste des Respekts für ein Viertel, dessen Jugend nahezu chancenlos schien, vielleicht aber auch nur als ein Versuch, die Aufmerksamkeit vier Wochen nach den Unruhen noch einmal dorthin zu lenken, damit dieses Viertel als Teil Montreals nicht, kaum dass es sich beruhigt, wieder vergessen wird. Am Ende würde es, das wusste ich, eine Geste der Verpflichtung bleiben, unsere Musik zu allen Menschen Montreals zu bringen und damit auch in Gegenden, in denen es primär nicht darum gehen konnte, künftige Hörer zu gewinnen.

Wir versuchen noch immer, auch außerhalb unseres Konzertsaals präsent zu sein – an sehr verschiedenen Orten. Wenn auch nicht immer in Brennpunkten, sondern eben auch dort, wo die Chancen, Menschen für unsere Musik zu begeistern, ein wenig besser stehen. Das Schönste für mich ist die Verve, mit der sich vor allem die älteren Musiker des Orchesters auf viele unserer unkonventionellen Wege einlassen und darüber nachdenken, wie und wo wir unsere Musik für die Menschen spielen und vor allem Jugendliche noch viel mehr »in Versuchung« führen könnten.

NICHTS IST FÜR DIE EWIGKEIT Ausruhen können wir uns nicht. Der Erneuerungsprozess ist noch lange nicht abgeschlossen. Er wird es nie sein können. Denn wenn ich den Anspruch habe, die alte Musik in einen Kontext zu stellen, der die Lebenswirklichkeiten der Menschen zumindest am Rande berührt, dann können wir nicht aufhören, uns zu verändern. Die Gesellschaft verändert sich auch. Und wenn ich, zugegebenermaßen etwas pathetisch, das Orchester als eine Metapher für die Gesellschaft bezeichne, als deren Abbild, dann muss es sich ebenso verändern, um damit das kulturelle Erbe in die Zukunft zu tragen. In Montreal haben wir große Freiheiten und ein experimentier- und diskussionsfreudiges Team und Orchester, um viele Dinge auszuprobieren. In unseren Programmen finden sich ganz unterschiedliche Formate jenseits der traditionellen Konzerte, vom After-Work-Konzert über sinfonische Matineen und »Musical Sundays«, Recitals, eine Reihe von besonderen Events, bis hin zu einem Ball für Kinder und mehreren Aufführungen nur für sie aus der Serie »Childrens Corner«. Auch die Reihe »Éclaté« gehört dazu. Die Vielfalt funktioniert – vor allem junge Menschen nehmen uns zunehmend wahr. 1500 Abonnenten sind inzwischen jünger als 34 Jahre, vor acht Jahren gab es sie noch nicht, da abonnierten junge Menschen überhaupt nicht. Heute bucht jeder von ihnen zwischen sechs und acht Konzerten im Jahr vorab. Anfang des vergangenen Jahrzehnts lag unsere Auslastung unter sechzig Prozent. Mittlerweile liegen wir bei neunzig Prozent, was einer weitgehenden

Vollauslastung entspricht, weil immer Karten zurückgehalten werden müssen, um kurzfristig disponieren zu können. Ein Viertel der Tickets wird in dieser Spielzeit von jungen Menschen gekauft. Ihr Anteil ist über die Jahre stetig gestiegen. Und wir setzen alles daran, ihn weiter zu erhöhen. Auch die finanzielle Lage des Orchesters hat sich deutlich verbessert. Die Verschuldung ist gesunken. Bei einem Budget von jährlich 27 Millionen kanadischen Dollar erwirtschaften wir zwar keine großen Gewinne, aber wir kommen sehr gut hin. Das Management verfolgt hier eine strikte Linie. Alles, selbst die großen Tourneen, müssen finanziert sein. Die Aufnahme neuer Schulden ist uns schlicht untersagt.

In unserem »Brainstorming Lab« also wird weiter gekocht, experimentiert, es werden immerzu Ideen geboren. Mit geradezu jugendlicher Begeisterung arbeitet das Team an neuen Impulsen, an unserem Auftritt, unserer medialen Präsenz und – modern gesprochen – an der Qualität der Marke als ein freundliches, zugewandtes und wenig elitäres Weltklasse-Orchester. Demnächst nehmen wir zwei weitere Stufen: Wir gründen eine Sommer- und Orchesterakademie für Nachwuchskünstler. Sie werden Erfahrung sammeln und Meisterkurse besuchen können und auch darauf vorbereitet werden, dass ihr Studium vielleicht auf ein berufliches Leben jenseits der Musik hinausläuft.

Dazu kommt ein anderes Projekt, das mir am Herzen liegt: unser musikalischer Kindergarten, den wir in Montreal-Nord aufgebaut haben und der nach vielen Jahren akribischer Vorbereitung dank großzügiger Spenden im November 2016 endlich seine Türen für eine erste Kohorte von 16 Kindern aus Vierteln öffnete, in denen materielle Armut, Bildungsferne und ethnische Hintergründe genau jene soziale Zusammensetzung einer Bevölkerung hervorbringen, die wenig Chancen auf Teilhabe an der Mainstream-Gesellschaft hat. Sechs Tage die Woche und zwölf Stunden am Tag sind die Kinder willkommen. Bei der

Idee zu diesem Projekt, das mit einem Budget von gut 1,5 Millionen kanadischen Dollar startete, spielt meine Kindheit mit der intensiven Musikerziehung eine große Rolle. Es ist mein Traum, diesen Kindern Zugang zu einer Welt zu ermöglichen, die meinen Freunden und mir einst Professor Korisheli in Morro Bay erschlossen hat. In zwei Jahren, wenn die ersten Kinder schulpflichtig werden, soll ihnen ein Konservatorium die Möglichkeit geben, mehrmals in der Woche ihre Musik weiter zu verfolgen. Die Instrumente aus dem Kindergarten dürfen sie mitnehmen.

Unsere Arbeit ist mühsam, kleinteilig und anstrengend. Sie besteht in einem dauerhaften Werben um das Publikum, einem fortlaufenden Bemühen um seine Aufmerksamkeit, weil es sich immer anders, einfacher, oberflächlicher und bequemer unterhalten lassen kann. Dazu kommt eine immer differenziertere Nachwuchsarbeit. Wir sind keine Genies in Montreal. Wir sind vielleicht exzellente Handwerker – und arbeiten im Moment mit Erfolg. Wir wollen unser Engagement für die Gesellschaft weiter ausbauen und wachsen, neue Projekte, Programme und Formate entwickeln. Wir müssen das tun, weil die Vergangenheit gelehrt hat, dass Erfolg und Reputation flüchtig sind in unserer zunehmend schnelllebigen Welt. Erfolgsrezepte reichen nicht sehr weit in die Zukunft hinein. Wer sich nicht verändert, ist im Handumdrehen aus der Zeit gefallen.

WOHIN, BERLIN? Wäre es möglich, so ein Abendprogramm wie das mit den Eishockey-Legenden direkt nach Deutschland zu übertragen? Nein, sicher nicht. Vergessen Sie's! Das würde auf dem deutschen Klassik-Markt wahrscheinlich noch nicht einmal mit Fußballstars funktionieren und von der Kritik mit einem deutlichen Naserümpfen quittiert: pathetisch, kitschig, überkandidelt – was es in Kanada garantiert nicht war. In

Deutschland muss man auf anderem Wege versuchen, das Publikum von der Aktualität der klassischen Musik zu überzeugen. Allerdings funktioniert dies auch hier meines Erachtens gut über den Bezug zum Lebensraum, der Geschichte und den Traditionen. Begleiten Sie mich für einen kurzen Augenblick an meine früheren Spielstätten nach Berlin und München zurück, wo ich heute noch so gern gastiere. Ich will versuchen zu erklären, welche Ideen mich zunächst in der Hauptstadt umtrieben und später in München an der Bayerischen Staatsoper, deren künstlerische Leitung ich unter ganz anderen Voraussetzungen, aber dennoch zeitgleich mit Montreal antrat.

Nach Berlin kam ich im Jahr 2000 als »moderner« Künstler, also als ein Dirigent, der in dem Ruf stand, sich vor allem der zeitgenössischen Musik und der Moderne zu verschreiben. Dieses Image resultierte aus meinen früheren Engagements vor allem an der Oper in Lyon und in Manchester. Und genauso trat ich mein Engagement beim Deutschen Symphonie-Orchester an – mit Konzerten für die Berliner Festwochen, in denen ich Werke des 20. Jahrhunderts auf das Programm setzte: Alban Berg, Karlheinz Stockhausen und Wolfgang Rihm. Ich begann mit einem reinen Alban-Berg-Konzert, darauf folgte ein Stockhausen-Abend, bei dem Stockhausen selbst am Mischpult stand. Am dritten Abend dirigierte ich die Uraufführung eines Sinfoniekonzerts von Rihm. Von dem bis dahin in einem eher traditionellen Klassik-Umfeld sozialisierten Berliner Publikum mag das in Teilen als Provokation empfunden worden sein. Das Programm geriet zu einer Art Statement meinerseits: Ich bin ein moderner Künstler, und ich will versuchen, mich in moderner Form mit der Berliner Geschichte und der Tradition des Orchesters auseinanderzusetzen. Man bedenke, dass in Berlin seinerzeit Künstler großartigen Formats agierten: Claudio Abbado dirigierte die Philharmoniker, respektiert, umjubelt, heiß geliebt. Und Daniel Barenboim stand am Pult der Staatsoper.

Es gab kaum eine andere Chance, als sich dazwischen erst einmal mit einer ganz neuen Aussage zu positionieren.

Es ist zwar immer herausfordernd, sich nicht auf Stars oder den Event-Charakter eines Abends zu verlegen. Doch sollte man sein Publikum auch nicht unterschätzen. Geraten die Musikveranstaltungen auf Dauer zur reinen Show, schwindet das Interesse ziemlich schnell. Ich hatte längst gelernt, dass Zuhörer eine ganze Menge an Herausforderungen und Zumutungen verkraften. Sie haben ein untrügliches Gespür für inhaltliche Tiefe, Substanz und Qualität und können sehr wohl unterscheiden, ob Konzerte in ihnen nur einen emotionalen Affekt im Moment des Hörens erzeugen oder ob sie in ihrer Wirkung weit darüber hinausgehen, sie zum Nachdenken bringen, zu einem anderen Blick auf die Dinge anregen und dazu, noch viel mehr über Musik wissen zu wollen. Und genau das wollte ich in Berlin erreichen.

Berg, Stockhausen, Rihm – derartige Programme waren – abgesehen von den Berliner Festwochen, die heute als Musikfest Berlin bekannt sind – in der Tat vollkommen ungewöhnlich damals. Die reguläre Saison starteten das Deutsche Symphonie-Orchester und ich dann mit der *Missa au Travail* von Johannes Ockeghem, der *Passacaglia* von Anton Webern und Mahlers 9. Sinfonie. Wenig später in der Saison mutete ich dem Publikum einen wahren Marathon zu: Andras Schiff spielte Bachs gesamte *Goldberg-Variationen*, nach der Pause folgte Bruckners 5. Sinfonie. Eigenwillig in der Zusammenstellung, mit einer Länge von knapp drei Stunden fast ein bisschen unverschämt, so kommt es mir im Nachhinein vor. Und dennoch lag ein Hauch von Spiritualität über dem großen Saal der Philharmonie, in dem kein Platz unbesetzt geblieben war. Was hätte besser vor Bruckners Fünfter stehen können als die *Goldberg-Variationen*?

Hatte mich das Berliner Publikum schon nach den ersten Konzerten verstanden? Ich weiß es nicht. In Berlin jedenfalls wollte ich mich mit dem Spannungsverhältnis seiner wahren

Tradition und der Lebenswirklichkeit auseinandersetzen – das sollte das übergreifende Thema der ersten Jahre meines Engagements beim Deutschen Symphonie-Orchester werden. Berlin, die einst geteilte Stadt, wurde zehn Jahre nach der Wende mit voller Wucht von der epochalen geopolitischen Veränderung getroffen, die sich 1989/90 ereignet hatte. Die tiefen Furchen, die die Teilung in der Gesellschaft hinterlassen hatte, traten in ihrer ganzen Hässlichkeit zutage. Der Freudentaumel und die Benommenheit nach der Wiedervereinigung waren zehn Jahre nach diesem Ereignis verflogen, die ostdeutsche Misere durch die Misswirtschaft der DDR wurde offensichtlich. Unternehmen brachen zusammen, die Arbeitslosigkeit schnellte in die Höhe. Und die in jeder Hinsicht durch die Teilung doppelt ausgestattete Hauptstadt kämpfte gegen Milliarden-Schulden.

Für uns Künstler war diese Situation nicht minder bedrohlich. Zu viele Orchester, etliche Theater, dazu drei Opern – zwei davon im Osten –, das alles evozierte einen erbitterten Streit darüber, wer diese kulturelle Opulenz eigentlich brauche und vor allem, wer sie finanzieren solle. Viel stand meiner Empfindung nach für die Stadt damals auf dem Spiel. Würde sie wirklich in eine Hauptstadtrolle hineinwachsen? So strahlend wie Paris, so bunt und schräg wie London? Das war längst nicht entschieden, weil kaum einer eine Vorstellung vom Berlin der Zukunft hatte. Die kommunizierte Vision für die Stadt beschränkte sich seinerzeit auf eine ebenso flapsige wie banale Zustandsbeschreibung des »Arm, aber sexy«. Es war für die Stadt an der Zeit, sich neu zu erfinden. Ich war mir sicher, dass sich Berlin dafür mit seiner Vergangenheit und seinen Traditionen würde auseinandersetzen müssen. Debatten darüber flammten immer wieder auf. Wenn es nur gelingen würde, dachte ich damals, die Menschen mit der Musik zu dieser Auseinandersetzung zu ermuntern, sie zu bewegen, zu inspirieren, weiterzubringen. Wohin, Berlin?

Ich startete also ziemlich gewagt mit der Moderne im Hier und Jetzt und begann mich zeitlich immer weiter zurückzuarbeiten. Moderne auf der einen, die großen klassischen Werke auf der anderen Seite. Klassische Musikliteratur wollte ich in einen Kontext stellen, der die Hörer auf allen Ebenen ihrer musikalischen Empfänglichkeit herausfordern würde. Unter der übergreifenden Idee entstanden anspruchsvolle, gewagte Abende: für das Publikum, das Orchester und mich. Wir spielten einen Abend Bruckners 9. Sinfonie, die ein Fragment geblieben ist, in der sich aber ein ganz einzigartiger Ausblick auf die Zukunft der Musikgeschichte findet. Nach dem zweiten und noch vor dem dritten Satz der unvollendeten Sinfonie positionierte ich Schönbergs »Erwartung«, dieses musikalische Monodram, in dem Schönberg die Tonalität verlässt und dem ganzen Stück seinen Grundton und damit das Fundament entzieht. Danach folgte dann die Fortsetzung von Bruckners Neunter, der dritte Satz, das berühmte Adagio, der große Abgesang: teilweise verstörend, fürchterlich, leidenschaftlich. Das funktionierte – für uns alle, den gesamten Konzertsaal.

Dramaturgisch starke oder ungewöhnliche Programme sind immer riskant, in Berlin mit seinem traditionellen Konzertbetrieb und den konventionellen Hörergewohnheiten sowieso. Doch die Zeit sprach für das Neue, für den Aufbruch. Und das Deutsche Symphonie-Orchester stand dafür. Die Berliner nahmen die von uns angebotenen Kontexte dankbar und begeistert auf und ließen ihre eigenen Ideen darin entstehen. Andere Programme aus der Zeit zeigten das auch: Die *Vier Jahreszeiten* von Vivaldi, die für mich ganz am Anfang einer beginnenden sinfonischen Tradition stehen, verbanden wir auf ungewöhnliche Weise mit *Three Places in New England*, einer Komposition von Charles Ives. In Neuengland sind – anders als in den südlicheren Teilen der Vereinigten Staaten – die vier Jahreszeiten besonders deutlich als immer wiederkehrender Zyklus des Lebens zu spüren. Wir setzten zwei Orchester auf die Bühne der Philharmonie, das barocke, kleine Kammerorchester nach vorn, dahinter das große Sinfonieorchester. Wir verwoben beide Stücke, die gegensätzlicher nicht sein konnten, sich aber mit dem großen Thema Zeit befassten. Nach der Pause spielten wir jene Sinfonie von Haydn, die er *Die Uhr* überschrieben hatte und in der er sich auf seine ganz eigene Weise mit den Themen Zeit und Lebenszyklus auseinandersetzte.

Meine Konzerte wurden angenommen, die Idee dahinter zumindest mit Interesse verfolgt, vielfach aber sicher auch verstanden. Dabei ist das Aufeinanderprallen des Alten und Neuen, der Klassik und der Moderne eine Gratwanderung. Es geht ja nicht nur darum, eine Hörerschaft aufzubauen, die über ein bedingungslos treues, aber natürlich alterndes und vor allem schrumpfendes Konzertpublikum hinausgeht. Genauso wichtig ist es, die Traditionalisten unter den Hörern nicht zu verprellen, sondern mitzunehmen.

Wie heikel das werden kann, wird an einem anderen Bespiel deutlich. Ich plante eine Aufführung des Brahms-Requiems – ein Stück, das sehr, vielleicht schon zu häufig aufgeführt wird. Die einzelnen Sätze wollte ich deshalb mit zeitgenössischen Intermezzos voneinander trennen. Schon bei der Uraufführung seines Werkes waren die Sätze nicht unmittelbar hintereinander gespielt worden.

Bei Wolfgang Rihm gab ich vier Zwischenspiele in Auftrag, die ich zwischen ausgewählte Sätze des Requiems platzieren wollte. Er überschrieb sie mit dem Titel *Das Lesen der Schrift*, eine Anspielung auf das Requiem, das auf einer Schriftauswahl basiert, die Brahms selbst vorgenommen hat. Doch nicht nur das Publikum, auch das Orchester kann man mit allzu gewagten Ideen gegen sich aufbringen. Sechs Wochen vor der Aufführung äußerte plötzlich der Orchestervorstand heftige Zweifel. Handele es sich bei dieser Zusammenstellung nicht um eine

Verletzung von Brahms' Werk? Das Orchester jedenfalls wollte die Aufführung so nicht spielen.

Die Bedenken nahm ich mir sehr zu Herzen, denn ich wollte weder das Orchester in seiner Ernsthaftigkeit noch ein begeistertes Klassikpublikum brüskieren. Doch bei der Uraufführung des Requiems im Bremer Dom wurden die einzelnen Sätze im Wechsel mit anderen Kompositionen vorgetragen: einem Lied von Schumann und Arien aus dem *Messias* von Händel. Bei einer späteren Aufführung ließ Brahms – nach bester Klassik-Radio-Manier – seinen Freund Joseph Joachim langsame Sätze aus den Bach'schen Violin-Konzerten zwischen den Sätzen seines Requiems spielen. Brahms nahm Bezug auf die Vergangenheit. Warum also sollten wir nicht die Aktualität des Requiems durch einen Bezug zur Gegenwart und damit zeitgenössischer Kompositionskunst unterstreichen? So gewagt war unser Vorhaben gar nicht. Der Abend fand statt. Vielen ist er bis heute in Erinnerung. Die Musik hatte die Hörer regelrecht elektrisiert.

MÜNCHENS TRADITIONALISTEN Das Berliner Publikum hatte sich über die Jahre an meine zugegebenermaßen recht gewagten Konzertprogramme gewöhnt. Eigentlich mehr als das – ich erfuhr ungebrochenen Zuspruch, bis heute. Nicht selten hörte ich, dass meinen Abenden eine gewisse Spiritualität eigen war. Dabei waren die Konzerte in ihrer Zusammenstellung der Situation Berlins geschuldet. München würde, das wusste ich, etwas ganz anderes verlangen. Bevor ich 2006 meine Stelle als Generalmusikdirektor an der Bayerischen Staatsoper antrat, musste ich ganz neu denken. Und ich musste mich mit der Geschichte der Stadt, ihrer Staatsoper und deren Traditionen befassen.

München ist – lassen Sie mich einige Attribute wiederholen, die häufig zu hören sind – reich, barock, unglaublich traditionsbewusst, leicht überheblich und ein bisschen selbstverliebt. Für mich eine reichlich provokante Beschreibung – sicher nicht ganz zu Unrecht, wenn man auf die Geschichte der Stadt und die Leistungsstärke der bayerischen Wirtschaft zurückblickt, so wie sie sich nach dem Zweiten Weltkrieg entwickelt hat. Die Bayerische Staatsoper ihrerseits hat eine faszinierende Tradition. Das strahlt sie aus – in ihren Gebäuden und dem Orchester. Was den Münchenern vielleicht fast schon ein wenig zu selbstverständlich ist, spürt man als kalifornischer Dirigent sofort. Es kann einem die Sprache verschlagen: Man steht an einem Ort, an dem viele große Kompositionen das Licht der Welt erblickten. Meine Idee, die meine Zeit in München bestimmen sollte, würde genau hier ansetzen müssen: bei der Tradition eines Orchesters, das in der Vergangenheit nicht müde wurde, bahnbrechende Kompositionen uraufzuführen und damit auf den Weg zu bringen. In München versammelte sich über die Jahrhunderte die Avantgarde der Klassik. Und das Orchester leistete dieser Entwicklung mit seiner Bereitschaft, immer wieder neue Werke aufzuführen, unaufhörlich Vorschub.

Das Münchener Musikgeschehen haben immer die Komponisten der Moderne ihrer Zeit geprägt, angefangen von Orlando di Lasso über Agostino Steffani bis hin zu Mozart. Wussten Sie, dass Mozarts *Idomeneo* unter dem bayerischen Kurfürsten Karl Theodor uraufgeführt wurde? Die Münchener Bürgerschaft überlegte seinerzeit sogar, wie sie den am Hof Karl Theodors abgelehnten hochmodernen Komponisten mit eigenen Mitteln würde in München halten können. Von Wagner waren die Opern *Tristan und Isolde*, die *Walküre*, die *Meistersinger von Nürnberg* und *Rheingold* erstmals zu hören. Später kam Richard Strauss, einer der bedeutendsten Komponisten der Jahrhundertwende. Carl Orff, der eine neue Form des Musiktheaters entwickelte, war ein zutiefst bajuwarischer Komponist. Und Karl Amadeus Hartmann, ein Tonsetzer, den die Münchner immer noch nicht zu entdecken wagen, rief die berühmte Konzertreihe »Musica Viva« ins Leben. Die Zeit ist in München nie stehengeblieben. Gerade darin liegt die Tradition dieses bedeutenden Musikstandorts. In München ging es mir weniger um die Auseinandersetzung mit der Tradition als um deren kompromisslose Fortsetzung.

Das mag ein anderes Verständnis von Tradition sein, als es sich die Menschen und vor allem die Kommunalverwaltung von einem neuen Dirigenten erwartet hatten. Der Bezug auf diese Tradition konnte allerdings gerade nicht heißen, alte Werke immer wieder neu zu spielen, sondern möglichst viele neue Werke zur Welt zu bringen, so wie es das Bayerische Staatsorchester in seiner Geschichte immer getan hatte. Denn im Zentrum der Tradition europäischer Musik steht nicht der Kanon, sondern die in ihm manifestierte Entwicklungsidee, der atemberaubende musikalische Fortschritt. Dasselbe gilt für andere Künste wie die Malerei zum Beispiel. Um den Blauen Reiter versammelten sich in der bayerischen Hauptstadt Anfang des 20. Jahrhunderts wichtige Künstler, die der Moderne den Weg bereiteten. Zu jeder Zeit moderne, zeitgenössische und aufregende Musik hatte hier in München das Licht der Welt erblickt und sollte es weiter tun.

Diese Tradition fortzusetzen verlangte vor allem, dass ich viele neue Werke würde uraufführen müssen. Sonst wäre ich München wohl kaum gerecht geworden. Bei Wagner und Strauss konnte und wollte ich nicht stehenbleiben. Wir wählten fünf bereits sehr renommierte Komponisten aus und gaben bei ihnen Opern in Auftrag. Sie alle waren sehr verschieden, schrieben ganz unterschiedliche Musik, sprachen sozusagen eine jeweils andere Sprache. *Das Gehege* von Wolfgang Rihm wurde so von der Bayerischen Staatsoper uraufgeführt. Es ist inzwischen vielfach inszeniert worden, nicht nur als Oper, auch in einer konzertanten Fassung. Unsuk Chin verhalfen wir mit der

Erstinszenierung von *Alice in Wonderland* zum internationalen Durchbruch. Sie stand am Anfang ihrer Karriere. Mittlerweile ist sie ein Star und hat sich international etabliert. Péter Eötvös kam mit *Die Tragödie des Teufels* in München erneut zu Ruhm und Ehre, als Opernkomponist hatte er längst einen Namen. Der bekannte Komponist George Benjamin schrieb für München *Written on Skin*. Und Jörg Widmann komponierte *Babylon*. Längst gehört das gewaltige Werk fest in das Repertoire der Bayerischen Staatsoper. Diese fünf derzeit bekanntesten lebenden Komponisten haben auf der Münchner Bühne etwas erschaffen, das die Welt erobert hat.

Die sinfonische Tradition, die Entwicklung von Orchestern und Orchestermusik hat ihren Ursprung im deutschen Sprachraum und der deutschen Musikkultur, exemplarisch in Wien und München. Es ist eben kein Zufall, dass es Beethoven nach Wien und gerade nicht nach Paris gezogen hat, obwohl er der revolutionären Gesinnung, die sich von Paris aus Bahn brach, sehr nahestand. Mit meinem Engagement in Montreal wollte ich den Menschen dort gerade deshalb die deutsche Orchestermusik näherbringen. Sie bildete das Fundament der großartigen Werke französischer Komponisten, die bis zu meiner Zeit in Montreal das Konzertprogramm dominierten. München stand für mich ganz unzweifelhaft für die existenzielle Dimension, die gerade der deutschen Musik eigen ist und ihre Überlebensfähigkeit bis heute begründet. Vielleicht ist mir das in München emotional erst richtig bewusst geworden.

Dabei bietet die Oper geradezu großartige Möglichkeiten, ernste Musik in ihrer Aktualität zu zeigen. Opern müssen nicht nur dirigiert, sondern inszeniert werden. Das Zusammenspiel von Musik, Worten und Bildern macht die Oper für einen Dirigenten ungemein reizvoll. Gelingt eine Inszenierung, kann man dem Publikum den Gegenwartsbezug der musikalischen Gedanken direkt vermitteln. Das ist manchmal sogar leichter als bei einer sinfonischen Aufführung, bei der ich den Kontext immer auf Umwegen zum Publikum bringen muss. In der Oper können wir die unmittelbaren Wege nehmen. Deshalb habe ich seit Beginn meiner Karriere einen Konzertorchesterposten immer mit einem Opernamt kombiniert: Boston und Berkeley Symphony, Lyon und Manchester, das Deutsche Symphonie-Orchester in Berlin und die Los Angeles Opera mit Placido Domingo, mein Engagement in Montreal und in Deutschland zunächst München an der Bayerischen Staatsoper, danach in Hamburg.

Im Grunde bin ich immer auch Operndirigent gewesen – von Anfang an. Herrlich, wie man die Opernbesucher nicht nur unterhalten, sondern direkt mit den Sinnfragen des Lebens konfrontieren kann. Sinn ist ja nicht einfach da, er ergibt sich nicht von selbst. Wir müssen alle danach suchen. In der Oper findet das immer auf verschiedenen Wahrnehmungsebenen statt, egal ob in Mozarts *Idomeneo*, Beethovens *Fidelio*, Schönbergs *Moses und Aron*, Bernsteins *West Side Story* oder im *Gehege* von Wolfgang Rihm. Oper spiegelt – oft in ziemlich übersteigerter Form – die elementaren Dimensionen menschlicher Existenz. Lust und Leidenschaft, Leid und Hass, Konflikt und Versöhnung, Verzweiflung und Freude. Betrug, Täuschung, Intrige, Wahrhaftigkeit, Heldenmut und Aufopferung. Sollten wir wirklich meinen, dass dies heute keine Rolle mehr spielt? Eine eindrucksvoll inszenierte Oper wird uns eines Besseren belehren. Auch wenn es die Oper ausgerechnet in ihren modernen Kompositionen nicht ganz einfach hat, Eingang ins Repertoire der großen Häuser zu finden, so ist die Oper der Ort, Musik mit Bildern und ihrer ganzen Wucht ins Hier und Heute zu katapultieren.

FRANK ZAPPA ODER DER ERNST DES KÜNSTLERS Zurück nach Montreal und einer letzten Geschichte. Sie soll zeigen, was alles möglich ist. Die Éclaté-Konzerte sind immer noch sehr beliebt. Gut drei Jahre nach unserem Auftritt in der Molson-Brauerei am Hafen konzipierten wir einen weiteren, wirklich ungewöhnlichen Abend. Wir kombinierten Beethovens 5. Sinfonie mit einer der vielen sinfonischen Kompositionen Frank Zappas. *Bogus Pomp* hieß das Werk, das ich auswählte und bereits ziemlich gut kannte, hatten Zappa und ich es doch 1981 mit dem London Symphony Orchestra einstudiert. *Bogus Pomp* war eine raffinierte Parodie auf die Rituale eines traditionellen Sinfoniekonzerts. Jeder Protagonist einer Aufführung, die Musiker, der Konzertmeister, der erste Cellist und auch der Dirigent waren Ziele seiner beißenden Ironie. Es war Zappas Umgang mit den Konzertaufführungen der achtziger Jahre, bei denen seiner Meinung nach allzu selbstreferenzielle Künstler den großen Werken der Klassik nicht gerecht wurden. »Bogus Pomp« – alles von falschem oder verlogenem Prunk, das wollte er sagen.

Beethoven und Zappa, das war schon eine wilde Kombination zweier Künstler, die ungeachtet ihrer individuellen Rollen und ihrer Positionierung in der Musikgeschichte eines einte: ihre kreative Rücksichtslosigkeit gegenüber kompositorischen Gesetzmäßigkeiten und dem Geschmack des Publikums. Und ihre Kompromisslosigkeit, in der mir Frank Zappa in den achtziger Jahren eine wahre Lektion erteilte.

Beethovens 5. Sinfonie war ihrer Zeit weit voraus, sie brach mit Konventionen der Vergangenheit, war viel zu modern, reichte vielleicht auch schon zu weit in die folgende Zeit der Romantik hinein, als dass die Hörer sie bei ihrer Uraufführung im Dezember 1808 verstanden hätten. Zappa indes war ein Grenzgänger zwischen den Welten, in denen er sich bewegte: dem Rock and Roll und der ernsten Musik. Er ließ sich nicht festlegen auf das eine oder das andere, scherte sich nicht um anderer Meinung, sondern ging unbeirrbar seinen Weg. Er sprengte die Grenzen des klassischen Genres, ließ seine Komposition in

Phasen zur Satire über dessen Gesetzmäßigkeiten werden und durchwebte seine Kompositionen mit Anspielungen auf den Rock. Gerade so, als wollte er dem Establishment einfach die Zunge herausstrecken.

Während das Publikum bei Beethoven wusste, was es zu erwarten hatte, war Frank Zappa wohl eher eine Überraschung. Bekannt war der amerikanische Superstar der siebziger und achtziger Jahre den meisten als Rockmusiker und Rock-'n'-Roll-Ikone, brillant auf der E-Gitarre. Als einer, der auch in der Welt der Unterhaltungsmusik viele Musikstile beherrschte. Dass er sich in beiden Welten bewegte, nicht nur an der E-Gitarre mit *Bobby Brown* und *The Sheik Yerbouti Tango* auf dem gleichnamigen Album weltbekannte Hits landete, sondern ganze Orchesterwerke komponierte, blieb bis in die achtziger Jahre hinein vergleichsweise unbekannt. Und auch heute noch wird mit dem einzigartigen und so universellen Künstler eher die Rocklegende verbunden, die es längst in die Rock and Roll Hall of Fame geschafft hat, stilprägend für eine ganze Generation, als ein in der Klassikszene ernst zu nehmender Komponist.

Ich erinnere mich noch daran, wie meine Eltern Zappas Musik bei uns zu Hause verboten, nachdem sie eines seiner Konzerte im Fernsehen verfolgt hatten. Das war ihrer Meinung nach wirklich nichts für Kinder. In den späten siebziger Jahren entdeckte ich Zappa auf einer ersten kurzen Reise nach Paris. Pierre Boulez wollte einige Werke von Zappa mit dem Ensemble Intercontemporain zur Aufführung bringen. Das weckte auch mein Interesse. Ich staunte.

Zu Hause in Kalifornien beschloss ich, mit seinem Management Kontakt aufzunehmen, um mir einige seiner Partituren anschauen zu können. Doch auf meine bei ihm hinterlassene Nachricht hörte ich sehr lange gar nichts. Ganz plötzlich rief mich Zappa persönlich an, aus heiterem Himmel. Er wollte zunächst wissen, worin mein Interesse für seine Kompositionen gründete. Dann lud er mich zu einem seiner Konzerte ein, das in Berkeley stattfinden sollte. Dort wollte er mich treffen und mir einige seiner Partituren zeigen.

Selbst als erwachsener Mann war ich noch nie in meinem Leben in einem Rockkonzert gewesen. Als Klassik-Künstler war ich ziemlich behütet aufgewachsen. An Rockkonzerte war gar nicht zu denken. Das Konzert in Berkeley war eine ganz neue Erfahrung für mich, eine Massenveranstaltung, die von Tausenden von Menschen wimmelte. Eine Lightshow folgte der nächsten, es wurde unablässig geraucht, für mich war das alles völlig ungewohnt. In der Pause kam einer seiner hünenhaften Bodyguards auf mich zu, Big John hieß er, befahl mir, ihm zu folgen, und brachte mich zu dem Superstar in die Garderobe.

Da saß er, Frank Zappa, bewundert, umstritten und als sinfonischer Komponist weitgehend unbekannt. Er aß Kaviar mit Sour Cream. Nach einem kurzen Wortwechsel reichte er mir etliche seiner Partituren, ich schlug sie auf und entdeckte unglaublich komplexe Orchestermusik, die ich auf den ersten Blick kaum beurteilen konnte. Er gab mir die Noten mit nach Hause. Dort wollte ich mich ihnen genauer zuwenden. Das geriet, ehrlich gesagt, angesichts der Vielschichtigkeit zu einer regelrechten Herausforderung. Ich war vollkommen überrascht, dass sich auf vielen dieser Notenblätter großartige Passagen ernster Musik fanden, aufregend, exzellent geschrieben, ungemein farbig. Über Tage schwirrte seine Musik in meinem Kopf. Von Zappa aber hörte ich wochenlang gar nichts. Ich hatte weder seine Telefonnummer noch die Adresse und damit keine Chance, ihn meinerseits zu kontaktieren.

Dann plötzlich, wieder wie aus heiterem Himmel, rief er mich an. »Und«, fragte er, »wie findest du das alles?« Er wollte, dass ich ihn zu Hause besuchte, wir verabredeten uns, er holte mich am Flughafen ab, fuhr mit mir dann allerdings nicht zu sich, sondern unmittelbar auf den Campus der Universität. Dort hatte er ein Orchester engagiert, mit dem ich einige seiner Stücke einstudieren sollte – als Probe sozusagen. Mir stockte im ersten Moment der Atem, doch blieb mir gar nichts anderes übrig, als dem nachzukommen. Nach einer längeren Probe fuhren wir zu ihm nach Hause. Dort erzählte er mir von seinem großen Traum. Einmal wolle er seine sinfonischen Werke zur Aufführung bringen. Deshalb habe er sich auf die Suche nach einem Orchester und einem Dirigenten begeben, die seinen Traum Wirklichkeit werden lassen konnten. Tief beeindruckt von der Ernsthaftigkeit seines Anliegens ließ ich ihn zurück.

Wieder einige Tage später erreichte mich ein weiterer Anruf von ihm. Ziemlich abrupt fragte er mich diesmal, ob ich ihn nach London begleiten wolle, um seine Musik mit dem London Symphony Orchestra aufzunehmen. Ich war zu der Zeit als Dirigent noch nicht besonders bekannt – und zögerte. Ein wenig zu gelassen sagte ich ihm, ich wolle darüber nachdenken. Die Antwort von Frank war ein Schock und zugleich ein beeindruckendes Lehrstück in Sachen Kompromisslosigkeit großer Künstler: »Ich gebe dir genau fünfzehn Sekunden, um Ja oder Nein zu sagen«, konterte er mit ruhiger Stimme. »Du musst dich jetzt entscheiden. Wenn du gar nichts sagst, hänge ich ein und suche mir einen anderen Dirigenten.« Es vergingen keine fünfzehn Sekunden, und ich willigte ein – mit dem Gefühl tiefer Beschämung darüber, einem Künstler, dem so sehr an seiner Kunst gelegen war, nicht sofort eine eindeutige Antwort gegeben, sondern mich geziert zu haben. Die, denen es wirklich ernst ist, zieren sich nicht und spielen keine Spielchen. Das war die Lektion, die ich von Zappa lernte. Er ist ein faszinierender Musiker, der seinerzeit in Amerika mit seinen Kompositionen jenseits des Rock relativ wenig Anklang fand, in Europa aber schon damals mit seinen sinfonischen Werken das Klassikpublikum elektrisierte.

Ich hatte über viele Jahre Bedenken, Zappa auf eines meiner Programme zu setzen. Nicht nur, weil seine Musik sehr schwierig zu spielen ist und deshalb viele Proben benötigt. Ich wollte darüber hinaus keinesfalls den Eindruck erwecken, ich würde mich jetzt im »Crossover« versuchen, diesem anbiedernden Spagat zwischen verschiedenen Musikrichtungen, von denen ich ausschließlich in einer spezialisiert bin und nur für eine stehe: die ernste Musik. Aber bei Zappas sinfonischen Werken handelt es sich um ernste Musik, die jeder Musiker ernst nehmen muss. Seine Kompositionen haben ein unglaublich hohes Niveau. Er selbst sah sich nie bloß als Rockstar, sondern als universellen Künstler. Und so einer war er, von beeindruckender Schaffenskraft, die sich in einem vergleichsweise kurzen Leben unaufhörlich Bahn brechen musste.

Die Aufführung in Montreal ging zu Ende. Die Reaktion des Publikums war überwältigend, das Konzert geriet zu einem Event, das die Menschen in Begeisterung versetzte. Sie wollten etwas erleben in ihrem Konzertsaal, sie bekamen Beethoven und Zappa. Und danach im Foyer Musik von DJ Misstress Barbara, die in der Szene der frankophonen Stadt einen schillernden Namen hat. Als Schlusspunkt sozusagen. Die Zuhörer blieben lange. Es war eine kunterbunte Mischung aus älteren und jüngeren. Eltern, die sich sicher noch an Zappa erinnerten und sich eigentlich für Beethoven interessierten, kamen gemeinsam mit ihren Teenager-Kindern, die sich womöglich eher für Misstress Barbara begeisterten und für ihren Auftritt bereit waren, Beethoven in Kauf zu nehmen. Die Generationen vermischten sich, jede schien etwas von diesem Abend zu haben. Das Haus bebte.

Besonders originell ist es freilich nicht, einen Tempel der Hochkultur nach dem Konzert in einen Dance Floor zu verwandeln. Das hatte es früher immer mal gegeben. Es funktioniert, verständlicherweise, denn nach einer ästhetischen Erfahrung, die unseren Konventionen entsprechend vor allem konzentriertes und geradezu widernatürliches regungsloses Zuhören verlangt, entlädt sich die Spannung in kaum zu bändigendem Bewegungsdrang. Tanzen nach dem Konzert – Leonard Bernstein hat sich nach seinen Konzerten regelmäßig ins legendäre New Yorker Studio 54 begeben, der in den siebziger Jahren wohl berühmtesten Disco der Welt, um sich nach seinem Dirigat ein zweites Mal, nun auf der Tanzfläche, hemmungslos zu verausgaben.

Kann man so etwas wagen? Ein Konzert mit ernster Musik zu ungewöhnlich später Stunde, auf dessen zugegebenermaßen verrücktem Programm auch noch eine Party im Anschluss angekündigt ist, zu der ein stadtbekannter DJ seine Musik auflegt? Entwertet das nicht die ernste Musik, weil sich keiner von uns Künstlern sicher sein kann, dass die Menschen nicht kommen, um sich nach getaner »Arbeit« im Konzertsaal gedankenlos wummernden Bässen hinzugeben? Nicht unbedingt. Es kommt darauf an, wie man es macht. Mistress Barbara ist nicht einfach irgendein DJ. Sie ist ein zutiefst respektiertes Mitglied der florierenden Kunstszene in Montreal. Selbst die älteren Musiker in meinem Orchester, die seit Jahrzehnten dabei sind, waren begeistert. Sie finden die unerwarteten Zusammenhänge, in denen wir klassische Musik präsentieren, wunderbar. Das Konzerthaus lebt. Die Menschen haben es als ihres angenommen, sie kommen und bleiben. Alles ist erlaubt.

Nur zwei Dinge bleiben für mich unumstößlich: Bei mir wird es das so beliebte Crossover nicht geben, keine Vermischung der Genres Pop und Klassik, weil ich kein Pop-, sondern ein Klassik-Künstler bin. Und niemals mache ich Abstriche in Sachen Qualität, nicht nur in Bezug auf die musikalische Darbietung, sondern auch auf das kompositorische Niveau der Werke, die wir aufführen. Sie müssen exzellent geschrieben sein, außergewöhnlich. Das bin ich unserem Publikum schuldig. Es ist mein Versprechen, mein Name steht dafür. In dieser Hinsicht bin ich kompromisslos. Wussten Sie eigentlich, wie empfänglich und offen vor allem junge Menschen für diese Idee der absoluten Kompromisslosigkeit sind?

MESSIAEN
Blick ins Jenseits

Es ist immer ein bisschen kalt in Sainte-Trinité. Und feucht. Im Winter steigt die Atemluft nach oben. Die Finger sind klamm. Im Sommer ist es dagegen herrlich erfrischend, wenn die Sonne Paris in einen schwülen Moloch verwandelt. Dann wird das große Kirchenschiff zum Zufluchtsort vor Hitze, Hektik und dem Lärm, ohne den Paris gar nicht denkbar ist. Die Pariser L'Église de la Sainte-Trinité im 9. Arrondissement direkt an der Place d'Estiennes d'Orves war die Kirche von Olivier Messiaen. Er war ihr Organist. Jahrzehntelang hat er dort jeden Sonntag die Messe mit seinem Spiel begleitet, sofern seine vielen Auslandsreisen das zuließen. Und auch unter der Woche war er oft dort, nicht nur für die täglichen Gottesdienste. Er, ein Meister der Improvisation, legte äußersten Wert auf Perfektion und das Üben.

Messiaen, seine Frau Yvonne Loriod und ich sind die einzigen Menschen oben auf der Orgelempore der Kathedrale. Tief unter uns haben sich ein paar Gemeindemitglieder zum Gottesdienst versammelt. Es sind deutlich weniger Menschen, als es Plätze gibt in dem riesigen Kirchenschiff. Messiaen sitzt an der Orgel, hoch konzentriert. Er improvisiert – wie immer in den Messen, wenn der Priester die eucharistischen Vorbereitungen trifft, oder danach, wenn die Gemeindemitglieder nach der empfangenen Kommunion in ihr Gebet versinken. Yvonne Loriod und ich hören zu. Auch an diesem Sonntag ist seine Improvisation vollkommen neu und perfekt. Es ist immer so, als würde man einer Geschichte lauschen. Wie aus dem Nichts schwebt da plötzlich ein Vogel durch den Raum. Hoch oben, leicht, agil. Er ist klein und zierlich. Er schlägt ein-, zweimal mit den Flügeln, nimmt wieder Fahrt auf, um nicht ganz hinabzugleiten, und lässt sich dann auf einem der Balkone nieder im hellen Licht der seitlichen Kirchenfenster. Dort verharrt er einen Moment, schaut sich um und hebt wieder ab, schon ist er auf und davon.

Es erklingen die höchsten Töne, die einer Orgel zu entlocken sind. Den kleinen Vögeln gehören die winzigen Pfeifen. Messiaen hat diesen zierlichen Vogel mit seinen zarten Bewegungen einfach herbeiimprovisiert, ein Geschöpf seiner musikalischen Phantasie, das sich für einen kurzen Moment als Oberstimme zu einer tiefen eingängigen Melodie gesellte, mit der er seine Improvisation begonnen hatte. Ich erinnere mich an diesen Moment noch heute: Plötzlich war nur noch Natur um uns herum, der Vogel, eine Wiese vielleicht, ein paar Bäume, ein Flussufer.

Kaum dass Messiaen mit seiner Improvisation zum Ende kam, war die Landschaft auch schon verschwunden. Ich war wieder mitten in Paris, in einer majestätischen katholischen Kathedrale, der Église de la Sainte-Trinité, mit deren Bau im Auftrag von Baron Haussmann 1861 begonnen worden war. Oben auf der Empore steht die berühmte Cavaillé-Coll-Orgel, die 1869 von Camille Saint-Saëns und César Franck eingeweiht worden war und an der seitdem namhafte Organisten regelmäßig spielten. Ich befand mich in Gegenwart eines der größten Komponisten des 20. Jahrhunderts, der mich 1982 eingeladen hatte, für eine Weile bei ihm in Paris zu wohnen. Für einen Amerikaner von der Westküste der Vereinigten Staaten kommt das einem Kulturschock gleich, die Sinne sind nahezu überfordert. Damals war ich bereits 31 Jahre alt. Nie zuvor war ich über längere Zeit in Europa gewesen.

Als ich mich Mitte der siebziger Jahre zum ersten Mal mit Olivier Messiaens Musik beschäftigt hatte, konnte ich noch nicht ahnen, dass ich irgendwann mitten in Europa neben ihm stehen, ihm zuhören, mit ihm arbeiten und so viel von ihm lernen würde. Damals gehörte er bereits zu den etablierten Komponisten des 20. Jahrhunderts. Nicht nur in Europa, auch in den Vereinigten Staaten und Asien wurde er bewundert und für einen zeitgenössischen Komponisten vergleichsweise häufig gespielt. Bis in die frühen sechziger Jahre hinein hatte sich die Musikwelt über ihn noch heftig zerstritten – die Aufführungen seiner Werke waren mitunter von Tumulten begleitet. Er erzählte mir einmal, dass Teile des Publikums einst am Künstlereingang des Théâtre des Champs-Élysées auf ihn gewartet hätten, um mit ihren Schuhen auf ihn einzudreschen – in Rage gebracht von seiner Musik. Er musste sich ducken, um halbwegs unversehrt sein Auto zu erreichen. Aber damit war es längst vorbei. Unter den zeitgenössischen Komponisten war Messiaen ein Star, bei dem die berühmtesten Intendanten Werke in Auftrag gaben und dem die politische Elite des Landes regelmäßig ihre Aufwartung machte.

Messiaen war damals 77 Jahre alt und hatte ganz unterschiedliche Phasen des künstlerischen Schaffens hinter sich. Verschiedene Einflüsse hatten in seinen Werken ihre Spuren hinterlassen, darunter der musikalische Impressionismus von Debussy und Strawinsky. Aber auch mit der Gregorianik hatte sich Messiaen befasst sowie mit indischer, alter griechischer, nepalesischer und asiatischer Musik. Anklänge an balinesische Gamelan-Musik und den Stil des japanischen No-Theaters finden sich in seinen Werken. Vor allem aber die Klänge und Farben der Natur und die unendliche Vielfalt der Vogelgesänge. Aus all dem entwickelte Messiaen über die Jahrzehnte einen einzigartigen Stil, der seinen Zenit längst erreicht hatte, als ich begann, mich mit seiner Musik zu befassen. Damals arbeitete er an seiner einzigen Oper *Saint François d'Assise*, die wir Jahre später zur Uraufführung bringen sollten. Als tief gläubiger Katholik setzte er sich in seiner Musik mit den großen religiösen Themen auseinander, mit dem Jenseits und der Ewigkeit ebenso wie mit der Beziehung des Menschen zu Gott und der Schöpfung.

Begehrt und berühmt war Messiaens Unterricht am Pariser Conservatoire gewesen, den er mit seiner Pensionierung 1978 beendet hatte. In Europa galt er mit Schönberg als einer der größten Kompositionslehrer überhaupt, aus dessen Analyse-, Ästhetik- und späteren Kompositionskursen Komponisten ganz unterschiedlicher Richtungen hervorgingen, darunter Pierre Boulez, Karlheinz Stockhausen, Iannis Xenakis oder George Benjamin. Zu seinen eigenen Kompositionstechniken hatte er bereits in den vierziger Jahren ein Buch verfasst. Später arbeitete er dann an einem weiteren Werk über seine »musikalische Sprache«, das posthum von seiner Frau Yvonne Loriod vollendet wurde und seine Arbeitsweise in mehreren Bänden detailliert dokumentiert. Danach könnte man sogar komponieren, sich zum Beispiel an den von ihm aufgestellten Tonskalen, den »Modi mit begrenzten Transpositionsmöglichkeiten«, orientieren, wenn man eine ganz einfache Melodie dann noch mit seiner rhythmischen »Technik des hinzugefügten Wertes« versieht, in der ein Takt um einen zusätzlichen Notenwert erweitert wird, dann entsteht wirklich ein wenig von Messiaen und dem unverkennbaren Stil seiner Musik. Anders als Schönberg aber hat er nie eine eigene Schule begründet.

Was ich zu meinen Hochschulzeiten noch nicht wissen konnte: Ausgerechnet dieser Komponist würde mir die Tür zu Europa ganz weit aufstoßen und mein Musikverständnis nachhaltig prägen. In einem Analyseseminar hatte ich Messiaens Kompositionen kennengelernt. 1975 hörte ich dann erstmals eine seiner Sinfonien live in einer Aufführung. Es war die *Turangalîla-Sinfonie*. Ich erinnere mich noch, dass das Werk bei mir einen gewissen Eindruck hinterließ. Verstanden aber habe ich es damals nicht. Später in meiner Zeit als Dirigentenassistent an der Opera Company of Boston verbrachte ich regelmäßig Zeit in der Bibliothek. Auf einem meiner ziellosen Streifzüge durch die Musikmagazine entdeckte ich irgendwann auf einem der Partitureinbände eher beiläufig den Namen Messiaens.

Unwillkürlich zog ich die Noten aus dem Regal. Es handelte sich um den *Catalogue d'Oiseaux*, eine Kompositionssammlung von Vogelgesängen, von denen ich schon gehört hatte.

Kurzerhand nahm ich die Noten mit nach Hause, um sie dort genauer zu lesen. Bald schon begann ich, dieses kompositorisch schwierige Werk durchzuarbeiten – Seite für Seite. Technisch anspruchsvoll und sicher nicht ohne weiteres aufzuführen, war ich schnell vollkommen vereinnahmt. Plötzlich wollte ich Messiaen unbedingt verstehen. Ich wollte seine neue musikalische Sprache durchdringen, die andere Rhythmik und die vollkommene Polyphonie. Messiaen hatte mich, ohne dass es mir damals schon so richtig bewusst war, in seinen Bann gezogen.

1978 wurde ich Musikdirektor des Berkeley Symphony Orchestra und beschloss, in einem »Messiaen-Zyklus« die bekanntesten Werke dieses eigenwilligen Künstlers zur Aufführung zu bringen. Das Orchester hatte zwar nur ein geringes Budget, doch die Musiker waren ehrgeizig und aufgeschlossen. Ich war mir sicher, mit ihnen würde man so etwas wagen können. Zur Vorbereitung hatte ich alles gelesen, was von und über Messiaen verfügbar war, ich hatte seine Sprache gelernt, die Prinzipien seiner Kompositionsweisen studiert und auch begriffen. Dennoch wusste ich nicht wirklich, wie seine Musik eigentlich klingen sollte, und vor allem, wie Messiaen selbst sie hören wollte. Mich quälten Fragen über Fragen. Niemand konnte mir helfen. In all meiner Verzweiflung fasste ich mir ein Herz und schickte Messiaen einen Radio-Mitschnitt der ersten Aufführung des Zyklus. Es handelte sich um *Poems pour Mi*. Weil ich seine Adresse nicht wusste, schrieb ich lediglich seinen Namen und »Conservatoire de Paris, Paris, France« auf den Briefumschlag. War unsere Musik so geraten, wie er sie haben wollte? Hatte ich seine Musik überhaupt verstanden?

Mein Brief hatte ihn tatsächlich erreicht. Höchst unerwartet erhielt ich einen Monat später eine Antwort, in der sich Messiaen auf vielen eng beschriebenen Seiten Takt für Takt mit meiner Interpretation auseinandersetzte. Auf seine Einladung hin schickte ich ihm auch die Mitschnitte der folgenden Konzerte einschließlich der *Turangalîla-Sinfonie*, die seinen Vorstellungen offenbar derart nahekam, dass er mich persönlich kennenlernen und – wie er mir schrieb – gerne mit mir arbeiten wolle. Für das letzte Projekt des Zyklus war *La Transfiguration de Notre Seigneur Jesus-Christ* vorgesehen, ein Oratorium über die Verklärung Jesu, das er in der zweiten Hälfte der sechziger Jahre geschrieben hatte. Für diese Aufführung kam er selbst nach Berkeley – es war sein Vorschlag gewesen. Seine Frau übernahm den Klavierpart. Die Aufführung gelang wunderbar, und es begann eine jahrelange, intensive und aufregende Zusammenarbeit.

Fast fünf Jahre später, 1983, sollte Messiaens erste und einzige Oper *Franz von Assisi* zur Uraufführung gebracht werden. Er hatte sie endlich fertig geschrieben – nach zehn langen Jahren und vielen verstrichenen Abgabeterminen. Es ist sicher sein größtes, womöglich bedeutendstes Werk. Rolf Liebermann, seinerzeit Direktor der Pariser Opéra, hatte es in Auftrag gegeben. Das Dirigat sollte Seiji Ozawa übernehmen, für die umfangreichen Proben schlug Messiaen mich vor und lud mich ein, in den Monaten der Probenzeit bei ihm in Paris, im 18. Arrondissement zu wohnen. Und da stand ich nun, oben auf der Empore von Ste. Trinité, ein alles andere als weltgewandter Amerikaner mit japanischen Wurzeln. Die Geschichte meiner Begegnung mit Messiaen trägt für mich bis heute fast surreale Züge.

Ich sage immer, dass Messiaen mein Leben verändert hat. Er war wie ein Vater für mich, er hat mich nach Europa gebracht und eingeführt – nicht nur räumlich durch seine Einladung nach Paris, wo ich bei ihm zu Hause leben und von ihm lernen konnte, sondern in viel umfänglicherem Sinne. Mein Französisch war damals miserabel, ich musste schnell fließend sprechen lernen, um mit ihm und seiner Frau kommunizieren zu können. Auch war mir vieles fremd in Paris. Die andere Art des Lebens, die Denkweise, die Gerüche der Stadt, die Geräusche des Verkehrs, die ganz andere Ästhetik, nicht nur in der Musik und Kunst. Vieles war so neu und befremdlich, dass ich überhaupt keine Haltung dazu hatte. Doch wollte ich mit Anfang dreißig endlich ankommen in der europäischen Kultur, die über die Musik und Musikgeschichte schon so lange mein Leben bestimmt hatte. Den Zugang zu dieser Welt, der europäischen Lebensweise und den Sinn für das europäische Kunstverständnis vermittelten mir zweifelsohne Messiaen und seine Frau, Yvonne Loriod. Es gab so viel zu lernen über die europäische Geschichte. Messiaen weckte in mir den Sinn für Vielfalt europäischer Traditionen und für die vielen Sprachen. Er und seine Frau zeigten mir Paris und brachten mich mit anderen Komponisten und Künstlern zusammen. Yvonne Loriod unterrichtete mich in vielen Privatstunden am Klavier, sodass ich Messiaens Werke besser verstehen würde. Für jemanden vom anderen Ende der Welt sind das ungemein prägende Erfahrungen. Selten habe ich so viel gelernt in meinem Leben.

Heute weiß ich, wie schwierig, ja nahezu unmöglich es ist, aus rein amerikanischer Perspektive heraus einen Zugang zu Europa zu finden. Lebenseinstellungen, Wahrnehmungen und das Selbstverständnis der Menschen sind vollkommen verschieden. Durch Messiaen und seine Frau, unsere vielen Gespräche, Ausflüge und Reisen begann ich, Europa zunehmend besser zu verstehen. Diese Erfahrung kam einer Befreiung gleich, als hätte ich den Schlüssel zu einer Tür erhalten, die bis dahin verschlossen war und hinter der ich voller Sehnsucht eine noch viel weitere Welt erahnte. Die Zeit in Paris hat mich verändert. In vielerlei Hinsicht, mental und emotional, bin ich sicher auch nie wieder ganz zurückgekehrt in den Westen der Vereinigten Staaten.

Wie verläuft das tägliche Leben mit einem großen Künstler? Messiaen war bescheiden, zurückhaltend und sehr privat. Abends haben wir meistens gemeinsam gegessen und die notwendigen Details zu den Proben seiner Oper besprochen, während wir tagsüber jeder für sich unserer Wege gingen: Ich leitete die Proben, er verzog sich ein Stockwerk höher in ein Studio mit Orgel, in dem er komponierte. Diesen Raum habe ich nie betreten. Ich habe nie gesehen, wie er komponierte, und auch nie danach gefragt. Vor ihrer Vollendung zeigte er seine Werke niemandem – mit ganz wenigen Ausnahmen noch nicht einmal seiner Frau. Ansonsten stand mir seine ganze Wohnung offen. Manchmal, wenn wir Ausflüge in die Natur unternahmen, konnte ich beobachten, wie er sich Vogelstimmen notierte – in seinen mittlerweile berühmten *cahiers*, seinen Notizheften, die er immer mit sich trug.

Was ist das für eine Musik, die Messiaen komponierte? Was wollte er uns sagen? Wie bei jedem großen Komponisten ist es fast unmöglich, das in wenigen Sätzen zu beantworten. Ich versuche es trotzdem. Ich glaube, er wollte zeitlose Wahrheiten in eine akustische Form bringen. Zeitlos bedeutete für ihn das Göttliche. Messiaen war tief gläubig, so fern jeden Zweifels, dass er sich immer als einen »gläubig Geborenen« bezeichnete. Dass in nicht wenigen seiner Kompositionen die tonale Basis und ein festes Metrum fehlen, ist seine Art, sich dem Unendlichen zu nähern, in dem Raum und Zeit ihre Bedeutung verlieren.

Das Fundament der Musik Messiaens ist ein von ihm über die Jahre entwickelter, hoch komplexer musiktheoretischer

Kosmos, einschließlich eines ganz eigenen rhythmischen Systems. Dazu kommt die Farbensymbolik. Messiaen war ein Synästhet, also jemand, der Klänge mit bestimmten Farben in Verbindung bringen konnte, ja musste. Am allerwichtigsten aber erscheinen die Vogelgesänge. Messiaen hat im Laufe seines Lebens Hunderte von Vogelstimmen archiviert. Er bezeichnete sich selbst als Ornithologen. Die Gesänge der Vögel notierte er in Form von Worten und Noten. Manchmal auch in mehrstimmigen Harmonien, nicht nur ihre Sologesänge. Mitunter nahm er sie mit einem Kassettenrecorder auf. Das Lied des Zaunkönigs bezeichnete er zum Beispiel als »silberhell und perlend«, den gelbschwarzen Pirol verglich er mit einer »sehr langen Flöte«, die Krähe beschrieb er als »heiser, hämisch, sarkastisch«. Er notierte den Abendgesang und das Erwachen der Vögel in seiner Umgebung und in der Ferne, wenn er andere Länder und Kontinente besuchte. Die Vögel inspirierten ihn zu Melodien.

Den Vogelgesang gab er in seinen Werken freilich nicht naturgetreu wieder, sondern in veränderter künstlerischer Form. Vögel hatten für Messiaen eine besondere Bedeutung. Sie waren der Ursprung aller Musik, ein Gottesgeschenk in ihrer natürlichen Vielfalt und dem Zusammenspiel. »Die Vögel allein sind große Künstler«, schrieb er in einem Aufsatz zum *Catalogue d'Oiseaux*. Die Vögel waren Teil seiner Naturerfahrungen. Wenn er sich frühmorgens auf den Weg machte, um in der Dämmerung im Wald die ersten Gesänge der erwachenden Vögel zu hören, wenn dann die Sonne aufging und mit ihrem Licht der Landschaft ihre Farben zurückgab, dann waren das für Messiaen immer spirituelle Momente. Naturphilosophische Gedanken und Religiosität trafen in diesen Momenten aufeinander, genauso wie die verschiedenen Möglichkeiten, solche Gedanken auszudrücken – in Farben und Tönen. Vögel waren seine Engel – agil, schwerelos, gottgegeben.

In seiner einzigen Oper *Franz von Assisi* setzte Messiaen alles ein, was er über die Jahrzehnte an Kompositionstechniken und Ideen entwickelt hatte. Das mehrstündige Werk, das wir damals unter seiner Anweisung zur Uraufführung brachten, ist als eine Art Credo komponiert, das die Fülle seines gesamten musikalischen Materials vereinigt. Es ist seine Bilanz. Ein höchst ungewöhnliches Werk, schon in seiner Länge von sechs Stunden, aber auch dadurch, dass er sein eigenes Libretto schrieb. Dass sich Messiaen als zeitgenössischer Komponist in seiner einzigen Oper mit einem religiösen Thema auseinandersetzen würde, war zum Ende des 20. Jahrhunderts einzigartig, für ihn allerdings die logische Konsequenz seines Selbstverständnisses als Katholik. Dass er sich ausgerechnet Franz von Assisi wählte, mag vordergründig seiner Liebe zu den Vögeln geschuldet sein. Die demütige Haltung des heiligen Franziskus, die Kehrtwende in seinem Leben, seine Rückbesinnung auf die Schöpfung und den Schöpfer waren für ihn aber von viel größerer Bedeutung. Oft hat er mir in unseren Gesprächen gesagt, dass er sich mit dieser Figur am stärksten identifiziere.

In acht Bildern zeichnet Messiaen den Weg des heiligen Franziskus nach, seinen Wandel vom Dasein als Sohn einer reichen Kaufmannsfamilie hin zu einem Gott gewidmeten Leben in Armut. Das Faszinosum seiner Musik, in der Farben und Klänge ineinanderfließen, und die unvergleichliche Spiritualität erlebt man in dieser Oper vor allem im letzten, im achten Bild. Es beschreibt das Lebensende des Protagonisten. Franz von Assisi stirbt, und die Oper endet mit einem leuchtenden, langgedehnten C-Dur-Akkord. Das C ist der Urton der Musik, der Anfang und das Ende. Keine Tonart strahlt in der Musik heller und reiner als C-Dur. Franz von Assisi stirbt in weißem Licht – von der Wahrheit Jesu erleuchtet.

In den Monaten der Vorbereitung der Uraufführung ging es Messiaen nicht gut. Er war krank, erschöpft und sagte mir einmal, er habe gelebt, um diese Oper zu schreiben, nach der er womöglich nichts mehr werde komponieren können. Er schrieb das Ende der Oper so, wie er in seinem fortgeschrittenen Alter das Ende seines Lebens vor Augen hatte: »Ich stellte mir vor, ich stünde des Nachts vor einem Vorhang und war etwas besorgt, was sich dahinter befinde: die Auferstehung, die Ewigkeit, das andere Leben ... Ich versuchte mir vorzustellen, was geschehen würde. Und das kann ich manchmal in einem kurzen Aufleuchten erkennen. Natürlich spreche ich von Jesus, der das Licht der Auferstandenen sein wird. Sie werden im Lichte Christi erstrahlen.«

Die Oper *Saint François d'Assise* sollte allerdings nicht Messiaens letztes Werk sein. Danach schrieb er als wirklich letztes Orchesterwerk noch *Éclairs sur l'Au-Delà*, »Streiflichter über das Jenseits«, seine Vision vom Paradies, noch inniger, spiritueller. Messiaen steht am Ende seines Lebens, seine Vorstellung vom Jenseits hat sich verändert. Nichts ist hier mehr euphorisch und jubelnd wie in früheren Werken. Die Musik ist übernatürlich, staunend, sphärisch, erwartend – jenseits von Raum und Zeit. Im Tod ist dem Menschen die Last der Handlungshoheit genommen. Er muss nichts mehr entscheiden. Er wird schwerelos. Er schwebt.

Messiaens Inspiration kam aus seinem tiefen Glauben an Gott. Fast alle seiner Werke haben biblische Inhalte oder nehmen theologische Gedanken auf: die Bedeutung der Dreifaltigkeit, die Geburt und die Verklärung Jesu Christi, seine Unsterblichkeit. Messiaen hat aus der Quelle seiner Inspiration nie einen Hehl gemacht. Aus dem Glauben nahm er die Energie und Kraft, eine schier unerschöpfliche Vielfalt von Werken zu komponieren. Während er komponierte oder improvisierte, reflektierte er nicht nur über die Schöpfung. Komponieren und Musizieren waren für ihn von viel tieferer Bedeutung. Es war sein Weg, mit Gott in Verbindung zu treten. In der Musik kann man Gott erfahren. Musik hat eine unvergleichlich spirituelle Kraft, vielleicht die größte unter den Künsten. Sie baut die Brücke in die Transzendenz.

Über Messiaens Glauben habe ich mit ihm nur sehr selten gesprochen. Ich habe ihn nie danach gefragt und auch nie ein Bedürfnis danach verspürt. Nicht dass es sich nicht ziemte, es war einfach nicht nötig. Er hat mich ebenso wenig gefragt. In dieser Hinsicht herrschte zwischen uns eine Art gemeinsames Grundverständnis, das einer Diskussion nicht bedurfte. Ich konnte seine Empfindungen und Gedanken nachvollziehen. Auch ich bin mit der Kirche aufgewachsen, sie war Teil meiner Erziehung und meiner musikalischen Ausbildung. Sie hat meinen Blick auf die Welt geprägt. Und das bis heute. In den sechziger und siebziger Jahren haben sich viele Menschen von der Religion abgewandt und die Kirche verlassen. Sie haben Spiritualität anderswo gesucht, anders erfahren oder gelebt. Für mich hat es das nicht gegeben. Spiritualität und Religiosität sind für mich ein und dasselbe.

Die Spiritualität ist ein wichtiger Teil meiner Musikerfahrung. Sie stellt sich unweigerlich ein, wenn ich dirigiere oder Klavier spiele und ein Werk so beherrsche oder so gut kenne, dass ich mir um meine Finger auf den Tasten oder die technischen Herausforderungen des Dirigats keine Gedanken mehr machen muss. Wenn alles fließt, entstehen Momente einer geistigen Verbindung zum Jenseits oder Unendlichen. Jedes Mal. Vielleicht hat Messiaens Musik im Laufe meiner Beschäftigung damit aus diesem Grund so eine anziehende Kraft auf mich entfaltet.

Deshalb war mir Messiaen in dieser Hinsicht überhaupt nicht fremd. Er identifizierte sich mit Franz von Assisi, er liebte die fast mystische Religiosität von Thomas von Aquin. Außerhalb der Musik aber war er in seinem Glauben äußerst zurückhaltend und überhaupt nicht ausschließlich. Solange ich ihn kannte, hat er nie missioniert. Er sprach gar nicht über seinen Glauben. Er schrieb seine Musik nicht, um andere vom Glauben zu überzeugen. Er schrieb sie als Gespräch mit Gott.

Ob man diese tiefe religiöse Einstellung teilen muss, um Messiaens Musik zu verstehen? Oder anders: Muss man tief gläubig sein, um die Spiritualität seiner Musik zu erfahren? Ich weiß es, ehrlich gesagt, nicht, da sich mir persönlich eine solche Frage bis heute nie gestellt hat. Aber Messiaen wurde vielfach danach gefragt. Er hat diese Frage stets verneint: Aus seiner tiefen religiösen Überzeugung erwachse für ihn tatsächlich eine starke Inspiration. Sie sei das Fundament seiner Kreativität. Nur deshalb könne er Musik schreiben. Dann aber, wenn er ein Werk vollendet habe, es loslassen müsse, um es der Öffentlichkeit, den Musikern und Hörern zu überlassen, gehöre diese Musik nicht mehr ihm. Dann gehöre sie dem, der sie gerade vernimmt, interpretiert oder dirigiert, genauso wie die persönlichen Erfahrungen, die ein jeder mit seiner, mit Messiaens Musik, erlebt. Messiaen verwies an dieser Stelle stets auf Johann Sebastian Bach, dessen musikalisches Schaffen einem zutiefst religiösen Weltbild und Selbstverständnis entsprang. Muss man tief gläubig sein, um die Aussagen in Bachs Musik zu erfahren? Messiaen pflegte dann noch hinzuzufügen: »Hätten Sie diese Frage jemals Johann Sebastian Bach gestellt?«

»Es gibt Momente in der Musik, Bruchteile von Sekunden einer Aufführung, da meine ich sehen zu können, was hinter den Sternen liegt.« – So hat der große Dirigent Günter Wand diesen überwältigenden Moment der Erfahrung von Ewigkeit mir gegenüber einmal beschrieben. Wunderbarer kann man solche Momente nicht in Worte fassen, wenn uns die Musik hinausträgt aus unserer Welt und uns erahnen lässt, dass das Irdische nicht alles ist. Diese Momente sind kaum mehr als ein kurzes Flackern, Streiflichter des Jenseits. Sie sind nicht festzuhalten. Wird man sich ihrer bewusst, sind sie Vergangenheit.

Musikerfahrung hat viele Facetten. Sie ist für jeden anders und auch für mich selbst immer wieder neu, weil Musik eben nicht fasslich oder stofflich ist. Messiaen hat sie einmal als die »immateriellste aller Künste« bezeichnet. Musik ist vollkommen abstrakt – physikalisch besteht sie schließlich nur aus Schwingungen. Aber die entfalten unvorhergesehene Kräfte.

Ich habe keine Deutungshoheit über Messiaen, nur weil wir über Jahre eng zusammenarbeiteten und er mich nach Paris einlud, um mit ihm fast ein ganzes Jahr unter einem Dach zu verbringen. Niemand hat das. Aber eines weiß ich sicher, wenn ich heute vom 21. Jahrhundert in das 20. zurückblicke: Seine Werke sind im Repertoire von uns Musikern längst tief verankert. Seine *Turangalîla-Sinfonie*, die mich damals in Berkeley so herausgefordert hatte, oder auch die *Éclairs sur l'Au-Delà* stehen inzwischen häufig auf dem Programm. Sie sind vielfach eingespielt. Viele jüngere Komponisten haben mir berichtet, wie sehr sie sich von Messiaen haben inspirieren lassen. Allein seine Oper hat viele ermuntert, all ihren Mut zusammenzunehmen und sich weiter der Oper als auch heute noch relevanter Kunstform zu verschreiben. Die Welt der Klassik ist immer noch dabei, Messiaens Musik zu entdecken. Doch schon jetzt zeigt sich im Rückblick auf das 20. Jahrhundert mit seinen vielen aufregenden Komponisten, dass Messiaens Musik die Zeit überleben wird. Sie ist Bestandteil des musikalischen Kanons und dort unverzichtbar. Das wird sich nicht mehr ändern. Im Gegenteil: Noch mehr seiner Werke werden dazukommen.

Wieder einmal steigen wir die unzähligen Stufen zur Empore von Ste. Trinité hinauf. Erst Messiaen, dann Mme Loriod, schließlich ich. Und wieder schleppt sich der alte Mann die enge Treppe hoch, beladen mit unzähligen Noten, von denen er uns nicht ein einziges Heft tragen lässt. In dem großen Kirchenschiff verteilen sich vielleicht fünfzig oder sechzig Gläubige. Der

Chor ist diesmal dabei. Er hat die Aufgabe, im Wechsel mit dem Priester zu singen. Es ist ein Chor von engagierten Laien, die mit Inbrunst bei der Sache sind, von denen aber keiner der Sänger eine ausgebildete Stimme hat. Der Priester gibt eine Intonation und singt seine Worte, anstatt sie zu sprechen, so wie es in den katholischen Kirchen oft üblich ist. Dann ist der Chor an der Reihe. Die Sänger haben plötzlich Schwierigkeiten, sie treffen den Ton nicht ganz, stolpern regelrecht in ihre Passagen hinein. Die Antwort des Chors auf die priesterliche Intonation ist für etliche Takte fehlerhaft. Glücklicherweise finden sie sich irgendwann.

Wenig später ist Messiaen mit einer Improvisation an der Reihe, er zitiert die Melodie des Priesters und imitiert die laienhafte Reaktion des Chors darauf – mitsamt ihrem Stolpern. Mme Loriod und ich schauen uns an, können kaum glauben, was Messiaen da treibt. Es ist höchst amüsant und kurzweilig, wie er diese kleine Passage in seine Improvisation nahezu unmerklich hineinwebt. Er war ein großer Komponist und ein ernsthafter, tiefsinniger Künstler, gesegnet mit einem wunderbaren Humor. Ich bin mir sicher – keiner der Gläubigen unten in den Kirchenbänken hat diesen kleinen Scherz bemerkt, so subtil war die improvisierte Phrase angelegt. Doch in dem Moment, in dem wir dessen gewahr werden, was Messiaen da motivisch gerade verarbeitet, ist er schon längst wieder woanders mit seiner Musik und hat diesen Faux-pas, dieses laienhafte Gestolper des Chors in eine ganz wunderbare Melodie verwandelt.

Dieser Messiaen ist mir in Erinnerung geblieben. Seine Spiritualität und sein tiefgründiger Humor, mit dem er die menschlichen Schwächen aufs Korn zu nehmen wusste und ihnen etwas ungemein Liebenswürdiges verlieh. Wenn ich heute an diesen kurzen Moment zurückdenke, kommen mir allerdings Zweifel, ob Yvonne Loriod und ich Messiaen damals wirklich richtig verstanden haben. Vielleicht war seine heitere Imitation des Dilettantismus des Laien-Chors nicht dem Humor geschuldet, sondern vielmehr eine Aussage dieses zutiefst religiösen Menschen. Indem er die so offensichtliche Unbeholfenheit der Sänger in eine wunderbare Melodie verwandelte, erinnerte er uns voller Dankbarkeit an eine der zentralen, vielleicht schönsten Botschaften des Neuen Testaments: die nämlich, dass Gott die Menschen nicht wegen ihrer Perfektion und Stärke, sondern gerade in den Momenten ihrer Schwäche liebt.

Wenn ich in Paris bin, gehe ich hin und wieder in Sainte-Trinité. Für mich ist Messiaen immer noch da. Dann sehe ich ihn vor mir an der Orgel, diesen in der neueren Musikgeschichte singulären Komponisten, der mir die Tore nach Europa geöffnet hat. Messiaen hat sechzig Jahre lang die Orgel gespielt. Ich sehe seine grauen, zurückgekämmten Haare, sein gemustertes Hemd unter dem Jackett, sein beim Spielen fast bewegungsloses Gesicht, den Blick hoch konzentriert auf die Tasten gerichtet, ganz versunken in seine Musik, fast entrückt. Improvisation war für Messiaen mehr als nur Meditation – sie war jedes Mal ein Gebet.

KAPITEL 5
Nichts als Musik im Kopf

»Gehört sind Klänge süß, doch ungehört noch süßer; drum spielt, ihr Pfeifen, fort im Chor; nicht dem Gehörsinn, nein, von größ'rem Wert, dem Geist pfeift Lieder keiner Töne vor.«

John Keats (1795–1821), aus:
Ode auf eine griechische Urne

DES TEUFELS INTERVALL   Wussten Sie, dass Intervalle schreien können, Gift verspritzen, Zwietracht säen? Der Tritonus ist ein solches: eine vergiftete, garstige Kombination zweier Töne, deren Abstand aus drei Ganztonschritten der Tonleiter besteht. Ein zutiefst instabiles Intervall, das vorwärtsdrängt und den Hörer geradezu nach Erlösung flehen lässt: »Gib mir den Wohlklang zurück!« Wer sich in der Musiksprache auskennt, würde den Tritonus als übermäßige Quarte bezeichnen, einen Sprung vom C zum Fis, zum Beispiel, oder vom F zum H. Der Tritonus jedenfalls ist mächtig, fordernd, bedrohlich, ein Intervall, in dem sich, kaum dass es erklingt, die Katastrophe ankündigt. Es wird oft bei der musikalischen Untermalung von Horrorfilmen oder Thrillern verwendet. Es ist das Intervall, das Bach in seiner Matthäus-Passion einsetzt, als Jesus einem Aussätzigen begegnet, und das Bruckner im Credo seiner d-Moll-Messe als Symbol für das Jüngste Gericht verwendet. Oder mit dem Mussorgsky die Lockrufe der Hexe in der Passage »Hütte der Baba Jaga« vertont. Bernstein ließ in seiner *West Side Story* den verzweifelten Tony mit diesem Unheilsintervall nach seiner Geliebten Maria rufen. Jimi Hendrix baute den Beginn seines berühmten Songs *Purple Haze* auf dem Tritonus auf. In der Eingangsmusik der Comic-Serie *Die Simpsons* wird er verwendet. Die britische Sängerin Adele beginnt ihren Song *My same* mit einer Wiederholung des Intervalls in Erinnerung an eine zerbrochene Freundschaft. Das Intervall steht hier ganz für sich, sie schreit es förmlich ins Publikum.

Und wenn heute irgendein Komponist den Vorabend des 15. September 2008 in Töne fassen sollte, jene Stunden also, in denen ein paar superreiche, mächtige Banker verzweifelt versuchten, die Bank Lehman Brothers vor dem Kollaps und die Welt vor einer tiefen Rezession zu retten, dann würde er sicher mehrfach zum Tritonus greifen – unheilschwanger, die Erlösung liegt entweder im Happy End oder eben in einer Explosion, der Katastrophe. Im Mittelalter erschien dieses Intervall den Menschen, als spräche Luzifer persönlich. Seine Klangfarbe irritierte die Kirche derart, dass sie dieser »teuflischen« Tonkombination den Beinamen »Diabolus in Musica« verpasste und ihren Einsatz schlichtweg verbot. Schließlich konnte dieses Intervall die Menschen in Aufruhr, Angst und Schrecken versetzen. Bis in das Barock hinein hielten sich die Menschen daran aus Furcht, damit den Satan heraufzubeschwören. Dabei ist der Tritonus eigentlich gar nichts Besonderes. Er ist nicht mehr als ein akustischer Reiz. Aber spannend ist, was unser Gehirn daraus macht, sodass er uns in eine höchst beunruhigende Stimmung versetzt.

Wie wirkungsmächtig Musik sein kann, wie sehr sie sich uns auf die Seele legt, Phantasien belebt, Vorstellungskräfte weckt, zum Nachdenken bringt oder die Augen öffnet, zeigt allein dieses kleine Zweiergespann aus Tönen. Das ist jedoch nur ein Beispiel – fast willkürlich herausgegriffen aus der unendlichen Vielfalt, die die Welt der Musik zu bieten hat. Musik kann noch viel mehr, als Stimmungen zu erzeugen. Sie ruft Erinnerungen wach, hilft psychische Blockaden zu überwinden. Sie kann physische Schmerzen und psychische Verletzungen lindern. Ärzte schreiben ihr heilende Kräfte zu, Philosophen von jeher eine erkenntnisfördernde Wirkung, wenn bewegende Klänge über den Affekt das Gehirn zum Denken anregen.

Mein Verhältnis zur Musik ist aufgrund meiner lebenslangen Beschäftigung mit ihr und meiner großen Leidenschaft für sie dermaßen organisch, dass ich die Macht der Musik überhaupt nie in Frage stellen würde. Über Jahre kam es mir auch gar nicht mehr in den Sinn, darüber nachzudenken, warum die Musik so wirkungsmächtig ist – es war die in ihr liegende Selbstverständlichkeit. Als ich noch jünger war, habe ich mich mit dieser Frage in musikphilosophischer Hinsicht beschäftigt und viel darüber gelesen. Auf philosophischer Ebene ist das Phänomen seit Jahrhunderten einfallsreich, immer wieder neu und vielfach plausibel erklärt, wenn auch nie endgültig entschlüsselt worden.

Vielleicht wäre ich der Frage nach der Macht der Musik auch nicht erneut nachgegangen, hätte es in den vergangenen Jahren nicht ein paar wirklich aufsehenerregende Publikationen gegeben, die dem Phänomen Musik auf neurowissenschaftlicher Basis zu Leibe rücken und die Frage danach stellen, was eigentlich in unserem Gehirn passiert, wenn wir Musik hören oder selbst musizieren. Denn die akustischen Reize, die über unser Ohr in unseren Kopf drängen, müssen verarbeitet werden. Musik, so könnte man sagen, entsteht im Kopf – bei den Komponisten, den Musikern, den Hörern. Auch wenn diese Idee ein wenig reduktionistisch erscheint, so zeigt allein der Tritonus doch deutlich, wie erst das Gehirn Musik zum Klingen bringt: Zwar ergibt ein bloßes Intervall noch keine Melodie; es sind gerade einmal zwei Töne, die man gleichzeitig oder hintereinander erklingen lassen kann. Doch schon die wecken Empfindungen, Sehnsüchte und Vorstellungen in unserem Gehirn, das mit Erklingen der Töne sofort unheilvolle Ahnungen zu produzieren beginnt. Was passiert da eigentlich in meinem Kopf?

Ich verabredete mich mit Daniel Levitin. Daniel ist Musiker, war in seinem früheren Leben Musikproduzent und arbeitet heute als Neurowissenschaftler und Psychologe. Er lehrt und forscht in Stanford und an der McGill-Universität in Montreal.

Die 14 Wochen, die ich im Jahr in der kanadischen Metropole verbringe, sind wir sozusagen Nachbarn, sofern er sich nicht in Stanford aufhält oder durch die Welt reist und Vorträge hält. Sein Institut an der McGill-Universität liegt gerade einmal einen Kilometer Luftlinie vom *Maison Symphonique de Montréal,* dem neuen Konzerthaus und meinem Büro entfernt. Hätten nicht zwei seiner Bücher meine Aufmerksamkeit erregt, wäre ich vielleicht gar nicht darauf gekommen, mich mit ihm zu treffen. Mit *Der Musikinstinkt. Die Wissenschaft einer menschlichen Leidenschaft* veröffentlichte er vor einigen Jahren einen *New York Times*-Bestseller. Später dann erschien sein Buch *Die Welt in sechs Songs. Warum uns Musik zum Menschen macht.* Vor gar nicht langer Zeit also suchte ich ihn in seinen Laborräumen auf, um ihm diese eine Frage zu stellen: Warum hat die Musik diese Macht über uns, die manchmal schon ein einziges Intervall entfalten kann?

Die Neurowissenschaften sind, so wie sie heute betrieben werden, ein vergleichsweise junges Forschungsgebiet. Seit es gelungen ist, das Gehirn sozusagen zu kartografieren und die Funktion verschiedener Botenstoffe zu bestimmen, hat die Neurowissenschaft im allgemeinen Bewusstsein einen rasanten Aufstieg erfahren. Heute reden wir nahezu selbstverständlich von Dopamin, Serotonin und Endorphinen, von Hirnrinde, Großhirn und Kleinhirn, vom motorischen, sensorischen oder auditorischen Cortex oder vom Hippocampus. Letzterer ist übrigens eine Region mitten im Kopf, in der sich, wie mir Daniel erklärte, das Gedächtnis für Musik, musikalische Erfahrungen und Kontexte findet. Musik hat jedenfalls ziemlich viel mit dem Gehirn zu tun. Immerhin so viel, dass es die philosophische Überlegung gibt, Musik existiere nicht als solche, würde unser Gehirn aus den bloßen Schallwellen nicht erst Musik konstruieren. Da ich inzwischen weiß, wie weit es diese faszinierende Wissenschaft gebracht hat, erwartete ich von Daniel natürlich eine klare Antwort. Wer sollte es besser wissen als er, der selbst Musik spielte, produzierte und nun seit Jahrzehnten tagtäglich über ihre zerebralen Wirkungen nachdenkt? Was also würde er sagen?

MUSIK KANN MEHR ALS WORTE Seine Antwort verblüffte mich: »Kent, ich bin nicht beredt genug, um dieser Frage auch nur ansatzweise gerecht zu werden.« Ich muss ihn ziemlich erstaunt angesehen haben, denn er setzte hinzu: »Wie soll ich die Macht der Musik denn beschreiben? Das wäre zu eindimensional. Wenn man von Musik bewegt wird, dann gibt es dafür keine Worte.« In unserem Gespräch entstand eine spannungsvolle kurze Pause. »Aber«, sagte er dann ein wenig versöhnlich, »wenn auch Worte die Wirkung von Musik nicht annähernd auszudrücken in der Lage sind, so kann die Musik uns doch helfen, unseren Gemütszustand zu beschreiben. Denn Menschen benutzen Musik nicht nur als eine Art emotionalen Regulator, um sich in eine andere Stimmung zu bringen, wenn sie wütend sind oder sich nach einem aufregenden Arbeitstag voller Adrenalin zu Hause auf ihr Sofa fallen lassen. Sie benutzen die Musik offenbar auch, um ihre Stimmung zu beschreiben.« Daniel sagte mir, er fühle sich sehr oft wie die Solo-Klaviermusik von Debussy. Worte aber habe er dafür nicht.

Ich lasse nicht locker und versuche es anders. Was passiert im Gehirn, wenn die Musik uns bewegt, regelrecht von uns Besitz ergreift? Auch da ist er zurückhaltend: »Ich glaube nicht, dass wir das schon so genau wissen«, gibt er zurück. Er wisse ja noch nicht einmal, wie nah er und seine Kollegen daran seien, das Geheimnis der Macht der Musik zu entschlüsseln. »Es sind immer nur Bausteine, die wir finden und die uns Dinge erklären helfen.« Er wisse, wo im Gehirn die Tonhöhe verarbeitet werde, welche Regionen Rhythmus und Klangfarbe aufnähmen und wo Harmonien chemische Reaktionen auslösten. Auch die Verarbeitung der Tonlänge und Lautstärke könne er lokalisieren. »Wir sind eine so junge Wissenschaft, dass wir immer noch dabei sind, die Regionen im Gehirn zu lokalisieren, in denen etwas passiert. Aber wir stehen erst ziemlich am Anfang, seine Funktionsweise zu verstehen.« Nur eines weiß man mittlerweile sehr genau: dass Musik ein Stimulus ist, der ziemlich schnell das ganze Gehirn erfasst.

Nutzt man die verschiedenen Techniken, mit denen man Gehirnaktivität verfolgen kann, sei es mit Elektroden oder verschiedenen Methoden des Scannens, dann entdeckt man in der Bildgebung sofort, dass fast alle Regionen durch die Musik angesprochen werden: die rechte genauso wie die linke Gehirnhälfte, vordere und hintere Regionen, der Kortex ebenso wie das innen liegende limbische System. Musik ist einer der ganz wenigen Stimuli, die unser ganzes Gehirn in Aktivität versetzen. Alle Regionen sind involviert und auch jedes neuronale Subsystem. Ein Musikzentrum im Gehirn gibt es nicht. Die verschiedenen Aspekte der Musik, also Rhythmus, Tempo, Lautstärke oder Tonhöhe, werden in unterschiedlichen Regionen verarbeitet und irgendwo als Informationen wieder verbunden. Die Bereiche – auch das weiß man nach Daniels Worten – arbeiten gleichzeitig, nicht nacheinander. Verkompliziert wird die Sache durch die Fähigkeit des Gehirns, sich selbst zu reorganisieren. Bestimmte Funktionen können von anderen Teilen des Gehirns übernommen werden. Nichts ist statisch, Wissenschaftler sprechen von der Neuroplastizität. »Aber wo fließen alle die verarbeiteten Informationen zusammen?«, fragt Daniel sich sozusagen selbst. Warum uns Musik emotional berührt, markiere eine Grenze des Wissens in der Wissenschaft.

Daniel zeigt mir eine Reihe bunter Bilder, die die Hirnaktivitäten darstellen. Sie sind das Ergebnis eines komplexen Verfahrens der Visualisierung, kommen bei einem Scan doch eigentlich nur haufenweise Zahlen heraus, die wiederum erst aufwendig sichtbar gemacht werden müssen. Aber dann sind die Bilder wunderschön, im gesamten Gehirn leuchtet es in den Kardinalfarben Rot, Gelb und Blau. Unser Geist ist in Hochform, sozusagen, und das nur durch Musik. Wenn man sich diese Bilder anschaut, meint man unmittelbar zu begreifen, warum das Hören von Musik und vor allem das Musizieren so häufig als *empowerment* bezeichnet werden: Der ganze Kopf wird zum Kraftwerk, jede Region ist engagiert – Transfereffekte sind nicht ausgeschlossen. Musik muss, den Bildern nach zu urteilen, dem Gehirn noch ganz andere Möglichkeiten eröffnen.

Zweierlei ist auf den Bildern allerdings nicht zu erkennen: Zum einen ist nicht sichtbar, was für Musik die Probanden gehört haben. Und zum anderen, ob überhaupt Musik zu hören gewesen ist. Vielleicht war es tatsächlich totenstill. Dann hätten allein die Vorstellung von Musik und die Erwartung dessen, was kommen würde, die Neuronen aktiviert. »Wenn die Vorstellung lebhaft genug ist, kann man allein vom Bild her nicht unterscheiden, ob das Gehirn tatsächlich durch einen akustischen Reiz oder nur durch die Phantasie in diesen höchst aktiven Zustand versetzt wurde«, sagt Daniel.

Musikalische Erfahrungen, die sich nur im Kopf abspielen, sind keine Seltenheit. Wer kennt es nicht, dass einen immer wieder Melodien einholen, sich ins Bewusstsein drängen, ohne dass man sie darum gebeten hätte. Musik kann man sich derart stark einbilden, dass man für einen Moment nicht genau weiß, ob sie tatsächlich von irgendwo her erklingt oder nur im Kopf stattfindet. »Erwartung und Suggestion kann das musikalische Vorstellungsvermögen enorm steigern und sogar zu wahrnehmungsähnlichen Erlebnissen führen«, schrieb der berühmte amerikanische Neurologe Oliver Sacks in seinem Buch *Der einarmige Pianist*. Dabei ist das musikalische Vorstellungsvermögen der Menschen so unterschiedlich wie die Menschen selbst.

Wir Berufsmusiker arbeiten dauernd damit. Wenn ich eine Partitur lese, dann »höre« ich die Musik sofort, ich stelle sie mir vor. Sie klingt, ist da, bewegt mich. Und wenn ich dirigiere, hat sie von meinem Gehirn längst Besitz ergriffen, bevor das Orchester den ersten Ton gespielt hat. Wie sonst hätte Beethoven im Zustand vollkommener Taubheit Musik komponieren können? Die Musik hat nicht gespielt, er hat sie sich vorgestellt. Seine Vorstellung muss vollkommen gewesen sein, vielleicht vollkommener als die Musik, wenn sie in Echtzeit gespielt wurde oder wird. Für Nichtmusiker ist die musikalische Vorstellung eher ein spontanes Erlebnis, allerdings nicht minder wirkungsmächtig. Dabei ist die Sache mit der Musik doch ziemlich einzigartig. Warum ausgerechnet Musik? »Jeden Tag sehe ich mein Zimmer, meine Möbel, aber sie präsentieren sich nicht als ›Bilder im Geist‹«, schreibt Sacks. Auch höre er kein imaginäres Hundegebell oder rieche imaginäre Essensdüfte. Nichts entspreche auch nur im Entferntesten der Bandbreite seiner musikalischen Vorstellungstätigkeit. »Vielleicht ist es nicht einfach das Nervensystem, sondern die Musik selbst, der etwas ganz Besonderes anhaftet – ihr Rhythmus, ihre melodischen Strukturen, die so ganz anders sind als die unserer Sprache, und ihre besondere Verbindung mit den Emotionen.« Musik ist offenbar also so stark, dass sie sich auch ohne externe akustische Reize unserer Vorstellung bemächtigen kann. Aber ich schweife ab, deshalb zurück zur Ausgangsfrage: Woher rührt diese Macht?

Im Laufe unseres Gesprächs wird Daniel dann doch ein bisschen genauer: Biologisch sei die Macht der Musik recht einfach zu erklären. Musik ruft im Gehirn physische Reaktionen hervor und setzt eine ganze Kaskade chemischer Prozesse in Gang. Dadurch ergibt sich bei den meisten Menschen ein positiver Effekt auf ihr Wohlbefinden. Musik erhöht den Oxytocin-Spiegel; Oxytocin ist ein Hormon, das unsere Bereitschaft steigert, sich auf andere Menschen einzulassen. Es lässt Vertrauen zwischen Menschen entstehen und wird zum Beispiel beim gemeinsamen Singen ausgeschüttet. Durch Musik erhöht sich auch der Wert des für unsere Gesundheit so wichtigen Antikörpers Immunglobulin A. Ferner gibt es Studien, die zeigen, dass nach ein paar Wochen Musiktherapie Melatonin, Adrenalin und Noradrenalin ansteigen. Melatonin regelt den Schlaf-Wach-Rhythmus und erwies sich schon vor Jahren als wirksam in der Behandlung bestimmter Formen von Depression. Noradrenalin und Adrenalin versetzen uns in einen Zustand erhöhter Aufmerksamkeit und Erregung. Sie aktivieren die Belohnungszentren im Gehirn. Das Hören von Musik und natürlich erst recht das Musizieren beeinflussen den Serotonin-Spiegel und damit den Neurotransmitter, der mit der Regulierung unserer Gemütslage in Verbindung steht.

»Alle diese Studien scheinen etwas zu bestätigen, was die alten Schamanen längst wussten: Musik – und ganz besonders fröhliche Musik – übt einen tiefgehenden Einfluss auf unsere Gesundheit aus«, sagt Daniel. Musik lässt auch das Stresshormon Cortisol deutlich sinken – eine Erfahrung, die jeder kennt, wenn er nach einem hektischen Tag abends Musik auflegt, um sich zu entspannen. Wenn die verschiedenen Musikaktivitäten eine Veränderung der Konzentration von Botenstoffen im Gehirn hervorrufen, dann ist die Wirkungsmacht von Klängen kaum zu bezweifeln. »Musik kann uns in emotionale Höhen und Tiefen treiben, sie kann uns dazu überreden, etwas zu kaufen, oder uns an unser erstes Date erinnern«, schreibt Oliver Sacks. »Sie kann uns aus Depressionen herausführen, wenn nichts anderes mehr funktioniert. Sie bringt uns zum Tanzen.« Aber die Wirkung von Musik gehe noch viel, viel tiefer. Sie aktiviere mehr Regionen in unserem Gehirn als die Sprache. »Wir Menschen sind zuallererst eine musikalische Spezies.«

HAVE A GOOD CRY! Viele Menschen lieben traurige Musik. Ich gehöre dazu. Vielleicht ist »traurig« in meinem Fall das falsche Wort: melancholisch, voller Tristesse, klagend, sehnsuchtsvoll – diese Begriffe würden mir eher entgegenkommen, weil es mir nach all den Jahren unmöglich ist, Musik mit einem einfachen Adjektiv zu assoziieren. Jedenfalls kann die Musik Menschen zu Tränen rühren. Ich erinnere mich an einen Abend auf dem berühmten Musikfestival in Tanglewood bei Boston. Das Boston Symphony Orchestra spielte den letzten Satz von Brahms' 1. Sinfonie. Der Solo-Hornist ließ die getragene Melodie, in der sich die Natur so unmissverständlich wiederfindet, mit einer solchen Tiefe erklingen, dass es in dem Moment auch mich erwischte.

Ein anderes Mal hörte ich mir in einem letzten Durchlauf Bruckners 8. Sinfonie an. Ich hatte sie kurz davor mit dem Bayerischen Staatsorchester aufgenommen und war nun dabei, die Qualität unserer Einspielung für die endgültige Version zu überprüfen. Meine Kollegen hatten die Eröffnung des langsamen Satzes sehr ausdrucksstark gespielt. Während ich eigentlich mit der Genauigkeit eines Buchhalters hätte zu Werke gehen müssen, um jede Nuance, die nicht meiner Vorstellung entsprach, herauszuhören, trug mich die Musik einfach davon. Am Ende liefen mir Tränen über das Gesicht. Sicher handelte es sich in diesem Fall eher um Ergriffenheit als um Trauer. Aber wir wissen alle aus persönlicher Erfahrung, dass uns Musik aus heiterem Himmel tatsächlich traurig machen kann. Und dass viele Menschen genau diese Musik lieben.

Das führt mich zu drei Fragen. Wann klingt Musik traurig? Warum macht sie uns traurig? Und zu guter Letzt: Warum hören wir sie, wenn doch Schwermut und Melancholie nicht gerade erstrebenswerte Zustände sind? Viel lieber sind wir glücklich, beschwingt und voller Tatendrang. Die dritte Frage also birgt eine gewisse Paradoxie, ein unter dem Begriff »tragedy paradox« in der Wissenschaft lange bekanntes Phänomen. Bemerkenswert ist dabei, dass Menschen – zumindest in unseren westlichen Kulturkreisen – vielfach die ergreifendsten, tiefsten und auch schönsten Erfahrungen ausgerechnet mit trauriger Musik durchleben. Worum übrigens schon Aristoteles wusste. Katharsis – das ist die wohltuende Läuterung der Seele durch die antike Tragödie.

Wer darüber etwas wissen will, muss David Huron fragen, einen Musik- und Kognitionswissenschaftler aus Ohio, der es mit seinem Buch *Sweet Anticipation* unter Psychologen und Neurowissenschaftlern zu Weltruhm gebracht hat und von dem wir so viel über das Phänomen der Erwartungen wissen, die hinsichtlich der Wirkungsmacht der Musik eine überragende Rolle spielen.

Traurigkeit in der Musik ist eine Frage der kompositorischen Technik. Traurige Musik sei, sagt Huron, tendenziell tief, langsam, ruhiger, dunkler in der Klangfarbe und weniger bewegt in der Melodieführung. Die Melodie mache keine großen Sprünge, die Intervalle seien klein. Sie lehne sich damit der Sprache an, in die wir alle verfallen, wenn wir Trauriges zu berichten haben. Wir sprechen ebenfalls leiser, langsamer und tiefer. Wenn ein Komponist Schwermut ausdrücken will, wird er womöglich instinktiv in diesen Modus wechseln. Aber versetzt er uns auch in diese Stimmung? Das ist von Mensch zu Mensch unterschiedlich, je nach Naturell ist man mehr oder weniger empfänglich dafür. Aber dass Musik in der Lage dazu ist, würde kaum einer bezweifeln.

Trauer entsteht im Gehirn. Die Frage, was dort genau passiert, sodass sich Traurigkeit allein durch das Hören eines Musikstücks einstellt, ist kompliziert – und auch nicht allzu präzise beantwortet worden von den Neurologen. Wie visuelle oder akustische Stimuli tatsächlich Gefühle hervorrufen können, ist Gegenstand akribischer Forschung. Und der sinnliche Genuss an der empfundenen Traurigkeit ist auch nicht jedermanns Sache. Bei manchen stellt er sich ein, bei anderen nicht. Ich erinnere mich allerdings noch lebhaft daran, wie in meinen Jugendjahren der Pantomime Marcel Marceau meine Freunde und mich ohne Worte in einer zweifelsohne tragischen Darstellung derart bewegte, dass uns plötzlich die Tränen kamen – was meinen Freunden und mir unvergesslich ist, zumal wir es sogar genossen. Dabei war es nichts anderes als ein Stummfilm gewesen.

David Huron bietet zu diesem Mechanismus drei Vermutungen an: Erstens aktiviert traurig klingende Musik möglicherweise die Spiegelneuronen im Gehirn, die dann das entsprechende Gefühl hervorrufen. Spiegelneuronen sind Nervenzellen, die beim Betrachten eines Vorgangs die gleichen Aktivitätsmuster aufweisen, wie wenn der Vorgang nicht bloß betrachtet, sondern aktiv erlebt würde. Durch das komplexe System der Spiegelneuronen seien Empathie, die Fähigkeit, sich in sein Gegenüber hineinzuversetzen, und Imitation überhaupt erst möglich. Bei Menschen, die dafür empfänglich seien, wecke getragene Musik entsprechende Gefühle. Darüber hinaus gibt es noch zwei weitere Erklärungen dafür, wie traurig klingende Musik schwermütig machen kann. Zum einen sind es antrainierte Assoziationen. Wir haben über die Jahre gelernt, dass Moll-Klänge traurig klingen. Sie werden langsam und getragen bei Beerdigungen gespielt oder bei traurigen Filmen. Diese Erfahrung sitzt so tief in uns drin, dass wir Moll gar nicht mit großer Freude assoziieren, sondern eben mit Schwermut, Traurigkeit oder Melancholie. Zum anderen ist es die mit der Musik einsetzende Nachdenklichkeit oder Grübelei, eine Art selbstbezogener Verarbeitung, die unsere Stimmung trübt. Befragt man Probanden, was ihnen durch den Kopf ging, als sie Musik zu Tränen rührte, dann berichten sie mehrheitlich, dass die »traurige« Musik Gedanken an Themen des Lebens in ihnen hervorgerufen habe, die mit schwierigen Lebenssituationen oder Sterblichkeit in Verbindung standen.

Musik also lässt uns – sofern wir dafür empfänglich sind – Traurigkeit erleben, die nicht von einem realen Ereignis in unserem Leben hervorgerufen wurde. Hier wird überdeutlich, wie Musik Raum für emotionales Erleben schafft, das in keiner Verbindung zu unserer Lebenswirklichkeit steht. Offenbar brauchen wir Menschen das. Und warum sehnt sich manch einer ausgerechnet nach Melancholie?

Auch dafür hat David Huron eine Theorie. Und auch die führt direkt in unser Gehirn. Wenn eine Person trauert – aufgrund irgendeines Ereignisses –, wird im Gehirn das Hormon Prolaktin ausgeschüttet. Psychologisch gesprochen wirkt dieses Hormon emotionalen Belastungen entgegen. Folgt man dem Wissenschaftler, dann hat die Natur hier eine Art Emotionsbremse eingerichtet, damit man in dieser Trauer nicht vollkommen versinkt. Musik wiederum kann Menschen in eine Stimmung versetzen, die der Traurigkeit recht nahe kommt und genau die Ausschüttung jener Botenstoffe hervorruft, die sich normalerweise ergibt, wenn wir »real« etwas erleben, was uns bedrückt. Hier wirkt Musik als Mittel eines »vorgetäuschten« Trauerzustands – natürlich nur bei Personen, die dafür auch empfänglich sind. Der Körper reagiert genau so, wie er es über Jahrmillionen der Evolution gelernt hat: Der Botenstoff wird freigesetzt, das Gefühl des Trostes stellt sich ein. Normalerweise steht dem ein tatsächliches Problem gegenüber, der Tod eines geliebten Menschen, der Arbeitsplatzverlust. Im Fall der Musik ist letztendlich gar nichts Negatives passiert – kein Drama, dessen Wirkungen mit Hilfe des Hormons hätten abgefedert werden müssen. Es bleibt ein wohliges Befinden: »Have a good cry!«, sagt Huron, »auch so etwas ermöglicht uns Musik.« Ein singuläres Erlebnis ohne tatsächlichen Auslöser. »Es hat überhaupt kein tragisches Ereignis stattgefunden. It's just music.«

»Musik funktioniert wie eine Droge«, sagt mir Daniel in unserem Gespräch. Wir Menschen hätten Substanzen entdeckt, die genau jene chemischen Reaktionen im Gehirn hervorrufen und damit die Ausschüttung von Botenstoffen induzieren können, die uns in einen anderen Gefühlsmodus versetzen. Zum Beispiel, wenn Heroin für die ersehnte Dopamin-Dusche sorgt, jenem Glücks- oder Belohnungshormon, das in uns nach vollbrachter Leistung oder einem Erfolg die wohlbekannten positiven Gefühle entfacht. Musik, sagt er, wirke wie ein Opiat, es täusche das neuronale System derart, dass es für die Freisetzung von Botenstoffen sorge, die unseren Gefühlszustand beeinflussen. Darin liegt ihre Macht. Die Sache mit dem Prolaktin ließ sich in einer Studie nicht ganz eindeutig nachweisen, schrieb mir David Huron unlängst. Zwar fand man Prolaktin in den Tränen der Versuchspersonen – aber eben nicht bei allen Probanden. Gleichwohl lässt sich hier wunderbar nachvollziehen, auf welchem Wege die Musik, die irgendwann einmal im Kopf eines Komponisten entstand, Macht über die Stimmungslage ihres Rezipienten ergreift.

Erlebniswelten, die nur von der Musik geschaffen werden, jedoch reale Gefühle und Erfahrungen in uns hervorrufen, machen einen Teil des Zaubers der Musik aus. »Die Musik schließt dem Menschen ein unbekanntes Reich auf, eine Welt, die nichts gemein hat mit der äußeren Sinnenwelt, die ihn umgibt und in der er alle *bestimmten* Gefühle zurücklässt, um sich einer unaussprechlichen Sehnsucht hinzugeben«, schreibt E.T.A. Hoffmann in seinem Essay über *Beethovens Instrumentalmusik*. Manchmal kann man sich nach Schwermut sehnen. Musik ist Sehnsuchtsort.

SÜSSE ERWARTUNGEN   Musik ist ein Spiel mit den Erwartungen, erklärt mir Daniel. Und das ist tief in unserer Evolution verankert: Antizipation oder Erwartung ist, rein biologisch gesprochen, die Grundvoraussetzung für unser Überleben. Antizipation bereitet uns auf das nächstliegende Ereignis vor. Die Fähigkeit zur Antizipation macht uns überhaupt erst lebensfähig. Das Gehirn beherrscht das Spiel nahezu perfekt, es ist eine Art Antizipationsmaschine, die fortlaufend Vermutungen über die Zukunft produziert, sie mit dem eintretenden Ereignis abgleicht und wieder neue Vermutungen anstellt. Musik hat feste Strukturen. Diese Strukturen haben wir über die Zeit unseres Lebens verinnerlicht. »Wenn wir Musik hören, setzt das Gehirn das, was man gerade hört, in eine Beziehung zu allem, was man je gehört hat«, sagt Daniel. In einer Versuchsreihe, in der Probanden unbekannte Melodien vorgespielt und irgendwann abrupt unterbrochen werden, hat sich ein seltsames Phänomen manifestiert: Die meisten Menschen singen diese Melodien dann automatisch richtig weiter. Sie treffen also die adäquate Vorhersage im Kopf, ohne die sie gar nicht singen könnten. »Es hat viel mit der Struktur der Musik zu tun«, meint Daniel. Unsere abendländische Musik ist seit Jahrhunderten strengen Regeln unterworfen, aufgrund derer Vorhersagen über den weiteren Musikverlauf erst möglich werden.

Aber nicht jede Vorhersage ist zutreffend. Der Komponist führt uns in die Irre, er bricht Regeln, um uns in unseren Erwartungen zu enttäuschen. Darin liegt das Moment der Überraschung. Und der schafft Emotion. Das ist Teil einer Erklärung, warum wir Musik emotional berührend finden. Der Prozess ist in der tonalen klassischen Musik immer der gleiche: Die Erwartung, dann der Regelbruch, die Überraschung, das Stutzen, der Schauder, am Ende die Rückkehr zur Regel und der erlösende Effekt: Ah! Jeder von uns kennt das. Ein Komponist wiederholt zweimal das gleiche Motiv, dann ändert er es, führt uns auf einen neuen Weg und beginnt wiederum mit unserer Erwartung zu spielen, was jetzt als Nächstes kommen könnte – zum

Beispiel der auflösende Akkord. Dadurch werden die Erwartungen am Ende doch noch erfüllt – zurück zum Wohlgefühl.

»Musiker sind Zauberer. Sie kontrollieren uns. Bühnenzauberer kontrollieren, wohin man guckt, Komponisten, wie man hört«, sagt Daniel. Und dann gesteht er mir noch etwas, was er nicht versteht: nämlich dass uns Musik selbst dann überrascht, wenn wir ein Stück genau zu kennen meinen. »Das Ende von Dvořáks 7. Sinfonie habe ich sicher mehr als hundert Mal gehört. Und noch immer weiß ich nicht genau, wann die Sinfonie endet. Ich werde bis heute in die Irre geführt.« Ganz am Anfang des Buches habe ich geschrieben, dass es mir bei Bachs Klaviermusik so geht. Die Überraschung ist dann besonders groß, wenn ich das Stück sehr gut zu kennen meine. Warum?

»Die Manipulation der Erwartungen ist eine der mächtigsten Ressourcen, derer sich Autoren, Dichter, Choreografen, Komödianten und andere Künstler bedienen können«, schreibt David Huron in seinem Buch *Sweet Anticipation*. Für Komponisten sei die Sache besonders beschwerlich, weil Musik lediglich aus Klängen bestehe. Dafür, würde ich sagen, ist sie am Ende umso wirkungsvoller. Die These der überragenden Bedeutung der Antizipation für das physische Überleben, die ich eingangs erwähnte, stammt von Huron. Durch die Musik und ihr Spiel mit den Erwartungen bekommt das Gehirn die Möglichkeit, just jene Fähigkeiten zu trainieren, die für den Aufbau und Erhalt einer Gesellschaft unabdingbar sind: die Spannung, die Reaktion darauf, die Vorstellung und die Prognose. Deshalb rückt Huron die Fähigkeit der Antizipation auf die Ebene der Sinne. Sie ist unser »Zukunftssinn«. Und der wird durch die Musik trainiert. Für mich eine faszinierende Zuschreibung, die viel von dem enthält, was ich selbst täglich erlebe. Was dann auf der biologischen oder chemischen Ebene passiert, ist wiederum Sache der Neurowissenschaftler: Hormone werden ausgeschüttet, im Überraschungsfall – also wenn wir mit unseren Annahmen falschlagen – andere, als wenn sich unsere Antizipation als richtig erweist.

TAUSENDMAL GEHÖRT Hirnforscher und Psychologen liegen gar nicht so weit auseinander, ihre Theorien gehen vielfach ineinander über. Ein Musikerlebnis kann man als zutiefst psychologische Angelegenheit betrachten. Und auch hierbei spielen die Erwartungen eine besondere Rolle. Fast könnte man behaupten, dass gerade unsere Erwartungen der Musik diese unglaubliche Macht über unseren Intellekt und unsere Seele verleihen, also das, was wir über die Jahre an Erfahrungen gesammelt und gespeichert haben. Die Töne, die ein Orchester produziert, werden zur Melodie, weil unser Gehirn diese Reize in den Gesamtzusammenhang unserer Lebenserfahrungen einordnet. Dazu gehört als eine von Tausenden kognitiver Strukturen im Gehirn auch unser abendländisches Tonsystem, geprägt von der Tonsprache Bachs. Dann fühlen wir uns wohl, wir erwarten, dass sich bestimmte Akkorde in andere auflösen, dass sich ein Stück auf sein Ende zubewegt, dass die Strophe eines Popsongs in einen Refrain mündet. Ohne diesen kognitiven Erfahrungsschatz ist ein Musikerlebnis kaum möglich, ohne dass man es vielleicht doch eher als Geräusch oder störenden Krach empfindet.

Als Schönberg seine ersten Stücke in freier Tonalität komponierte, waren die Menschen fassungslos. Sie empfanden die Tonfolgen als scheinbar strukturlos, verbanden überhaupt keine Erfahrung mit dieser Musik und ärgerten sich ob ihrer Orientierungslosigkeit. Die akustischen Reize konnten ihre Gehirne nicht weiterverarbeiten, weil die kognitiven Strukturen dafür fehlten. Und selbst dann, wenn Schönberg sich traditioneller Formen bediente und seine Werke zumindest strukturell, wenn auch nicht harmonisch, Brahms'scher Ästhetik entlehnt waren, gerieten die Menschen im Konzertsaal regelrecht in Rage. Mein Verhältnis zu dieser Form der Musik ist zu organisch, als dass ich nachvollziehen könnte, wie schwer sich manch einer aus dem Publikum bis heute damit tut. Ich habe diese Musik unendlich oft gehört, mich in ihren Klangwelten verloren, ich habe sie analysiert, im historischen Kontext und rein musikalisch, und ich dirigiere sie häufig. Mein Gehirn ist darauf programmiert, es verfügt über eine Vielzahl von Strukturen, in denen das Hörerlebnis verarbeitet wird, jedes Mal wieder anders, weshalb mir die Musik nie langweilig werden kann. Gleichwohl empfinde ich Empathie für den Teil des Publikums, der damit fremdelt.

Vor ein paar Jahren fuhr ich mit dem Orchestre Symphonique de Montréal in den hohen Norden zu den Inuit. Es war das Finale unserer ersten Tournee durch Kanada. Wir flogen – so fühlte es sich an – ans Ende der Welt, wo die Landschaft wild und die Natur rau, ursprünglich und unverdorben ist. Es war eine Reise ins Niemandsland der kanadischen Arktis mit vereinzelten Menschensiedlungen, so verstreut, als wären sie dort einfach nur hineingeworfen worden. Dorthin trugen wir unsere Musik, konzertierten in Turnhallen, in denen sich die Kinder auf dem Boden bis an den Rand der provisorischen Bühne drängten. Und staunten. Klassische Musik hatten die meisten noch nie gehört, unsere Instrumente noch nie gesehen. Genauso wenig wie wir ihre Klänge und Töne kannten.

Die Musik der Inuit ist anders als unsere, ganz anders. Typisch und sehr beliebt ist dort der Kehlkopfgesang, der mehr ist als nur Gesang, fast eine Art Gesellschaftsspiel. Die Sänger pressen Geräusche, Töne und Luft rhythmisch aus ihren Kehlen. Sie stehen sich dabei dicht gegenüber, sehen und singen sich direkt an. Sie singen sich gegenseitig fast in den Mund, der Klang des einen findet im Kopf des anderen seine Resonanz. Das kann man auch als Zuhörer wahrnehmen. Ich aber war nicht in der Lage, in dieser Musik melodische oder lyrische Momente zu erkennen, eher nur eine Form stark rhythmisierter Kommunikation. Würde dieser Gesang für mich jemals zur Musik werden?

Ich erinnere mich noch genau, wie mir auf einer Fahrt über Land dort unser junger Fahrer mit geradezu anrührender Begeisterung von seinem Gesang erzählte. Das, sagte er, sei sein Hobby, ein anstrengendes Hobby. Sein Gesicht strahlte. Dann begann er, am Steuer zu brummen und zu zischen, seine Laute hervorzustoßen. Natürlich fehlte ihm sein Gegenüber. Aber das war ihm in dem Moment egal. Vielleicht hat er sich ihn einfach nur vorgestellt. Er lachte zwischendurch. Ich lauschte dem Gesang des Inuit, dieses jungen Burschen, der mit Begeisterung all diese Laute aus der Kehle herauspresste, immer wieder in gleichen Wiederholungen. Aber ich war, als ich das vernahm, vollkommen orientierungslos. Später dann hörte ich – auf einem anderen, professionalisierten Niveau – den gleichen Gesang von zwei Inuit-Sängerinnen. Sie traten mit unserem Orchester in *Take the Dog Sled* (»Nimm den Hundeschlitten«) auf, einer Komposition, die die kanadische Komponistin Alexina Louie auf meinen Auftrag hin aus der Musik der Inuit heraus komponiert hatte.

Erst mit der Zeit, als ich mich an diese Laute gewöhnte und hörte, wie die Menschen in ihrem Gesang die Natur imitierten, wurden diese Laute für mich zum Gesang. Bis zu dem Moment, da ich begann, etwas über dieses fast vergessene Kulturgut und über die tiefe Naturverbundenheit der Töne zu lernen, in der sich die Liebe der Menschen zu ihrem Land, dem Meer und dem Eis wiederfand, war die Musik für mich befremdend. Erst dann versteht man plötzlich, dass sie klingt, als jagten Hunde über Eis. Die Menschen rennen hinter ihnen her, sie atmen die eisige Luft ein, stoßen sie kurz hintereinander wieder aus, die dünne Schneeschicht knirscht unter ihren Füßen. Dann das

Schreien der Schneegänse, Gebell der Schlittenhunde. Es ist die Natur in der Musik, Natur wird zu Musik.

Erst muss man die Stille hören im Norden, die sich einstellt, wenn sich der Wind gelegt hat. Dann das Rauschen des Meeres, den Schnee, das Eis, irgendwo ganz verstreut finden sich die Laute der Menschen in ihren Dörfern. Als ich das auf unserer Reise in den Norden alles erfahren hatte, konnte ich mit dem Gesang der Inuit etwas anfangen, also von Menschen aus dem Land, das wir Musiker aus Montreal wie eine fremde Welt entdeckten und das doch eigentlich ein großer Teil Kanadas ist.

Und so erlebte ich im Norden Quebecs im Alter von fast sechzig Jahren erneut, was Musik eigentlich ist: nichts weiter als ein akustischer Reiz, sei es als ganze Symphonie, als Akkord, als ein Arrangement von Tönen, als Gesang der Inuit. Im Grunde entsteht die Musik im Kopf, um sich dann umso mächtiger in uns auszubreiten. Wenn man sich auf diese zugegebenermaßen sehr reduktionistische Sicht einlässt, impliziert dies natürlich einiges: Ich muss etwas über Musik wissen, um in den Genuss ihrer Wirkungsmacht zu kommen. Oder besser: Je mehr ich über sie weiß, je tiefer ich in ihre Strukturen eintauche, ihre Geschichte oder die des Komponisten, desto größer und vor allem tiefer wird das Musikerlebnis. Ich brauche nicht nur ein gewisses Grundverständnis unserer Tonsprache, ich sollte vielleicht auch etwas über die Zeitgeschichte wissen, in der eine Symphonie entstand, oder über die Ideen, die den Komponisten seinerzeit bewegten. Je nachdem, welchem Aspekt ich mich widme, ändert sich wiederum meine Wahrnehmung des Musikstücks.

Das ist das Geheimnis großer Werke. Sie bieten eine unendliche Vielzahl an Wahrnehmungsmöglichkeiten, verwandeln sich immer wieder in ein neues Erlebnis. Denn die klassische Musik ist in ihrer Struktur derart komplex, dass ich mit jedem Hören etwas Neues entdecken kann, um so jedes Mal tiefer und tiefer in die Musik vorzudringen und immer neue Inspiration aus ihr zu empfangen. Das liegt an ihrem unbestimmten Charakter. Musik ist nicht selbstreferenziell. Im Grunde bedeutet sie erst einmal nichts. Oder sie bedeutet das, was unser Gehirn aus ihr macht. Wenn wir etwas über Beethovens anfängliche Bewunderung Napoleons wissen und seine darauffolgende Enttäuschung, dann können wir diese Gedanken und Empfindungen in seiner Musik hören. Vielleicht haben wir vor Beginn des Konzerts einen klugen Aufsatz im Programmheft gelesen. Das wird unser Musikerlebnis kaum unbeeinflusst lassen. Oder wir haben uns gerade mit der geheimnisvollen Wirkung des Tritonus befasst, uns das Intervall mehrfach angehört und erkennen es plötzlich wieder in einer Symphonie. Und dann denken wir darüber nach, warum der Komponist ihn eingesetzt hat und was er damit zum Ausdruck bringen möchte. Je nachdem, was wir sonst noch darüber wissen, verändert sich unser Hören.

Musik mag von etwas handeln, aber das ist je nach Kontext unterschiedlich. Musik ist erst einmal asemantisch, nicht konkret, eine abstrakte, nicht figurative Kunst. Durch diese Unbestimmtheit wird sie in großen Werken unendlich, wirft immer neue Fragen auf, ohne eine letztgültige Antwort bereitzuhalten. Genau daher rühren ihre Macht, ihre vielfältigen Wirkungsmöglichkeiten, die Gefühlswallungen in uns lostreten, uns in höchste Spiritualität versetzen oder auch zu Erkenntnissen und Einsichten verhelfen können. Musik hat eine einzigartige Kraft. Sie kann das Gehirn verändern, Erinnerungen wecken und verschwinden lassen, sie spielt mit Erwartungen und unserem Vorstellungsvermögen. Sie fördert die Sinne, das Spüren, Fühlen, sie fordert uns heraus – umfassend, in all unserer Erlebnisfähigkeit.

NICHTS IST UMSONST   Wenn man sich dieser kognitiven Wahrnehmungsprozesse bewusst ist, wird auch klar, warum gerade die so komplexe klassische Musik beim Rezipienten ein wenig der Anstrengung bedarf. Und die beginnt mit einem Moment der Konzentration. Ich muss, wenn ich Musik erfahren will, erst einmal genau hinhören, was an sich schon eine Provokation bedeutet in einer Zeit, da die Musik eher zur Klangtapete und Mozarts grandiose Klaviersonate A-Dur (*Alla Turça*) als Begleitmusik der Werbung für ein Toilettenspülsystem herhalten muss.

Vielleicht ist das der Grund, warum die klassische Musik Menschen über Jahre immer stärker faszinieren kann, so wie mich von Beginn meiner Kindheit an: weil es wegen ihrer Komplexität und Tiefe immer noch mehr zu entdecken gibt. Ein klassisches Musikstück ist eben ungeheuer vielschichtig. In seiner Komplexität spiegelt es das Leben, das auch nicht einfach oder auf ein paar Paukenschläge und eine eingängige Melodie zu reduzieren ist. Um dieser Vielschichtigkeit zu begegnen, muss man sich anstrengen. Man wird sich Hintergrundwissen aneignen und über bestimmte Dinge nachdenken müssen. Man wird auch ein wenig Flexibilität im Umgang mit dem Erlebten bereithalten müssen, weil es eben einen Unterschied macht, ob man sich die allseits bekannten *Vier Jahreszeiten* von Vivaldi anhört, den vierten Satz von Beethovens Neunter, in dem einem die intendierte Botschaft mit Schillers Worten gleich mitgeliefert wird, oder eine Violinsonate von Lutosławski, in der über den Sätzen nicht einfach steht, ob die Musik nun gerade den Sommer oder den Winter oder den Frühling repräsentieren soll. Konzentriertes Zuhören, die Aneignung von Wissen und dann ein gerüttelt Maß an Flexibilität im Umgang mit einer ästhetischen Erfahrung – das ist schon ganz schön viel verlangt.

Ich bin der Meinung, dass man Hörern, vor allem auch den jungen Menschen, ein wenig Anstrengung zumuten kann. Da verhält es sich nicht anders als mit vielen anderen Dingen im Leben, bei denen Engagement, Teilnahme und Tatendrang gefordert sind, um etwas zu erreichen. Muss es immer alles nur einfach sein, nur passiv unterhaltend wie in einem mit wummernden Bässen versehenen Popsong, der seine Hörer für ein paar Tage auf ziemlich platte Weise in rhythmische Ekstase versetzt, sich dann aber alsbald abnutzt und in der Versenkung verschwindet? Nein, nicht alles ist einfach und bequem, im Leben genauso wenig wie in der Kunst. Ein Ausflug in die klassische Musik ist kein Abstecher ins Schlaraffenland, in dem süße Früchte reif zum Pflücken von Bäumen über Flüssen hängen, in denen Milch und Honig fließt. Das entspräche auch gar nicht der menschlichen Natur, die des anstrengungslosen Konsums allen Verlockungen zum Trotz doch irgendwann überdrüssig wird. Die Bereitschaft zur Anstrengung ist uns genauso wie die Faulheit in die Wiege gegeben. Wir liegen ja nicht nur auf dem Triclinium, um uns die süßesten Trauben in den Mund zu schieben, sondern steigen andererseits auch auf Berge, quälen uns Biegung um Wegbiegung hinauf. Warum?

Um in der Anstrengung schon einen Genuss zu sehen – und wenn nicht, dann in der Erwartung eines herrlichen Ausblicks und eines Gefühls tiefer innerer Zufriedenheit, für das schon die Ausschüttung einiger zerebraler Hormone nach getaner Anstrengung sorgt. Das Gehirn oder der Geist, sagt David Huron, wolle etwas erreichen, er wolle eben auch gefordert, nicht nur »gepampert« werden. »Deshalb ist die beste Musik nicht notwendigerweise die, die ihrem Hörer ausschließlich Vergnügen bereitet.« Er hat recht. Aber auch ich bin kein Asket. Vergnügen darf, ja muss schon sein – nicht als schlichte Befriedigung, sondern als ein komplexes Phänomen. Würden Menschen durch den Musikgenuss nicht auch Vergnügen erwarten, sie würden sich mit Musik gar nicht erst befassen. »Wenn die Philosophen, die sich mit Ästhetik auseinandersetzen, vor allem daran interessiert sind, das Phänomen von Schönheit zu verstehen, dann werden sie dieses Ziel wohl nie erreichen, wenn sie der Funktionsweise des Gehirns und seiner Vorliebe für das Vergnügen Rechnung tragen«, schreibt Huron eben auch in seinem Buch.

Wer die Reise in die Welt der Klassik als Entdeckungsprozess versteht, durch den er Schicht für Schicht tiefer hineindringt in dieses Universum, der wird im Prozess selbst viele Genussmomente erleben. Ob sie im Glück des Verstehens einer Struktur liegen, in der aufgeregten Erwartung dessen, was vielleicht kommt, in der Verblüffung über eine witzige Wendung der Melodie oder aber in dem Gewahrwerden dessen, dass die Musik einen gerade für ein paar Minuten ganz woanders hingetragen hat. Können Sie sich vorstellen, wie aufgeregt und glücklich ich werde, wenn ich in einer mir lange bekannten Partitur plötzlich ein neues Konstruktionsprinzip erkenne, das meinen Blick noch einmal völlig verändert? Eines kann ich versprechen: Wenn es auch mitunter ein wenig unbequem ist, es lohnt sich. Wer sich einmal hineinbegibt in die Welt der klassischen Musik, der wird nie enttäuscht.

Auch für junge Menschen sollte also gelten, dass die schönen Dinge im Leben, die prägenden Erfahrungen nicht immer ohne Anstrengung zu haben sind. Ich habe das in meiner Kindheit gelernt, als der Genuss des musikalischen Erlebnisses zunächst einmal darin lag, einen Lauf endlich schnell genug und vor allem richtig zu spielen, als ich also das Glück des Könnens erfuhr. Bis dahin hatte mich meine Mutter mitunter wie einen kleinen Esel bergauf getrieben. In der klassischen Musik geht es den Berg zuweilen ziemlich steil hinauf. Aber oben auf dem Gipfel eröffnet sich ein herrlicher Blick.

KLASSIK ODER POP?   Ich habe – in durchaus provozierender Absicht – soeben eine reichlich abfällige Bemerkung über die Popmusik gemacht und sie als oberflächlich, weniger tiefgängig und simpel klassifiziert. Zumindest ist sie weniger komplex und damit vielen Menschen deutlich leichter zugänglich. Vielleicht ist der Unterschied etwa so, wie ein Thriller auch viel schneller zu lesen ist als Goethes *Faust* oder Dantes *Inferno*. Nur sind der Erkenntnisgewinn und das sich darauf einstellende Gefühl der Befriedigung aus Goethes *Faust*, so man sich denn einmal die Mühe macht, dort tiefer einzusteigen, um ein Vielfaches größer als bei der simplen Unterhaltung durch einen Kriminalroman, und sei ihr Autor noch so berühmt und der Plot ungemein fesselnd. Nun ist dieser Vergleich zugegebenermaßen ziemlich schlicht. Auch weiß ich, dass ein guter Thriller höchste Kunst sein kann. Und wahrscheinlich ist die Unterteilung in Unterhaltungs- und ernste Musik, also in leichte und wirklich hohe, komplexe, tiefe, schwere Kunst reichlich unangebracht. Nicht alles, was leicht zugänglich ist, ist Unterhaltung. Und auch der Komplexitätsgrad eines Musikstücks wird nicht dafür herhalten können, wahre Kunst von Unterhaltung zu unterscheiden. Immanuel Kant hat zwischen »angenehmer« und »schöner« Kunst eine Linie gezogen. Beide Künste reizen den Menschen in ästhetischer Hinsicht. Dabei sei die angenehme Kunst jene, die dem reinen Genuss diene, der Unterhaltung eben, und nicht auf das Nachdenken zielte oder irgendeinen bleibenden Stoff. Anders verhielten sich die Dinge bei der schönen Musik, die Lust zum Zweck der Erkenntnis hervorrufe.

Die Unterteilung der Musik gab es also bereits im 18. Jahrhundert. Kant hatte sie an den Zweck geknüpft, nicht an irgendeinen Musikstil, so wie das heute der Fall ist. Ich selbst will mir, nur weil ich mich auf klassische Musik spezialisiert habe, kein Urteil über die Qualität von Musik unterschiedlichster Genres erlauben und schon gar nicht darüber urteilen, welche die höhere und welche die niedere Kunst ist. Urteile fällt allein die Zeit, in der sich die Beständigkeit der jeweiligen Schöpfung zeigt. Mag so manche Sonate aus dem Sammelsurium der Werke selbst anerkannter Komponisten eher zur Unterhaltung denn zur ernsten Musik gezählt werden, weil sie die Zeit nicht überlebt, so ist andererseits kaum zu bestreiten, dass der gar nicht so komplexe Song »Imagine« von John Lennon ein großartiges Zeugnis musikalischer Schaffenskraft ist, das die Zeit überdauert – hohe Kunst, Hochkultur auf dem Gebiet des Pop, zeitlos nicht nur in seiner musikalischen Form, sondern eben auch der politischen Aussage.

Von meiner Profession her bin ich ein Spezialist für die Klassik und deshalb per definitionem auch kein großer Fan jener Gattung, die meint, das Beste aus E- und U-Musik herauszuholen und zu verbinden, also der sogenannten Crossover-Musik. Aber vielleicht ist auch das schon das falsche Wort. Vielleicht sollten wir endlich damit aufhören, in »E« und »U« zu unterteilen, sondern nur mehr in verschiedene Stilrichtungen, und die Zeit ein Urteil sprechen lassen. Große Musik ist der Zeit enthoben. Sie hat uns etwas zu sagen. Und sie steht über jeglicher Klassifikation. Sie ist einfach da.

Interessant ist, dass wir an die klassische Musik gern die Frage stellen, ob sie noch zeitgemäß ist. Wer käme auf die Idee, Texten von Aristoteles oder Augustinus, Theaterstücken von Lessing oder Romanen von Theodor Fontane ihre Bedeutung und Gültigkeit abzusprechen, nur weil sie ein paar Jahrhunderte oder mehr als tausend Jahre alt sind? Als ich Daniel fragte, ob er sich vorstellen könnte, dass die klassische Musik irgendwann vielleicht ganz verschwinden würde, schaute er, der Gitarrist und Rockmusiker, der auf dem Klavier auch viele klassische Kompositionen spielen kann, mich entgeistert an: »Niemals, das wäre, als würde irgendwann Shakespeare verschwinden. Kannst du dir das vorstellen?«

EINE FRAGE DER PERSPEKTIVE   Musik bewirkt in jedem etwas anderes. Sie ist ja semantisch vollkommen unbestimmt, spricht nicht konkret zu uns, sondern abstrakt. Sie setzt einen Erkenntnisprozess in Gang, eine vielleicht durch das Gefühl hervorgerufene Nachdenklichkeit, die Entwicklung einer Vorstellung für unser Handeln, die mit einer Ahnung beginnt. Nur wäre es ein Irrtum, aus dem Erleben einer Symphonie heraus sofort einen neuen konkreten Impuls zu erwarten, eine Idee, vielleicht sogar eine gesellschaftliche Vision. So einfach ist das nicht. »Input« und »Output« stehen in keinem Verhältnis, das sich in Form von linearen, antiproportionalen oder ähnlichen Funktionen formulieren lässt, um das Ergebnis eines wie auch immer gearteten Einsatzes genau zu berechnen. Es gibt keine genau bestimmte gesellschaftliche Rendite der Künste. Muss ich auf Heller und Pfennig vorhersagen können, wie sich die Politik eines Staatschefs verändert, wenn er ein Jahr lang jeden Monat in ein klassisches Konzert geht und sich am besten vorher noch die Einführung des Veranstalters anhört?

»Meine Lieblingsdefinition von Musik ist, dass sie dich veranlasst, die Welt anders« zu betrachten als vorher«, sagt Daniel. Wir sitzen schon zwei Stunden in seinem kleinen Büro. Seine Akustikgitarre lehnt an der Wand neben seinem Schreibtisch. Jederzeit griffbereit, um etwas zu demonstrieren. Wenn man ein Musikstück höre, werde man seine Umwelt danach auf eine andere Weise wahrnehmen – meistens unmerklich für einen selbst. Davon ist er zutiefst überzeugt. Musik führe dazu, dass sich im Gehirn neue Verbindungen ergeben, andere als vorher. Wie der Einfluss der Musik das Gehirn dazu veranlasst, neue Verbindungen entstehen zu lassen – das ist offenbar noch immer ungeklärt. »Das ist das Wunder, das Musik in Gang setzt.«

Ein Wunder von ziemlicher Relevanz. Der initiierte Perspektivwechsel, die Möglichkeit, die Welt aus einem anderen Blickwinkel zu sehen, kann eine Chance sein, Beziehungen zu verändern, festgefahrene Ansichten aufzubrechen und Fragen auf ganz neue Art zu lösen. Aber wie funktioniert der Perspektiv-wechsel genau? Wieso bringt uns Musik dazu, die Welt einmal anders zu betrachten?

»Es gibt zwei Zustände des Gehirns«, sagt Daniel. Er nennt das den Task-Mode und den Daydreaming-Mode. Unser Gehirn ist immer dann im Task-Mode, wenn wir eine Aufgabe erledi-gen, sei es, ein Musikstück zu lernen, nach einem Rezept ein Menü zu kochen oder den Weg auf einer Landkarte zu finden. Der Daydreaming-Mode ist jener Geisteszustand der Abschwei-fung und Versonnenheit, der dann gegeben ist, wenn uns je-mand fragt: »Was denkst du?«, und wir »Ach, nichts« oder »Weiß nicht« antworten. »Der Daydreaming-Mode ist wichtig für unsere Geschichte hier«, sagt Daniel. Die Gedanken wür-den frei, neue Verbindungen zu schaffen, so wie es auch im Traum geschehe, wenn ein Sessel plötzlich zum Auto werde, mit dem man über das Meer fahre. Das passiert nur, wenn das Gehirn die Freiheit für solche Verbindungen hat. In diesem Zu-stand sind nämlich andere Hirnregionen aktiv als jene, die für konzentrierte Arbeit notwendig sind. Es ist plötzlich ein ganz anderes neuronales Netzwerk in Aktion. In jenem Zustand entstehen neue Gedanken oder Verbindungen, die auf Ebene der Neurowissenschaft gesprochen nichts anderes bedeuten, als dass sich Neuronen milliardenfach über Synapsen neu ver-binden. »Wenn wir Probleme lösen wollen, ist das oft mit ge-radlinigem Denken nicht möglich«, sagt Daniel, »egal ob es sich um Aspekte des Klimawandels, den Hunger in der Welt oder auch einen heraufziehenden kriegerischen Konflikt handelt.« Kreative Lösungen sind gefragt, nicht das geradlinige Denken, das aus dem Task-Mode heraus unser Handeln bestimmt.

Und was hat die Musik damit zu tun? Im Gehirn gibt es of-fenbar einen Mechanismus oder »Schalter«, der den Wechsel von einem Zustand in den anderen organisiert. »In meinem La-bor in Stanford haben wir entdeckt, wo dieser liegt«, sagt Daniel. Er befindet sich in der sogenannten Inselrinde. Die Funktionsweise sei noch nicht erforscht. Sicher sei aber, dass Musik auf diesen Mechanismus wirke und in der Lage sei, den Menschen aus seiner Konzentration heraus in einen Zustand des Tagträumens zu versetzen. »Auch ein Sonnenaufgang kann das«, sagt Daniel. Aber Musik ist dann seiner Meinung nach eben doch einzigartig: »Sie beschäftigt uns auf längere Zeit in einer Art, wie es ein Bild oder auch ein Sonnenaufgang nicht vermögen.« Durch ihren Puls würden wir synchronisiert. »Wir kommen nicht von ihr weg.«

Mit der Musik vergisst der Hörer die Zeit. Musik ist zeitgebunden, und doch erscheint der Zustand mit ihr zeitlos – der Daydreaming-Mode ist ein Zustand jenseits der physischen Dimension. Man verliert seine Sinne für die Umgebung, die Umwelt, für Raum und Zeit. Dabei unterscheiden sich Klänge und Melodien noch in einer anderen Hinsicht von Bildern oder einem Sonnenuntergang. »Bei Bildern bleibt das Gefühl, dass sie irgendwo da draußen sind, außerhalb des Körpers«, sagt Daniel, Musik aber dringe über das Ohr in uns ein. Wir hätten sie direkt im Kopf. Und wenn sie ganz von uns Besitz ergriffen habe, uns in einen Zustand jenseits von Raum und Zeit versetze, dann sei der Weg frei für neue Verbindungen, für Kreativität, für neues Denken. Der Hirnforscher guckt mich an. Er lacht.

Unser langes Gespräch ist zu Ende. Zutiefst zufrieden verlasse ich Daniels Labor. Zufrieden, weil ich die Möglichkeit hatte, Musik einmal aus einer ganz anderen Perspektive heraus zu betrachten und über sie nachzudenken. Zufrieden aber auch, weil es auf die entscheidende Frage bis heute keine umfassende Antwort gibt: Warum hat Musik diese Macht über uns? Ein paar wenige Antworten, die mir faszinierend plausibel erscheinen, habe ich hier aufgeschrieben. Es gibt unzählige weitere überragend kluge und wichtige Erklärungsbeiträge. Das Geheimnis um die Macht der Musik aber ist bis heute nicht entschlüsselt. Und wenn die Musik ein Synomym für das Leben ist, wird sich daran auch nichts ändern. Im Gegenteil: Je intensiver wir danach trachten, das Geheimnis der Musik zu lüften, desto komplexer erscheint es uns. Ein vielschichtiges Rätsel. Genau darin liegt die kaum fassbare Qualität der Musik und am Ende ihre Macht.

BRUCKNER
Entgrenzung

Wenn ich über Anton Bruckner nachdenke, tauchen fast jedes Mal Jugenderinnerungen vor mir auf. Sie versetzen mich zurück nach Morro Bay, in das Haus eines Freundes, das Wohnzimmer seiner Familie mit dem großen Flügel, der immer gut gestimmt war. Es geschah genau dort, dass sich die Musik Anton Bruckners, ich würde fast sagen, mit der ihr eigenen Kühnheit, einen Weg in mein Leben brach – unmittelbar, ziemlich machtvoll, auf jeden Fall unvergesslich.

Das klingt fast so pathetisch wie Bruckners Musik selbst, wenn sie mit zu viel Verve dirigiert wird. Aber ich übertreibe nicht. Meine Entdeckung Bruckners an jenem Nachmittag war wirklich ein prägendes Ereignis in meinem Leben. Fast könnte man meinen, David und ich hätten damals eine Vinylplatte mit der Aufnahme einer Bruckner-Sinfonie aufgelegt, die Lautsprecher des Plattenspielers bis zum Anschlag des Knopfes aufgedreht, das Zimmer verdunkelt, uns mit geschlossenen Augen auf den Boden gelegt und die Bruckner-Musik auf uns einwirken lassen. Das war seinerzeit ein beliebter Zeitvertreib meiner Freunde und mir, dem wir die ganze Schulzeit über immer wieder nachgingen. Aber so war es mitnichten. Es kam alles ein bisschen anders.

David sagte mir morgens in der Schule ziemlich aufgeregt, dass er nachmittags unbedingt etwas mit mir durchspielen wolle. Er war schon damals ein sehr guter Pianist. Heute ist das sein Beruf. Wir waren Teenager und spielten gelegentlich vierhändig Klavier zusammen. Insofern hätte mich seine Einladung zu sich nach Hause nicht weiter überrascht, wäre da nicht diese unterschwellige Ungeduld zu spüren gewesen. Verblüfft hat mich dann tatsächlich das, was er spielen wollte.

Als wir bei ihm zu Hause ankamen, zeigte er mir eine Ausgabe der 7., 8. und 9. Sinfonie von Bruckner für Klavier zu vier Händen. Wir begannen gleich auf der ersten Seite mit der Siebten und spielten sie mit zunehmender Begeisterung. Die Partitur war für geübte Pianisten ganz gut zu bewältigen. Natürlich mussten wir häufig neu ansetzen, uns da regelrecht durcharbeiten. Aber wir bekamen recht schnell eine gute Klangvorstellung, und schon ziemlich bald zog uns die Musik vollkommen in ihren Bann. David kannte sich in der Literatur und auch in Bruckners Musik ziemlich gut aus. Und auch für mich war Bruckner zumindest mit Blick auf seine Chorwerke vertraut. Natürlich wussten wir, wer Anton Bruckner war: ein österreichischer Komponist, der geradezu monumentale Musik schuf, die allerdings zu seinen Lebzeiten lange nicht anerkannt wurde und dessen Werke auch in meiner Kindheit und Jugend noch alles andere als gängiger Programmbestandteil sinfonischer Konzerte waren. Trotzdem war das hier so ganz anders als alles, was ich vorher gehört und gespielt hatte. Wahrscheinlich gab es seinerzeit kaum etwas Abwegigeres für zwei Jungen, als ausgerechnet Bruckner vierhändig auf dem Klavier zu spielen, vor allem angesichts der beginnenden Jugendrevolten in den späten sechziger Jahren. Aber wir musizierten eben hin und wieder zusammen.

Ich erinnere mich nicht mehr, ob mir mein Freund damals erzählte, woher er die Noten hatte. Aber das spielt im Rückblick auch überhaupt keine Rolle. Wichtig war, dass uns die Musik irritierte. Wir staunten, wunderten uns. Sie wühlte uns auf. Da war ein Komponist, der, anders als wir es in der Schule bei Professor Korisheli gelernt hatten, seine Musik nicht in klassischer Weise motivisch entwickelte, sondern seine musikalischen Gedanken in Blöcken nebeneinanderstellte. Schon damals beim Klavierspielen fiel mir auf, wie schwierig es war, diese Blöcke miteinander zu verbinden. Was hatte die eine Idee mit der nächsten zu tun? Es kam mir vor, als würden wir durch ein uns gänzlich fremdes Gebäude wandeln, uns umschauen und gewahr werden, wie sich immer neue Räume eröffnen. Wir waren dabei, etwas ganz Neues zu entdecken, eine Musik, die wir so noch nicht kannten und nicht wirklich verstanden, von der wir aber ahnten, dass sie uns etwas zu sagen haben würde.

Ich glaube, jeder hat solche Jugenderinnerungen – etwas Bedeutendes voller Wunder, Überraschung und Staunen, irgendwie juvenil tiefsinnig, auf die eine oder andere Weise lebensbegleitend. Das muss nicht unbedingt Musik sein, für andere war es vielleicht die Entdeckung der Literatur von Hermann Hesse oder Friedrich Nietzsche oder der Poesie von Rainer Maria Rilke. Für mich war es eben Bruckner. Solche Ereignisse bilden die Substanz an Erfahrungen, die ihre Wirkungsmacht erst über die Zeit richtig entfalten, weil sie einfach nicht verblassen, sondern in der Erinnerung mit jedem Jahr an Größe gewinnen und vielleicht wirklich eine lebenslange Leidenschaft begründen.

Die sinfonischen Kompositionen Anton Bruckners blieben für mich lange eine Art musikalisches Geheimnis. Sie sind es vielleicht bis heute, obwohl ich mich mit ihnen so eingehend befasst habe wie mit wenigen anderen musikalischen Schöpfungen. Worin liegt ihre Macht? Warum bewegt mich die Musik so sehr? Was bewirkt eigentlich, dass mich ausgerechnet Bruckners Sinfonien bis heute in eine ganz andere Welt katapultieren können, in eine Welt entgrenzter emotionaler und spiritueller Erfahrungen? Keine festgelegte Zeit, expandierende Räume – das ist für mich Bruckner.

Meine Entdeckung Bruckners fiel in eine Zeit, in der das Interesse an seiner Musik und insbesondere an seinen großen Sinfonien zaghaft zu wachsen schien. In den sechziger Jahren begannen namhafte Dirigenten seine Werke aufzuführen und vor allem einzuspielen. Zunächst war es Eugen Jochum, der in den Jahren 1958 bis 1967 alle neun Sinfonien aufnahm. Schon 1926, mit gerade einmal 24 Jahren, debütierte er bei den Münchner Philharmonikern mit Bruckners 7. Sinfonie und galt fast vier Jahrzehnte später als unangreifbarer Bruckner-Interpret. Eine der ersten Vinylplatten überhaupt, die ich mir von meinem eigenen Taschengeld kaufte, war eine Bruckner-Einspielung. Sie muss von Jochum gewesen sein, sicher die Siebte. Danach folgten viele namhafte Kollegen, von denen besonders zwei für ihre Bruckner-Interpretationen viel diskutiert und gerühmt wurden: Sergiu Celibidache und Günter Wand. Celibidache, der 1979 die Leitung der Münchner Philharmoniker übernahm, faszinierte vor allem durch seine atemberaubend langsamen Tempi, in denen er die Bruckner-Sinfonien vortrug.

Mein persönliches Verständnis von Bruckner hat vor allem Günter Wand geprägt, dessen Name sich wie kein anderer mit dem österreichischen Komponisten verbindet. Er pflegte sich jahrelang immer wieder mit der Partitur einer einzigen Sinfonie und ihren verschiedenen Fassungen zu beschäftigen, bevor er sich für eine Variante entschied und sie zur Aufführung brachte. Zu Bruckner hatte er unendlich viel zu sagen. Während unserer langen Freundschaft lernte ich viel von ihm, vor allem über Bruckner und darüber, was Recherche, Werkerkenntnis und schließlich Werktreue wirklich bedeuteten.

Günter Wand war nach Olivier Messiaen und Leonard Bernstein wahrscheinlich mein letzter großer Lehrer. Unsere Beziehung, die sich nach Jahren intensiver Zusammenarbeit zu einer tiefen Freundschaft entwickelte, währte bis zu seinem Tod 2002. Als ich ihn kennenlernte, war ich Anfang vierzig und hatte einige Jahre zuvor zusätzlich zu meinem Engagement an der Opéra de Lyon noch die Leitung des Hallé-Orchesters

von Manchester übernommen. Wand leitete damals das Rund-
funkorchester des NDR in Hamburg, das mich als Gastdirigent
für Mahlers Märchen-Kantate *Das klagende Lied* engagiert hatte. Als mir die NDR-Musiker sagten, dass Wand nach Hamburg
zurückkehren und mit ihnen die Neunte von Bruckner proben
würde, beschloss ich kurzerhand, meinen Aufenthalt um einen
Tag zu verlängern, um dieser Probe beizuwohnen. Eingeladen
hatte er mich nicht. Ich wagte es, mich einfach still und leise
ganz hinten in den Konzertsaal zu setzen.

Unter uns Dirigenten ist so etwas vollkommen unüblich. Die
Gepflogenheiten verlangen eigentlich mehr Respekt und zumindest die Frage danach, ob man erwünscht sei. In der Proben-
pause kam auch gleich einer der Musiker auf mich zu und teilte
mir mit, dass der Maestro mich sprechen wolle. Ziemlich ner-
vös entschuldigte ich mich zunächst für meine unerbetene Präsenz. Doch noch bevor ich überhaupt zu Ende gesprochen hatte,
winkte er ab und hieß mich willkommen. Es sei, gestand er mir,
das erste Mal während seiner langen Jahre in Hamburg, dass
sich überhaupt ein anderer Dirigent für seine Arbeit mit dem
Orchester interessierte. Und schon bald befanden wir uns – mitten auf der Bühne – in einer Diskussion über Mahlers Neunte
und seine Märchen-Kantate, die ich zuvor dirigiert hatte.

Nach dieser ersten Begegnung trafen wir uns häufig, sprachen über die Orchesterwerke von Schubert und anderen Komponisten und befassten uns vor allem mit Bruckners Sinfonien
Nr. 3 bis 9. Ich besuchte seine Proben, beobachtete sein Dirigat,
verfolgte jeden seiner Hinweise. Während unserer Gespräche
saugte ich sein Wissen auf. Unsere Auseinandersetzung mit der
Musik Bruckners führte uns schon bald zu den ganz existenziellen Fragen des Lebens, die nicht nur persönliche Werte und
Einschätzungen, sondern auch den Glauben berühren. Natürlich war Günter Wand für mich in Sachen Bruckner eine un-
umstößliche Autorität. Kaum jemand kannte das Werk des ei-

genwilligen Österreichers so gut wie er. Was er sagte, war für mich in jeder Hinsicht bedenkenswert, auch wenn wir nicht immer einer Meinung waren. Günter Wand entschied sich häufig für spätere Fassungen der Sinfonien, für die Überarbeitungen also, weil sie, so meinte er, den Idealvorstellungen des Komponisten wohl am nächsten kämen. Ich aber begann mich zunehmend für die Urfassungen zu begeistern, die mir viel kraftvoller, schroffer, radikaler und auch moderner erschienen.

Für Wand waren Bruckners Sinfonien hoch spirituelle Erfahrungen, wenn sich der Komponist mit dem Jenseits beschäftigte, seine Verbindung zu Gott und die Vorstellung eines Lebens nach dem Tod in Klänge fasste. Auch die Natur spiegelt sich in Bruckners Sinfonien, seine Naturbetrachtungen sind dabei voller Spiritualität. Günter Wand sagte mir einmal, dass es für ihn eine Art Zweiteilung seiner Sinfonien gebe. Die Fünfte und die Neunte seien ganz anders als die Dritte, Vierte, Sechste, Siebte und Achte. Fasse man die Sinfonien als Dialoge mit dem Jenseits auf, dann führe die Richtung in der Kommunikation in der Fünften und Neunten von oben nach unten, vom Himmel auf die Erde. In allen anderen Sinfonien sei die Richtung die umgekehrte: Die Menschen auf der Erde rufen ihre Worte gen Himmel in der Hoffnung auf Antwort. Ich weiß nicht, ob man so etwas hören oder empfinden kann. Ich weiß ja noch nicht einmal, ob ich das immer so empfinde. Günter Wand jedenfalls gab mir dies als unumstößliches Faktum mit auf den Weg, mit dem ich mich auseinandersetzen sollte.

Anton Bruckner erschien der Öffentlichkeit als recht widersprüchlicher Mensch: ein musikalisches Genie, das wie kaum ein anderer wagte, die Musik in völlig neue Dimensionen zu führen. Auf der anderen Seite hielt sich über Jahrzehnte das Klischee, dass es sich bei ihm um einen devoten, verunsicherten und gleichzeitig stark geltungsbedürftigen Lehrersohn vom Lande handelte, dessen wegweisende musikalische Hinterlassenschaft mit seiner Person nicht in Übereinstimmung zu bringen sei. Die ihm zugeschriebene Skurrilität führte dazu, dass bald eine Vielzahl von Anekdoten über ihn im Umlauf war. Als Person nahm man ihn noch weniger ernst denn als Künstler. Diese Dichotomie hielt sich noch viele Jahrzehnte nach seinem Tod 1896 in Wien. Gustav Mahler hatte mit seinem Ausspruch, Bruckner sei »ein einfältiger Mensch – halb Genie, halb Trottel«, dessen Wahrnehmung auf Jahre hinaus geprägt.

Zu seinen Lebzeiten wurde Bruckner über Jahre als Komponist weitgehend verkannt. Als Orgelvirtuose war er auch über den deutschen Sprachraum hinaus bewundert und anerkannt, als Professor für Harmonielehre, Kontrapunkt und Orgelspiel am Konservatorium in Wien durchaus akzeptiert. Als Komponist aber war er bestenfalls umstritten. Die Ablehnung seiner Musik stand der von ihm ersehnten Anerkennung diametral entgegen. Seine zum Teil höchst devote Haltung politischen und künstlerischen Autoritäten gegenüber war mit seinem Selbstbewusstsein und seinen Ambitionen als Sinfoniker kaum in Einklang zu bringen. Erst im Alter von sechzig Jahren gelang ihm 1884 mit seiner 7. Sinfonie der Durchbruch. Er hatte sie in den Jahren 1881 bis 1883 geschrieben und unter dem Eindruck des Todes des von ihm zutiefst verehrten Richard Wagner das berühmte Adagio komponiert. Bezeichnenderweise fand die Uraufführung in Leipzig statt und nicht in Wien, wo sich ein gnadenloses Kritiker-Trio unter Leitung des einflussreichen österreichischen Musikästhetikers Eduard Hanslick über Jahre daran versuchte, nicht nur Bruckners Musik, sondern auch ihn persönlich zu diskreditieren.

Ein Jahr später wurde die Siebte auch in München begeistert aufgenommen, unter dem Dirigat seines Freundes und Förderers Hermann Levi. Die Wiener Kritiker blieben dennoch skeptisch und abschätzig. Als führender Kritiker bezeichnete Hanslick ausgerechnet die erfolgreiche Siebte als sinfonische

»Riesenschlange« und Bruckner als einen Komponisten, der im Moment des Komponierens zum Anarchisten werde; einer, der alles opfere, was »Logik und Klarheit der Entwicklung, Einheit der Form und Tonalität« heiße.

Wenn ich diesen Satz heute deuten soll, dann denke ich, der scharfe Kritiker hat Bruckner schon trefflich charakterisiert, auch wenn er es natürlich keineswegs positiv gemeint hatte, sondern mit einer negativen Konnotation versehen wollte. Bruckner musste sich, angetrieben von seinem inneren Ausdrucksbedürfnis, über die gängigen Kompositionsregeln schlichtweg hinwegsetzen, weil sie ihm für seine Klangvorstellungen zu eng geworden waren. Dass genau darin die Modernität des Künstlers lag, konnten seine im Zeitgeist verfangenen Kritiker trotz ihrer enormen Expertise einfach nicht begreifen. Vielleicht ist es das Schicksal aller extrem fortschrittlichen Künstler, der Preis, den sie zahlen, wenn sie die Kunst allzu gewagt der Zukunft entgegentreiben.

Für sein Dasein als Komponist zahlte Bruckner zeitlebens tatsächlich einen hohen Preis. Es war jener der Einsamkeit, die weniger darin gelegen haben mochte, dass er unverheiratet und weitgehend allein, sondern vielmehr vollkommen unverstanden blieb und etliche seiner bedeutenden Werke erst nach seinem Tod uraufgeführt wurden – wie die 5. und die 6. Sinfonie, deren Erklingen er nie erleben konnte. Bruckner hatte sein Leben lang Schwierigkeiten, einen Verleger für seine Partituren zu finden – von Honoraren, die er damit hätte einstreichen können, ganz zu schweigen.

Seine Sinfonien galten nicht nur ihrer Länge wegen als überdimensioniert, sondern auch als unspielbar. Die Sinfonie selbst schien sich als Kunstform mit Beethoven erschöpft zu haben, der sie mit seinem Werk vollendete. Konnte nach Beethoven noch etwas von sinfonischer Bedeutung kommen? Wenn ja, dann nur etwas, was vollkommen anders war. Dabei war Beethoven zu Lebzeiten erfolgreich, Bruckner blieb das verwehrt. Ein Grund dafür mag darin liegen, dass Beethoven zu seiner Zeit bereits als Komponist von Ideen erkannt wurde. Einer, der die bahnbrechenden Errungenschaften der Aufklärung und des Liberalismus in seinen Werken thematisierte, die Anfang des 19. Jahrhunderts die gesellschaftlichen Verhältnisse in ganz Europa umwälzten. Dabei wird häufig vergessen, dass Beethoven in seinen späten kammermusikalischen Werken so anders, so neu komponierte, dass er vom Gros des Publikums auch nicht mehr verstanden wurde.

Oft frage ich mich, wie schwer erträglich es für einen Künstler sein muss, wenn seine Werke über Jahrzehnte noch nicht einmal in Ansätzen begriffen werden. Selbst seine Freunde hatten mit seinen Kompositionen und ihrem übersteigerten Ausdruck Schwierigkeiten. Geradezu legendär ist die zutiefst erschrockene Reaktion Hermann Levis, als ihm Bruckner nach drei Jahren des Komponierens seine 8. Sinfonie zukommen ließ. Levi, den Bruckner nach der so erfolgreichen Münchner Aufführung der Siebten im Überschwang seiner Emotionen als »künstlerischen Vater« bezeichnet hatte, konnte mit der Achten kaum etwas anfangen: »Kurz gesagt, ich kann mich in die 8te Sinfonie nicht finden, und habe nicht den Mut, sie aufzuführen«, schrieb er an Bruckners Schüler, dem es damit aufgetragen war, dem Komponisten die vernichtende Nachricht zu überbringen. Levi wollte nicht urteilen, doch er fürchtete sich vor dem Widerstand des Orchesters angesichts der »unmöglichen Instrumentation« – und des Publikums. Darüber hinaus verstörte ihn die angebliche Ähnlichkeit des neuen Werks mit der Siebten und die vermeintliche Schablonenhaftigkeit der Bruckner'schen Komposition. Er empfahl eine Umarbeitung.

Bruckner hat seine neun »gültigen« Sinfonien immer wieder überarbeitet – zum Teil noch Jahrzehnte nach ihrem Entstehen. Musikwissenschaftler hat er damit vor kaum lösbare

Aufgaben der Einordnung seines Werks gestellt und uns Dirigenten immer wieder vor die Frage, welche Fassung wir den Hörern präsentieren sollen. Denn bei den Überarbeitungen handelt es sich nicht etwa um kleine Korrekturen eines in sich stimmigen Werkes, sondern um zum Teil einschneidende Veränderungen, mit denen er meinte, seine in ihren Urfassungen fast archaischen Klanggebilde dem Zeitgeist anzupassen. Sie sollten geschmeidiger, verständlicher werden. Immer wieder waren seine Werke nicht nur bei Kritikern, sondern auch bei Freunden und Förderern auf Unverständnis gestoßen. Nicht nur die Häme, vielmehr noch aufrichtig gemeinte Ratschläge nahm sich Bruckner stets zu Herzen. Er komponierte daraufhin lange Passagen um oder ganze Sätze neu, er kürzte, vereinfachte.

Unzählige Male habe ich die Fassungen im Einzelnen studiert und verglichen. Oft habe ich mich gefragt, ob sich Bruckner der enormen Innovationskraft seiner Urfassungen überhaupt bewusst war. Ähnlich rigoros, wie er mit tradierten sinfonischen Gesetzmäßigkeiten brach, ging er in der Überarbeitung seiner eigenen Urfassungen zu Werke, um Bahnbrechendes wieder zurückzunehmen, ihre Urwüchsigkeit zu stutzen, sie mit größerer kompositorischer Raffinesse zu versehen – ohne Respekt vor der eigenen frühen Leistung und vielleicht ohne die Erkenntnis des eigenen Anspruchs, der den ersten Fassungen zugrunde liegt. Ob er sich selbst in seiner Modernität nicht geheuer war? Darauf gibt es keine Antwort.

Für mich sind die Urfassungen seiner Sinfonien aufschlussreich und faszinierend. Sie sind moderner, visionärer und gewaltiger als ihre späteren Überarbeitungen. Ihre Wucht ist ungleich größer. Die Kraft, mit der sich die musikalischen Ideen hier Bahn brechen, ist für mich ganz unmittelbar zu spüren. Vor allem in den Urfassungen zeigt sich, wie innovativ und revolutionär Bruckner daranging, seine Ideen umzusetzen, Harmonien voranzutreiben, um sie dann wieder zu zerstören.

Wenn ich beschreiben soll, was seine Musik bei mir bewirkt, dann ist es eine Veränderung meines Zeit- und Raumgefühls. Alles wird größer und weiter, die Zeit verliert ihre Absolutheit, der Raum seine Begrenzung. Es sind die Auflösungserscheinungen unserer irdischen Dimensionen, die sich für mich in seiner Musik manifestieren, wenn sie mich davontragen. Nur, wie erreicht Bruckner diese Wirkung?

Nicht alles ist mit seinen Kompositionstechniken erklärbar, aber einiges schon. Ich will deshalb ein paar Punkte herausgreifen, die man ohne allzu große Theorie-Kenntnisse erkennen kann. Vielleicht werden Sie sich ihrer bewusst, wenn Sie das nächste Mal eine Sinfonie von Bruckner hören.

Zeit ist eine Dimension. Mit Bezug auf die Zeit sind Bruckners Sinfonien – allen voran die Achte – im Verständnis seiner Epoche überdimensioniert. Opern kannte man in der Länge, aber eine Sinfonie, die achtzig Minuten dauert, hatte es bis dahin noch nie gegeben. Diese Länge, gemessen in der Zeit unserer Armbanduhren, ist bis heute ungewöhnlich. Darüber hinaus ist Bruckners Musik vergleichsweise langsam, sie schiebt ihren Hörer förmlich aus der Zeit heraus – und in ausgedehnte Phrasierungen hinein, die sich in der Regel über 16 Takte ziehen. Auch das widerspricht den Kompositionsgepflogenheiten und Hörgewohnheiten Ende des 19. Jahrhunderts. Wenn sich eine Phrasierung dem Ende zuneigt, erfüllt den Hörer tatsächlich das Gefühl, eine Reise hinter sich zu haben. Doch bevor man dessen wirklich gewahr wird, zieht Bruckner einen schon wieder weiter und in das nächste Klangabenteuer hinein.

Dies alles führt zu einem allmählichen Verlust des Zeitgefühls, das der Komponist durchaus intendiert haben könnte. Dazu kommt der Umgang Bruckners mit seinem motivischen Material, das sich in schier endlosen Variationen durch den Satz einer Sinfonie zieht. Achten Sie mal darauf: Das Material durchläuft einen scheinbar nicht endenden Entwicklungsprozess. Die Variierung vollzieht sich allmählich wie eine ganz langsame Metamorphose. Das erreicht er dadurch, dass die Wiederholungen des motivischen Gedankens stets ähnlich klingen, es sich aber doch um immer neue Varianten handelt – mal ändert er die Tonart, was dem Motiv eine neue Klangfarbe verleiht, dann wieder variiert er die Geschwindigkeit, wieder ein andermal den Kontext. Die Veränderung des musikalischen Themas wirkt geradezu assoziativ, als ließe der Komponist seinen Gedanken freien Lauf. Die Verwandlung geschieht nahezu unmerklich. Und erst am Ende eines Satzes bemerkt der Hörer, dass er sich in einer anderen Welt befindet.

Diese Handhabung des Materials ist völlig neu, strukturell grenzenlos. Lässt man sich darauf ein und versucht, ausnahmsweise einmal nicht nach dem Anfang und Ende eines musikalischen Themas zu suchen, dann verliert die physikalische Zeit ihre Gültigkeit. Hätte er seine Sinfonie und in ihr die einzelnen Sätze mit der üblichen, konventionellen Struktur versehen, würden zunächst bestimmte Motive eingeführt, dem Hörer vorgestellt, entwickelt, verändert, schließlich wiederholt und zu einem Ende gebracht. Genau das macht Bruckner aber nicht. Die Musik blieb den Hörern seiner Zeit schon deshalb fremd. Ihnen fehlte die Struktur. Seine großen Kritiker wollten sich vielleicht gar nicht erst in der Zeit verlieren.

Ich will noch ein weiteres Beispiel dafür geben, wie es Bruckner gelingt, unser Zeitgefühl zu verändern und uns damit aus unserem Alltagsleben zu entführen. Gern setzt er zwei und drei Noten auf jeweils einen Taktschlag im Wechsel ein, Duolen und Triolen. Dadurch kreiert er ein geradezu typisches Merkmal seiner Musik, einen einfachen Rhythmus, der sich durch sein gesamtes Werk zieht. Zwar sind Taktstruktur und alle weiteren rhythmischen Gesetzmäßigkeiten genau definiert und werden streng eingehalten, nichts gerät bei Bruckner durcheinander. Aber beim Hörer erzeugt diese Kombination des Wechsels zwischen zwei und drei Noten auf einen Taktschlag ein ungewohntes Gefühl von Bewegung. Der Hörer beginnt, den Taktstrich zu vergessen. Er verliert dadurch das Empfinden dafür, wo die Eins ist, oder anders gesprochen: Der Downbeat büßt seine Macht ein. Downbeat – das ist in der Musiktheorie die betonte Zählzeit in einem Takt, zum Beispiel die Eins des üblichen Eins-zwei-drei eines Walzers. Der Hörer verliert sich darin, die Zeit löst sich auf.

Stellen Sie sich einfach vor, Sie würden in so einem Walzer die Eins nicht mehr finden. Gerät diese uns so gewohnte Akzentuierung aus dem Blick, dann ergibt sich ein geradezu befreiendes Gefühl, ein Schweben in der Musik, ein Schwimmen im Wasser, das fließt. Die Musik wird zur Natur, zu Wind oder zu in der Luft wirbelnden Herbstblättern, die keine Takte und keinen Downbeat kennen. Wenn man als Hörer diese klassische Zeiteinteilung der einzelnen Takte und ihrer Schwerpunkte nicht mehr findet, dann fühlt man die Zeit und ihre bedrohliche Mechanik nicht mehr. Dann zerfließen die Grenzen, und es öffnet sich das Universum.

Die zweite Dimension, der uns Bruckner mit seiner Musik enthebt, ist der Raum. Im Zusammenhang mit seinen Sinfonien wird häufig von Klang-Architektur gesprochen. Ähnlich wie ein Architekt konzipiert er Bauten und Räume. Unvermittelt tauchen seine musikalischen Motive auf, er errichtet sie im Raum. Dabei stellt Bruckner die verschiedenen Instrumentengruppen häufig kraftvoll gegeneinander. Manchmal auch ein Instrument solistisch gegen das ganze Orchester, vorzugsweise die Holzbläser, was den Klangraum in dieser Kontrastierung noch größer erscheinen lässt. Dann schichtet und türmt er Harmonien auf, Stockwerk um Stockwerk, um der Musik ihren monumentalen Charakter zu verleihen. Er baut riesenhafte Bögen, die bei genauer Analyse der Partitur plötzlich hervortreten und die ich als Dirigent dem Hörer deutlich machen muss. Bruckner arbeitet mit Wiederholungen, einer Technik, die ein Vakuum suggeriert, den Raum. Er setzt neues motivisches Material, manchmal auch nur Fragmente einer Idee unvermittelt in diesen musikalischen Kontext. Oder er stellt sie einfach nebeneinander, sodass ein ganzes Panorama entsteht. Gebäude tauchen eines nach dem anderen auf oder auch Berge, die Alpen. Man könnte an ein Gemälde denken, in dem vieles zufällig wirkt, bei genauer Betrachtung aber nichts dem Zufall überlassen ist. Alles steht miteinander in Verbindung.

Bruckner zieht gigantische Klangblöcke in die Höhe, die seinen Werken ihre Erhabenheit verleihen. Die Dynamik, mit der er arbeitet, trägt genauso wie die Harmonien dazu bei, die Architektur seiner Werke hervorzuheben. Laut und Leise, klangliche Opulenz bis ins Fortissimo, dann fast unvermittelt wieder das höchstmögliche Piano, schließlich Totenstille in den jähen Generalpausen geben der Architektur ihre Kontur. Klangräume reihen sich nebeneinander, immer neue Räume öffnen sich – zum Teil in ihrer ganzen Gegensätzlichkeit, getrennt durch einen Moment absoluter, spannungsgeladener Stille. Diese Gegensätze begründen die empfundene Weite seiner Musik. Immer wieder bedient sich Bruckner darüber hinaus einer ganz einfachen, diatonischen Struktur, in der die feinsinnigen Harmonien ihre Stärke fast unmerklich entfalten können. Ein Schatten fällt über das Panorama, taucht es in eine andere Farbe. Noch bevor sich der Hörer dessen bewusst wird, ist der Zauber wieder vorüber, und es erscheint das Licht der Sonne.

In diesen Kompositionstechniken liegt die Klanggewalt seiner Sinfonien, die, bis auf die Siebte, Achte und Neunte mit den hinzugefügten »Wagner-Tuben«, für romantische Orchester einer Größe geschrieben sind, für die auch Brahms und Schumann komponierten. Und trotzdem erfüllt den Hörer der Eindruck, ein geradezu überdimensioniertes Orchester vor sich zu haben.

Seine Zeitgenossen hat seine Kompositionsweise hier fraglos überfordert: Gustav Mahler beschrieb sein Unbehagen mit Bruckners Werken mit dem Wort »Zerstücktheit« der Form. Andere sprachen von Formlosigkeit, weil er die Bauprinzipien klassischer Sinfonien hinter sich ließ. Deshalb ist es für mich so wichtig, Bruckners Werke so zu präsentieren, dass die Bauprinzipien in seinen Sinfonien erkennbar werden. Dafür muss ich sie zunächst erkennen. Wie bei allen großen Komponisten ist der Erkenntnisprozess ein nimmer endendes Unterfangen und der Tribut der unendlichen Tiefe ihrer Musik. Jedes Mal, wenn ich mich mit Bruckner befasse, entdecke ich neue Elemente seiner Klangarchitektur, weitere Verbindungen und Bögen. Das fühlt sich so an, als würde man ein berühmtes Bauwerk immer wieder besuchen und mit jedem Besuch immer tiefer in die Konstruktionsprinzipien eindringen; erst sieht man die Bögen, dann entdeckt man, dass bestimmte Fluchten Achsen bezeichnen, die aufeinander bezogen sind. Darin liegt ein Teil der Faszination seiner Werke.

Mit den von ihm erzeugten harmonischen Spannungen enthebt der Komponist die Klanggebäude ihrer Schwerkraft, so wie es moderne Architekten immer wieder versuchen, wenn sie einem Wolkenkratzer ein in sich verdrehtes Aussehen geben oder Fassaden in Schieflagen konstruieren, die eine Verschiebung des Schwerpunkts wider physikalische Gesetzmäßigkeiten suggerieren. Auf diese Weise ist es anders und neu. Bruckner löst Harmonien auf, wenn er seine Musik bis an die Grenzen zur freien Tonalität führt, seiner Klangarchitektur gewissermaßen mit dem Grundton das Fundament entzieht und sie zu schweben beginnt. Häufig wechselt er die Tonarten, führt eine in die andere über oder legt sich zunächst überhaupt nicht fest. Dann nutzt er alle zwölf Töne der chromatischen Tonleiter und versetzt seine Hörer damit in eine Art Schwebezustand, weil die tonartliche Basis fehlt.

Das ist nicht nur ein Aspekt für geübte Hörer oder Musiker, die in Musiktheorie besonders bewandert sind und die Mehrdeutigkeiten bei der Analyse der Partitur auf dem Papier erkennen. Es ist etwas, das man intuitiv erfahren kann, denn den fehlenden Grundton, das Ziel also, auf das die Musik für uns in so gewohnter Weise zustrebt, spüren auch musikalische Laien. Bruckner hatte keine Angst vor Dissonanzen. Lang lässt er sie klingen, schiebt sie derart selbstverständlich in den Raum, als hätte sich die Dissonanz schon zu seiner Zeit die Gleichberechtigung erobert und sich von ihrem untergeordneten Dasein eines stets aufzulösenden Intervalls nicht erst mit Arnold Schönberg emanzipiert.

Bruckner ist für seine Steigerungswellen berühmt. Seine Musik schwillt an. Eine Sinfonie beginnt wie aus dem Nichts, als wäre die Musik im Grunde schon immer vorhanden gewesen. Nur hätten wir sie eben nicht wahrgenommen. Das gibt ihr etwas Absolutes, das sich den Grenzen von Zeit und Raum entzieht. Kaum dass wir sie vernehmen, beginnt sie sich zu entwickeln. Gleichsam selbstständig und scheinbar unabhängig von ihrem Komponisten. Die Musik fließt dahin wie ein zunehmend mächtiger werdender, anschwellender Strom, der sich langsam und unabänderlich zu einer gigantischen Welle entwickelt, die ihren gebannten Betrachter förmlich verschluckt. Steht hier eine Expansion des Geistes dahinter, die Offenbarung eines Kompositionsgenies, den seine Arbeit über sich selbst hinausführt, bis er alle Grenzen sprengt und sich die Musik der Kontrolle ihres Schöpfers entzieht?

Ich weiß darauf bis heute keine Antwort. Das ist das Geheimnisvolle in Bruckners Musik, das mich immer wieder beschäftigt, wenn ich eine seiner Sinfonien auf das Programm setze und mich vorher erneut in die Partitur vertiefe. Bruckner war sich selbst manchmal nicht ganz geheuer. Geradezu erschrocken von seiner eigenen Kühnheit fragte er einmal einen seiner

Freunde, ob man so überhaupt komponieren »dürfe«. Vielleicht gründet in dem eigenen Unbehagen über die Unbändigkeit seines Geistes seine Empfänglichkeit für die Kritik, wenn er seine gewagten Sinfonien nach dem ersten Wurf zu überarbeiten begann, damit sie zeitgemäßer wurden. Er zähmte sich selbst, holte sich ein Stück weit zurück in seine Zeit. In der Rücksichtslosigkeit, mit der Bruckner seine Kompositionen an die Grenzen von Zeit und Raum trieb, waren sie viel zu fortschrittlich, eine Zumutung für den damals gängigen Musikgeschmack und ihrer Zeit weit voraus.

Bruckners Werke sind für mich ein expandierendes Universum, das die Ahnung seiner unendlichen Größe immer wieder aufs Neue nährt. Darin liegt ihre Wirkungsmacht, das Besondere, das große Kunstwerke ausmacht, das man aber auch dann nicht beschreiben kann, wenn man ein Musikstück kompositorisch ausführlich analysiert und die Tonsprache des Künstlers durchschaut hat. Da ist eben noch etwas anderes, etwas Größeres. Ich weiß nicht, was es ist. Aber die Musik Bruckners lässt mich ebenso wenig los wie die Johann Sebastian Bachs.

Der Grund, warum es mir so schwerfällt, darüber ganz konkret zu schreiben, ist, dass ich es nicht erklären kann. Diese beiden Komponisten sind, jeder für sich, auf unerklärliche Weise eine emotionale Konstante in meinem Leben. Die wenigen Gedanken, die ich hier aufgeschrieben habe, sind als Erklärung dafür vollkommen unzureichend. Sie sind nicht mehr als ein dürftiger Versuch der Annährung an Phänomene, über die ich am Ende gar nicht sachlich genug sprechen kann. In meiner Begeisterung und Hingabe für Bruckners Musik gäbe ich den schlechtesten Bruckner-Forscher ab. Vielleicht vergessen Sie besser wieder, was ich über Bruckner geschrieben habe. Ich denke an seine Musik. Sie erklingt in meinem Kopf. Und ich bin sprachlos.

KAPITEL 6
Die offene Frage

»Wenn du das Fliegen einmal erlebt hast, wirst du für immer auf Erden wandeln, die Augen gen Himmel gerichtet. Denn dort bist du gewesen, und dort wird es dich immer wieder hinziehen.«

Leonardo da Vinci, 1452–1519

Es gibt nicht einen Tag in meinem Leben, an dem Musik keine Rolle spielt. Sie ist immer da. Entweder probe ich, dirigiere, spiele Klavier, vertiefe mich in eine Partitur, oder ich denke über Musik nach – allein und viel öfter und lieber noch mit anderen. Die Gespräche, insbesondere mit Menschen, die Musik nicht zu ihrem Beruf gemacht haben, sind für mich nicht nur anregend, sondern ungemein wichtig. Sie sind meine Verbindung zur Erde, wenn ich einmal wieder dabei bin, mich im Universum der Musik gänzlich zu verlieren. Unter den Menschen, mit denen ich gesprochen habe, fanden sich Politiker, Wissenschaftler, Vertreter der Religionen und andere Künstler. In unseren Begegnungen habe ich immer wieder nach der Bedeutung klassischer Musik für ihr Leben gefragt. Wie mag die Musik ihre Entwicklung beeinflusst haben? Und welche Rolle spielt sie in unserer Gesellschaft? Keine der Unterhaltungen blieb lange auf der rein analytischen Ebene. Die Beziehung zur Klassik, die Liebe zu ihr ist eben eine zutiefst persönliche Angelegenheit. Einige dieser Gespräche gebe ich am Ende dieses Buches wieder.

HELMUT SCHMIDT – KEIN SINN FÜR PESSIMISMUS Das Büro von Helmut Schmidt bei der *Zeit* war klein, für mich fast ein wenig überraschend. Im Grunde hätte ich von einem Elder Statesman, der aus meiner amerikanischen Perspektive *die* politische Identifikationsfigur der Deutschen ist, ein viel geräumigeres Arbeitszimmer erwartet. Aber der Bundeskanzler a. D.,

Herausgeber der *Zeit*, residierte eben nicht. Er arbeitete wie jeder andere auch. So war er, ein echter Hamburger, ungeachtet all der Verehrung, die ihm in seinen späten Jahren entgegengebracht wurde, immer noch bodenständig. Typisch für ihn war das hanseatische Unterstatement.

Es ist schon einige Jahre her, dass ich ihn bei der *Zeit* besuchte, um mit ihm über die Bedeutung von klassischer Musik zu sprechen, über ihre Verbindung zur Politik, über die Notwendigkeit dauerhafter Präsenz der Künste in einer Gesellschaft, die ihrer zunehmend verlustig zu gehen scheint. So viel vorab: Mit Helmut Schmidt über Musik zu sprechen war ein Hochgenuss – bereichernd nicht nur durch seine tiefe Liebe zur klassischen Musik und seine exzellente musikalische Ausbildung; es war auch der gesellschaftspolitische Kontext, den er als Staatsmann und Publizist stets mitlieferte und immer mal wieder mit einer kräftigen Prise Süffisanz versetzte.

Ich erinnere mich lebhaft. Er sitzt hinter seinem Schreibtisch im Rollstuhl und raucht. Ich sitze ihm gegenüber. Eine Frage brennt mir auf den Lippen: Müsste sich die Politik nicht viel mehr in den Dienst der Künste, der Musik stellen, damit die klassische Musik nicht immer weiter zu einer Liebhaberei gesellschaftlicher Eliten degeneriert? Wer sollte dies mehr bejahen als der große Musikliebhaber Helmut Schmidt?

Für den Moment einer Art Kunstpause verschwindet der Altbundeskanzler in einer Wolke aus Rauch. Dann eröffnet er das Gespräch auf seine Weise: »War es jemals anders?«, fragt er. »Die Literatur, die Kunst waren immer eine Sache von sogenannten Eliten. Das Bedürfnis nach Kunst mag zwar auch im Volk vorhanden gewesen sein. Aber in den Genuss des Zugangs zur Musik, zum Theater ist doch meistens nur ein kleiner Teil der Gesellschaft gelangt. Heute ist das kaum anders als vor zweihundert Jahren oder in der Antike. Das Bedürfnis der einfachen Menschen ist erst mal das nach Brot und Wasser und einem Dach über dem Kopf – elementare Voraussetzungen des physischen Überlebens. Das ist viel wichtiger als die Befriedigung einer vielleicht nur latent vorhandenen Sehnsucht nach Musik, Malerei oder Architektur.«

Seine Skepsis gegenüber gesellschaftlichen Eliten und ihrer vermeintlichen Liebe zu den Künsten verhehlt Helmut Schmidt nicht.»Ich will mal eine freche Bemerkung machen. Herr Nagano, Sie dirigieren ja auch Opern. Ein Teil dieser Eliten, die die Oper konsumieren, taugt gar nichts. Sie gehen in die Oper, weil es sich so gehört und weil der Nachbar auch in die Oper geht. Ein typisches Beispiel dafür ist Bayreuth. Das Opernpublikum von Bayreuth besteht zum Teil aus Leuten, die viele Millionen im Jahr verdienen und von der Musik rein gar nichts verstehen. Aber einmal im Jahr begeben sie sich nach Bayreuth. Eine seltsame Elite ist das. Und ich würde sie nicht als Elite anerkennen wollen. In Bayreuth wird Wagner gegeben. An Wagner haben sich die alten Deutschnationalen festgehalten. Wagners Texte sind sehr betont national, insbesondere der *Ring*.« Der schärfste Kritiker von Richard Wagners *Ring* sei Friedrich Nietzsche gewesen. »Sie müssen mal *Nietzsche contra Wagner* lesen«, empfiehlt er mir. »Nietzsche hat schon richtig erfasst, dass sich ein nationaler Instinkt dahinter verbirgt.«

»Sie mögen die Oper so oder so nicht so gern. Warum eigentlich nicht?«, frage ich.

»Ich halte die Oper für eine verunglückte Kunstgattung.«

Erstaunt schaue ich ihn an. Ich weiß, dass er das nicht zum ersten Mal sagt. Aber es verblüfft mich dennoch, es so direkt aus seinem Mund zu hören. »Warum?«

»Die Musik als solche ist eine internationale Kunst, die Oper aber braucht die Sprache. Es gibt die Musik als internationale Kunst, ebenso die Malerei, die Bildhauerei, die Architektur. Alle anderen Künste, die Literatur, die Dramatik brauchen die Sprache, und die Sprachen sind national. Deswegen ist insbesondere die Oper eigentlich eine Zumutung gegenüber der Internationalität der Musik. Ich will aber nicht nur Schlechtes über die Oper sagen. Sie war eine sehr wichtige gesellschaftspolitische Institution und ist es heute wahrscheinlich immer noch.«

»Vielleicht könnte man Sie als einen Verfechter der ›absoluten Musik‹ bezeichnen oder zumindest als einen ihrer großen Liebhaber«, sage ich. »Als jemanden, der die Musik um der Musik willen liebt, ohne Text, frei von nichtmusikalischen Einflüssen.«

»Bach ist mein Idol«, sagt er ohne Umschweife.

»Meins auch«, gebe ich zurück.

»Seine Musik kann mich zu Tränen rühren. Die Texte, die Bach vertonte, haben mich indes nicht interessiert. Ich habe auch immer viel lieber Konzerte als Opern besucht.«

»Als Kind sind Sie hervorragend ausgebildet worden, Sie spielen sehr gut Klavier.«

»Das stimmt. Aber es ging ja nicht nur ums Klavierspielen. Als Siebzehnjähriger habe ich viele Kirchenlieder in vierstimmige Chorsätze gefasst.«

Ich staune, weil ich weiß, welche musiktheoretischen Kenntnisse und kompositorischen Fähigkeiten man dafür braucht und weil mir das ausgerechnet ein Politiker erzählt. Dazu gehört wirklich eine aus Laiensicht bereits ziemlich umfassende Ausbildung. »Wie stark hat Ihre musikalische Ausbildung Sie geprägt?«

»Unglaublich stark, so sehr, dass vieles andere und vor allem meine Allgemeinbildung in der Schulzeit total vernachlässigt worden sind. Als Schüler, schon mit sechs oder sieben Jahren, ging das los und dann mit zehn erst recht, gewaltig. Meine Schule hat mich zur Musik erzogen. Von dieser Welt der Musik bin ich heute vollkommen abgeschnitten.«

Immer wieder klingt eine tiefe Wehmut durch in unserem Gespräch, wenn er den Verlust der Musik konstatiert, den sein nachlassender Gehörsinn ihm seit Jahren zumutet. »Seit wann hören Sie keine Musik mehr?«

»Seit fünfzehn Jahren habe ich kein Orchester mehr gehört, kein Konzert mehr besucht. Wenn ich über Musik rede, dann geschieht das nur aus der Erinnerung.« Schmidt legt eine Pause ein. »Aus der Erinnerung eines uralten Mannes. Musik kommt bei mir als technischer Krach an. Ich kann nichts mehr hören, auch nicht, wenn ich Klavier spiele, was ich zwei- oder dreimal in der Woche immer noch tue. Ich kann mir Musik heute nur noch vorstellen. Wenn Sie mir eine Partitur vorlegen, kann ich mir vorstellen, wie die Musik, die dort notiert ist, klingt, aber ich werde sie nie mehr hören können.«

Ich kann mich kaum in seine Lage versetzen und wüsste nicht, wie still es würde, wenn ich Musik nicht mehr hören könnte. »Was bedeutet das für Sie?«

»Ich bin ein Schriftsteller, der die Musik nicht mehr genießen kann. Stellen Sie sich das vor: Ich schreibe ein Buch nach dem anderen, ganz ohne Musik. Das ist schrecklich. Wirklich ganz schrecklich. Für mich ein ganz schwerer Verlust. Mein Glück habe ich früher meistens in der Musik gefunden. Ihr Verlust ist für mich eine Katastrophe. Ich bin schließlich mit der Musik groß geworden. Vor allem der Musik wegen gingen meine Frau und ich an Weihnachten in die Kirche. Mit einigen berühmten Dirigenten war ich befreundet, mit Herbert von Karajan, Yehudi Menuhin, Sergiu Celibidache oder ›Lennie‹ Bernstein. Von Herbert von Karajan habe ich einmal einen Walkman bekommen, den ich unterwegs oft benutzte. Für mich persönlich ist die Musik, ob gesungen oder instrumentiert, von unglaublicher Bedeutung gewesen, mein ganzes Leben lang, solange ich sie hören konnte.«

Ich möchte wissen, woher seine Faszination für die Dirigenten kommt. »Liegt es daran, dass Dirigenten auch Führungspersönlichkeiten sind – wie Politiker?«

»Dirigenten haben mich immer sehr interessiert. Und wenn ich ins Konzert ging, dann meistens wegen der Dirigenten. Ich musste gar nicht unbedingt ein bestimmtes Orchester hören. Dirigenten sind Selbstdarsteller, die die Musik, die nicht ihre ist, interpretieren. Der Unterschied in der Selbstdarstellung zwischen einem Mann wie Lennie Bernstein und Herbert von Karajan ist enorm. Der eine ist temperamentvoll, aufgeregt, von großer Gestik, der andere sparsam und reduziert. Beide dirigieren Beethovens Neunte, und sie klingt vollkommen verschieden.«

Schmidt zündet sich wieder eine Zigarette an. Ich frage weiter: »Sind Sie mit Ihrer Passion für die klassische Musik unter den Politikern eigentlich eine Ausnahme?

»Das weiß ich nicht. Inwiefern die klassische Musik für Lyndon B. Johnson eine ähnliche Bedeutung hatte, kann ich Ihnen nicht sagen. Ich weiß auch nicht, ob das, was für mich galt, auch für meinen Bürgermeister in Hamburg Gültigkeit besitzt. Es kommt sehr auf die Erziehung des einzelnen Menschen an und was ihn geprägt hat. In meiner reformpädagogischen Schule, der Lichtwarkschule in Hamburg, waren Musik und Kunst das Wichtigste. Weder die Fremdsprachen noch die Naturwissenschaften spielten eine besondere Rolle. Das hat mich stark geprägt. Bis zu meinem achtzehnten Lebensjahr hatte ich das Berufsziel, mein Organisationstalent mit Gestaltung zu verbinden, in der Architektur im Städtebau. Aber dann kam alles anders. Ich wurde Soldat. Durch die Nazizeit und den Krieg wurde das alles völlig irrelevant. Die Pläne, die ich als junger Mann hatte, spielten einfach keine Rolle.«

»Würden Sie sagen, dass klassische Musik den Geist bildet?«

Helmut Schmidt antwortet schnell: »Ja, das ist so, uneingeschränkt.«

»Wie oft geht ein Politiker oder ein Staatsmann ins Konzert?«

»Selten. Zu selten. Ich hatte nur noch sehr wenig Gelegenheit, Musik zu hören. Sehr viel weniger, als ich gewollt hätte.«

Macht klassische Musik Politiker zu anderen, vielleicht besonneneren Staatsmännern?, will ich von Helmut Schmidt wissen. Oder anders: »Wie persönlichkeitsbildend wirkt die Musik?«

»Es gibt herausragende, erstklassige Staatsmänner, die die Verbindung zur Musik nie gebraucht haben. Es kommt also auf die Person an und auf die Zufälle des Lebenswegs, vor allem am Anfang, in den ersten zwanzig Jahren, genauer gesagt, im zweiten Lebensjahrzehnt, von elf, zwölf Jahren an bis zum zwanzigsten Lebensjahr. Diese Lebensphase ist entscheidend. Wenn man mit Musik aufwächst, so wie ich, dann prägt sie einen. Dann wird sie ein Leben lang Bedeutung haben. Vielleicht wird man sie sogar brauchen. Eine generelle Antwort aber gibt es nicht. Es gibt Politiker, die die Musik überhaupt nicht brauchen. Stattdessen brauchen sie die Literatur – Homer, Sokrates, Platon, Aristoteles, Sophokles, Anaximander und wie sie alle hießen. Ich kenne nur wenige Politiker unter den herausragenden Gestalten, die musikalisch wirklich engagiert waren. Es gibt mehr Musiker, die politisch engagiert sind, aber auch das ist eine Seltenheit.«

»Hat die Klassik derart an Bedeutung verloren?«

»Der Unterschied zwischen der Musik und der Politik ist sehr groß. Es sind zwei Felder, die sehr wenig miteinander zu tun haben, sich eigentlich kaum berühren.«

Und doch weist er auf eine Parallele hin, an die ich selbst nie gedacht habe:

»Musiker, die miteinander musizierten, spielten alle ein bisschen unsauber, absichtlich, wohltemperiert sozusagen oder pragmatisch gestimmt. Es klingt eigentlich erst seit Bachs *Wohltemperiertem Klavier* zusammen. Vorher hat die Geige ein Ais und ein B noch verschieden gespielt. Seit Bach haben sich die

Musiker darauf geeinigt, temperiert zu spielen, und so spielt auch die Geige beides als gleichen Ton.«

Schmidt zielt hier auf die wohltemperierte Stimmung, die Bach perfektionierte, indem er sein Tasteninstrument bewusst wider die physikalisch natürlichen Schwingungsverhältnisse reiner Intervalle stimmte. »Unsauber« bedeutet also im physikalischen Sinne unrein, ein Stimmungskompromiss, wenn man so will, mit dem positiven Effekt aber, dass sich alle Tonarten am Ende angenehm anhören. Das Zusammenspiel im Orchester konnte fortan in jeder Tonart richtig funktionieren.

»Und was hat das mit der Politik zu tun?«, frage ich weiter.

»Nicht anders verhält es sich in der Politik. Da spielen auch alle ein bisschen unsauber. Das Wesensmerkmal der demokratischen Politik ist der Kompromiss. Ohne den Willen zum Kompromiss ist eine Demokratie nicht möglich. Der typische Politiker allerdings hat meistens weniger das Bedürfnis nach einem klassischen Konzert. Er bevorzugt die Hymnen. Und die sind dann einstimmig und keine Kompromisse.«

Ich frage Helmut Schmidt nach der Verantwortung der Politik für die Künste: »Gibt es eine politische Verpflichtung, die Künste und mit ihnen die klassische Musik staatlich zu fördern, damit sie uns erhalten bleibt?«

»Meine Antwort darauf ist uneingeschränkt Ja. Unbedingt. Und es gibt genügend Politiker, die das begreifen. Dabei meine ich mit Kunst nicht Unterhaltung, also Musik minderer Qualität, für die die Menschen durchaus bereit sind zu zahlen. Diese Musik trägt sich selbst, sie hat ihr eigenes Publikum und braucht keine staatliche Förderung. Sie ist ihrerseits Teil des Problems, das Sie angesprochen haben. Das Publikum wird regelrecht überschwemmt mit Unterhaltungsmusik. Die andere, ernste Musik erreicht die Menschen immer weniger. Sie bedarf der staatlichen Hilfe. Ob das allerdings bedeutet, dass wir so viele Opernhäuser wirklich brauchen, ist eine andere Frage. Die Oper kostet einen Haufen Geld, die Hamburgische Staatsoper zum Beispiel bekommt öffentliche Zuschüsse von jährlich fünfzig Millionen Euro. Allerdings werden die Massen niemals in die Konzerthäuser strömen, um eine Sinfonie von Gustav Mahler zu hören, oder in die Oper für Verdi. Man muss sich überlegen, was man fordert, wenn man nach neuen Opernhäusern ruft. Die Menschen, die Konzerte besuchen oder sich eine Opernvorstellung anschauen, werden eine Minderheit bleiben. Das bedeutet aber nicht, dass Sie als Musiker die Tradition von Mahler aufgeben müssen. Aber Sie pflegen das Erbe einer kulturellen Oberschicht und einiger Leute, die das finanzieren – sei es aus Interesse, Leidenschaft oder aus Gründen des Prestiges. Dessen müssen Sie sich bewusst sein.«

Soll ich mich als Künstler damit zufriedengeben, dass wir eine Veranstaltung der Oberschicht sind? Nein. »Herr Schmidt, die Oper war im 19. Jahrhundert sehr beliebt und von derart großer gesellschaftlicher Bedeutung, dass sie sich regelrecht ausgebreitet hat, von den großen Zentren der Musik auch in deutlich kleinere Kommunen – in Italien und auch in Deutschland. Oper war etwas für viele Leute, nicht für eine gebildete Oberschicht.«

»Herr Nagano, im 19. Jahrhundert gab es noch keine Schallplatten, keine CDs, kein Internet. Die Menschen konnten Musik immer nur in Konzerten und der Oper hören. Deshalb haben sie so viel Oper nachgefragt. Die Oper war die einzige Musikveranstaltung, die es neben den Konzerten gegeben hat. Jedenfalls brauchen wir nicht noch zusätzliche Opernhäuser. Was wir brauchen, sind zusätzliche Altersheime. Wir haben in Deutschland heute schon annähernd anderthalb Millionen demenzkranker, alter, pflegebedürftiger Menschen. Früher sind die Menschen mit einigen sechzig Jahren gestorben. Als Bismarck die Rentenversicherung einführte in Deutschland, da war das Renteneintrittsalter der siebzigste Geburtstag. Die meisten Arbeiter haben den aber gar nicht erlebt. Heute werden die Arbeiter im Schnitt achtundsiebzig Jahre alt. Die Europäer weigern sich aber, die volkswirtschaftlichen Probleme anzuerkennen, die das mit sich bringt. Die Probleme haben mit der Musik relativ wenig Berührung, und die Musik hat wenig Einfluss auf die Lösung der Probleme.«

Helmut Schmidt hat in unserem Gespräch bisher nur die Klassiker der Musikliteratur zitiert, die großen Komponisten und Werke, die in den Kanon eingegangen sind. »Haben Sie auch ein Verhältnis zur neuen Musik?«, möchte ich wissen.

»Seit Ende des 19. Jahrhunderts wird auf dem Feld der ernsten Musik gewaltig experimentiert. Aber ich bin zu alt, um zu dieser Musik noch ein Verhältnis entwickeln zu können, als ich sie noch hören konnte. Sicher, die Musik von Olivier Messiaen ist bei mir angekommen, die Opern von Hans Werner Henze kaum noch, Stockhausens Kompositionen gar nicht mehr. Ich weiß nicht, was davon bleiben wird. Eine Menge wird absinken, verschwinden. Was, das wird die Zeit zeigen. Nicht alles. Sicherlich wird man sich auch im 22. Jahrhundert noch erinnern, dass es jemanden wie Dante Alighieri, wie Jean-Jacques Rousseau, Beethoven oder Verdi gegeben hat. So eine Musik wie in *Nabucco* der Chor der Gefangenen wird bleiben. Beethoven wird bleiben, Bach wird bleiben. Manch anderes wird vergehen, unabhängig von seiner Qualität, so wie das wunderschöne Abendlied von Matthias Claudius fast in Vergessenheit geraten ist.«

Eine Frage ist nach unserem Gespräch noch offen: Was wird die Zukunft der klassischen Musik bringen?

»Ich bin kein Prophet. Die Musik hat Chancen. Aber inwieweit die ergriffen werden, kann ich Ihnen nicht sagen. Die Literatur und Philosophie sind als Künste wichtiger als die Musik. Ihr Einfluss auf den Menschen ist ungleich größer.«

Das kann und will ich als Musiker so nicht stehen lassen. »Sind Sie sich da wirklich sicher?«, frage ich vorsichtig.

»Ja. Sicher. Denken Sie allein an Marx oder Lenin und ihren enormen Einfluss. Marx' *Kapital* hat die Welt tatsächlich verändert. Es hat ein ganzes Jahrhundert überdauert. Der Einfluss der Musik ist da wesentlich geringer. Am größten aber ist der Einfluss von nichtssagenden Nicht-Weisheiten. Das muss man in Gelassenheit ertragen.«

Es ist keine Antwort auf meine Frage. Noch einmal frage ich: »Herr Schmidt, die klassische Musik spielt im Leben der jungen Menschen kaum noch eine Rolle. Besteht die Gefahr, dass diese Kunst irgendwann ganz verschwinden wird?«

Nachdenklich antwortet er: »Ich bin da nicht so pessimistisch. Es wird noch immer junge Leute geben, die sich mit Musik beschäftigen.«

Helmut Schmidt lebt nicht mehr. Er starb am 10. November 2015 im Alter von 96 Jahren. Zu seiner Beerdigung hatte er sich Musik von Johann Sebastian Bach und Johann Pachelbel gewünscht. Ich hatte die Ehre, das Philharmonische Staatsorchester Hamburg in der Kirche St. Michaelis zu dirigieren. Wie viele Staatschefs wird es noch geben, denen klassische Musik derart viel bedeutet?

REINHARD MARX – DIE STIMME GOTTES   »Hat Jesus gesungen? Und was?«, fragt der Kardinal. »Das würde ich wirklich gerne wissen.«

Die Musik, die Jesus von Nazareth gehört und gesungen und zu der er womöglich auch getanzt hat, ist nicht überliefert. Noten wurden vor zweitausend Jahren noch nicht niedergeschrieben. Ich selbst habe über diese Frage noch nie nachgedacht. Das fällt mir in dem Moment auf, in dem der Kardinal sie stellt, und es verblüfft mich. Nahezu unvermittelt kommt mir die Hochzeit zu Kanaan in den Sinn. Stelle ich sie mir bildlich vor, sehe ich Jesus, wie er die ratlosen Diener anweist, die leeren Weinkrüge mit Wasser aufzufüllen, um das zu Wein gewordene Wasser danach vom Gastgeber verkosten zu lassen. Es war Jesus' erstes Zeichen. Im Hintergrund sind die vielen Stimmen der Hochzeitsgäste und natürlich auch Musik zu hören. Wahrscheinlich hat Jesus auf der Hochzeit mit anderen gesungen. Aber was war das für eine Musik? Und wie mag die Musik der Juden im Tempel von Jerusalem wohl geklungen haben?

Reinhard Kardinal Marx, Erzbischof von München und Freising, hat mich in die Kardinal-Faulhaber-Straße im Zentrum von München zum Mittagessen eingeladen. Er arbeitet und wohnt im inzwischen renovierten Rokoko-Palais Holnstein direkt am Hintereingang der Einkaufspassage »Fünf Höfe«, die die Menschen über die Theatinerstraße aufnimmt und in der Parallelstraße neben dem Holnstein-Palais wieder ausspuckt. Religion und Musik sind für den Kardinal eng miteinander verwoben. Das hat weniger etwas damit zu tun, dass die Entwicklungsgeschichte der ernsten Musik überwiegend in der Kirche ihren Anfang nahm; in unserem Gespräch geht es vielmehr um etwas anderes: um Spiritualität.

»Musik kann man als universales Instrument verstehen, um Menschen zusammenzuführen«, sagt der Kardinal. »Sie kann Gemeinschaft schaffen. Die für mich zentrale Frage ist: Wird sie das auch tun?«

Erwartungsvoll schaue ich ihn an.

»Ich weiß es nicht. Musik kann ja möglicherweise auch Menschen gegeneinander aufbringen. Aber sehr viele andere Dinge, die Menschen zusammenführen können, haben wir nicht. Die Religion kann das hoffentlich auch!« Dann wird er nachdenklich: »Aber Religion stand natürlich in der Geschichte der Menschheit in der Gefahr, zum Instrument der Spaltung und des Gegeneinanders zu werden. Das darf man nicht verschweigen.«

Im Grunde ist die Religion das bis heute, denke ich – anders vielleicht als die Sinfonien Mozarts oder Beethovens. »Wenn

Musik ein Ort ist, an dem Gemeinschaft entstehen kann, sollten wir sie heute sehr viel mehr nutzen«, sage ich. Der postindustrielle Individualismus habe die Menschen einander entfremdet.

»Die klassische Musik hat eine universelle Gültigkeit. Die Menschen auf der ganzen Welt hören Beethoven und werden von seiner Musik berührt. Ob in Berlin, München, in Peking oder Schanghai. Für mich ist das von großer Bedeutung. Denn als Christ bin ich der Meinung, dass es eine gemeinsame menschliche Natur gibt. Jeder Mensch ist ein Abbild Gottes, ob gläubig oder ungläubig, ob er aus Asien oder Afrika oder Europa stammt, heterosexuell oder homosexuell ist. Diese ziemlich herausfordernde Botschaft ist die Grundlage und Voraussetzung dafür, nicht den Glauben daran zu verlieren, dass uns Menschen überhaupt irgendetwas verbindet und wir in der Lage sind, uns über gemeinsame Ziele zu verständigen. Die Hoffnung, dass das gelingt, ist da, weil alle das gemeinsame Menschsein verbindet. Doch die Realität sieht oft anders aus. Es gibt Auseinandersetzungen und Kriege. Auch haben wir Menschen nicht unbedingt eine gemeinsame Vorstellung, wie wir etwa mit der Schöpfung umgehen. Aber wir haben die Musik und mit ihr eine Möglichkeit, Gemeinsamkeit zu schaffen und zu erleben. Und das kann uns ein großes Stück weiterbringen in der Verständigung – bei all unserer Verschiedenheit. Es ist doch faszinierend, dass es in allen Kulturen und Gesellschaftsschichten Menschen gibt, denen die Musik Bachs oder Mozarts ans Herz geht. Sie sagen: ›Diese Musik rührt mich an.‹ Oder: ›Sie hebt mich empor.‹ Wenn man Musik als universelles Instrument begreift, um Menschen zusammenzuführen, dann haben Sie, lieber Herr Nagano, eine Mission.«

Vielleicht würde ich es nicht so ausdrücken, aber natürlich gibt es für mich nichts Sinnstiftenderes, als Menschen davon zu überzeugen, wie viel ihnen die klassische Musik geben kann.

Es ist mein Beruf als Dirigent, die Musik immerzu mit anderen zu teilen. »Was macht die klassische Musik aus der Sicht eines Theologen und Priesters so besonders?«

Der Kardinal überlegt nicht lange: »Menschsein und Musizieren sind koextensiv. Seit es Menschen gibt, gibt es wohl auch so etwas wie Musik. Der Mensch ist eine musikalische, eine künstlerische Spezies. Er drückt sich in Musik und Kunst aus, reflektiert darin über sich selbst und wie wir jetzt gerade auch wieder über die Musik. Ich glaube, dass Menschsein ohne Musik nicht vollständig ist. Genauso verhält es sich mit der Religion. Sie gehört zum Menschsein dazu. Denn die Selbstreflexion, die uns Menschen aus allen Lebewesen hervorhebt, führt automatisch zu der Frage, ob es jemanden gibt, der größer ist als ich. Religion wiederum ist ohne Musik nicht denkbar, weil die Musik den Menschen in einer Weise anspricht und etwas zum Ausdruck bringen kann, das sich nicht in Worte fassen lässt: die Transzendenz. Musik hat einen transzendenten Überschuss, wenn Sie so wollen, der den Menschen in eine Weite führt, für die die gesprochene Sprache zu eng ist. Das ist ähnlich wie beim Gebet, das mich auch hinausführt aus meiner begrenzten Welt.«

»Ist die Kunst, die Musik überlebenswichtig für die Menschen?«, frage ich weiter.

»Der Mensch ist für uns gläubige Christen selbst das größte Kunstwerk. Er ist ein Kunstwerk Gottes, der ihn geschaffen hat. Er ist die Krone der Schöpfung. Im Menschen liegt etwas, das über ihn selbst hinausweist. Ein Mehr, welches wir Seele nennen könnten. Und in der Musik drückt sich dies in ganz besonderer Weise aus. Die Seele des Menschen kommt in der Musik zur Geltung. Menschen müssen sich ausdrücken. Sie können nicht anders, haben es immer getan. Insofern ist die Kunst überlebenswichtig. Kennen Sie den Film *Amadeus* von Miloš Forman aus dem Jahr 1984?«

Ich nicke.

»Es ist ein Film über Mozart und sein Leben aus der Erinnerung des Hofkomponisten Antonio Salieri. Der Film ist als
Beichtgespräch eines kranken, verbitterten Menschen angelegt. Das ist alles Fiktion. Trotzdem liebe ich den Film. Eine
Szene hat mich besonders beeindruckt. Es ist die, in der Mozarts Ehefrau Constanze den überheblichen Hofkomponisten
Salieri ohne das Wissen ihres Mannes aufsucht, um ihm Mozarts Partituren zu überlassen. Salieri betrachtet die Blätter
und ist sprachlos. Sie fallen ihm aus der Hand. Und aus der
Erinnerung berichtet dieser alte, verstörte Mensch, wie ihm
klar geworden sei, dass Gott durch diese Noten spricht: ›Das
ist die Stimme Gottes.‹ Diese fiktive Szene bringt meine Aussage von eben auf den Punkt – in dem Film, zugegebenermaßen
in der Codierung großer Hollywood-Produktionen, wenn dann
im Hintergrund ein Potpourri von Mozarts Musik ertönt. Aber
die Botschaft wird klar: Musikfachleute können einem zwar vieles erklären. Doch liegt eben noch etwas anderes in der Musik, etwas, das uns in Staunen versetzt, etwas wie die ›Stimme
Gottes‹.«

Ich muss ihm recht geben. Mozarts Musik hat etwas Allge-
meingültiges, etwas, das weit über das hinausgeht, was wir mit
Kompositionstechnik erklären können. Mir kommt Mozarts *Kleine Nachtmusik* in den Sinn, eine handwerklich perfekte Komposition, in der lauter musikalische Themen verarbeitet werden,
die für die Zeit damals noch nicht einmal besonders originell
waren. Aber die Art und Weise, wie Mozart mit diesem musikalischen Material umgeht, ist einzigartig, überirdisch, fast gött-
lich. Etwas nüchterner veranlagte Menschen würden vielleicht
von Genialität sprechen. »Das stimmt, die Schönheit der Musik
von Mozart bleibt ein Geheimnis, unerklärbar.«

»Genau das drückt diese Filmszene aus. Musik kann allerdings, wie andere Kunst auch, manipuliert oder zu Zwecken
der Manipulation eingesetzt werden, sie kann Qualitätsverlus-

te erleiden, sie kann falsche Emotionen hervorrufen. Das alles kennen wir in der Geschichte der Menschheit auch. Aber wenn Musik wirklich in Höchstform ist, wenn es gelingt, die Menschen ganz hineinzuziehen – zum Beispiel in eine Oper von Mozart oder seine c-Moll-Messe –, dann ist diese Musik eigentlich nicht in der Lage, die Menschen aggressiv zu machen oder sie zu entzweien. Sie führt den Menschen vielmehr auf eine höhere Ebene. So empfinde ich diese Musik jedenfalls.«

Auch von Kardinal Marx will ich wissen, wie es um die Zukunft der klassischen Musik bestellt ist. Wird sie aus unserem Leben zunehmend verdrängt werden?

»Die Diskussion um das Verschwinden führen wir auch in der Kirche. Verliert Religion an Bedeutung? In den siebziger Jahren hegten viele Menschen die Befürchtung, dass die Religion im Zuge der gesellschaftlichen Modernisierung an Relevanz einbüßen würde. Die religionssoziologischen Lehrstühle verschwanden daraufhin teilweise. Doch heute würde die Soziologie nicht mehr sagen, dass die Religion an Bedeutung verliert, im Gegenteil. Aber sie verändert sich. Zugegeben: Die christliche Form des Religiösen hat es mitunter schwer, sie ist an eine Gemeinschaft gebunden, sie fordert eine gewisse Verbindlichkeit. Das widerspricht nun mancher emanzipatorischen Bewegung der Neuzeit: sich zu binden, eine Autorität anzuerkennen, ist schwieriger oder unpopulär geworden. Religion wird subjektiver und undogmatischer.«

»Aber was hat das mit der klassischen Musik zu tun?«, frage ich weiter.

»Die Musik ist eine große Möglichkeit, Spiritualität zu erfahren. Wer ins Konzert geht, macht in Gemeinschaft mit anderen eine ästhetische Erfahrung. Vielleicht weiß oder spürt er sogar, dass das viel schöner ist, als sich ein Werk ganz allein über seine Headphones anzuhören. Natürlich muss ich im Konzert mit niemandem kommunizieren. Doch spüre ich die Spiritualität der Musik, diesen transzendenten Überschuss, den ich als Mensch natürlich brauche, durch die Gemeinschaft mit anderen – den Hörern, den Musikern, dem Dirigenten. Alle hören im selben Moment das Gleiche. Im Konzert können die Menschen Spiritualität oder Religiosität erfahren ohne die Seiten des Religiösen, wie sie das Christentum oder andere große Religionen vorgeben. Sie müssen nicht an das Dogma glauben, dass Gott Mensch geworden ist. Sie müssen auch nicht an die Auferstehung der Toten glauben.«

Die Rolle, die Reinhard Marx dem Konzert zuschreibt, kann mich als Dirigenten in meiner Arbeit nur bestärken. »Aber glauben Sie wirklich, dass das Konzert tatsächlich ein Ersatz für den Besuch einer Messe oder eines Gottesdienstes sein kann?«

Marx wiegelt ab: »Verschiedenen Umfragen zufolge steigt die Zahl der Menschen, die von sich behaupten würden, sie seien religiös, auch wenn sie keiner Kirche angehören. Das müssen wir natürlich zur Kenntnis nehmen. Es steigt also wohl nicht die Zahl der Atheisten. Aber die Konfessionslosigkeit nimmt zu. Als Priester muss ich sagen, dass ein Konzert kein Ersatz für eine Messe ist. Gleichzeitig sehe ich aber, dass der Konzertbesuch doch einen Raum öffnet, der diese religiösen Bedürfnisse der Menschen aufnimmt. Die Musik hält in den Menschen etwas wach – nicht nur von unserer großen kulturellen Tradition, auch von dem Überschuss, dem Mehrwert, dem Darüberhinaus, über das wir vorhin sprachen. Natürlich könnte es mir fast bitter aufstoßen, dass die Menschen lieber zu Kent Nagano ins Konzert gehen, als zu mir in den Dom zu kommen, der allerdings auch oft sehr gut besucht ist. Aber ich bin kein Pessimist. Wenn die Menschen schon nicht mehr so häufig in die Kirche gehen, sich aber wenigstens mal Beethovens Pastorale oder eine Sinfonie von Bruckner anhören und dann spüren, dass es noch mehr gibt als das, was wir mit Worten beschreiben können, dann will ich mich nicht beklagen. Im Gegenteil: Dann gibt es durchaus die Hoffnung, dass die Menschen weiter suchen werden, nach dem, was größer ist als sie. Am liebsten wäre mir, dass sie beides besuchen, das Konzert und die Messe. Und vielleicht führt die Musik sie schließlich auch wieder zurück in ein Gotteshaus.«

Ich würde mich nur ungern als Pessimisten bezeichnen. Ob es aber besonders klug ist, ausgerechnet auf die klassische Musik zu setzen, die in weiten Teilen der westlichen Gesellschaften auch auf dem Rückzug ist, wage ich zu bezweifeln. »Unsere Konzerthallen leeren sich wie die Kirchenschiffe. Den Königsweg, wie wir Musiker die Klassik wieder in die Lebenswirklichkeit der Menschen tragen können, haben auch wir noch nicht gefunden«, gebe ich zu bedenken.

»Könnte das damit zusammenhängen, dass wir uns alle – ob in der Religion oder in der Kunst – zu sehr dem Marktparadigma unterwerfen? Wir denken von den Märkten her, überlegen uns dauernd, was ankommt und was nicht. Aber in Bereichen wie der klassischen Musik oder der Religion ist diese Art des Denkens nicht akzeptabel. Darf ich Mozarts Musik trivialisieren, nur damit ich möglichst viele Menschen erreiche, um mich dann im Nachhinein zu fragen, ob das meinem Budget nutzt? Das ökonomische Denken, diese Marktlogik, gefährdet die Religion und die Musik, sie bringt beides um ihre Substanz. Ich glaube, hier kommen wir nicht weiter. Die Menschen suchen immer nach authentischen Zeugen – in der Religion und in der Musik. Für die Renaissance des Glaubens und auch der klassischen Musik wird es vielleicht keinen anderen Weg geben als Menschen, die Religion und Musik überzeugend vermitteln. Man kann nicht einfach sagen, das ist die Wahrheit, an die du glauben musst, oder die Schönheit, die du zu hören hast. Vor vielen Jahren hat mir ein sehr betagter Pfarrer einmal gesagt: ›Der Glaube kommt auf zwei Beinen zu uns.‹ Wir müssen einer Person begegnen, die den Glauben nicht predigt, sondern lebt und dadurch das

Evangelium zum Sprechen bringt. Gilt das nicht auch für die klassische Musik? Menschen suchen nach Glaubwürdigkeit, nach Wahrhaftigkeit in anderen Menschen, nach authentischen Zeugen. Das versuchen wir beide, Sie genauso wie ich. Es geht darum, Menschen zu überzeugen.«

»Menschen suchen auch nach Gemeinschaft«, setze ich hinzu und bin plötzlich wieder am Anfang unseres Gesprächs.

»... einer Gemeinschaft, in der sie in all ihrer Verschiedenheit gemeinsam etwas erleben können, das über diese Welt hinausführt. Die Sehnsucht danach wird nicht vergehen. In der Musik und in der Religion können sie das finden.«

JULIE PAYETTE – GOOD MORNING HOUSTON   Houston befindet sich in Texas. In Houston steht das Lyndon B. Johnson Space Center, von dem aus seit fünfzig Jahren alle bemannten Weltraumflüge geleitet werden. Dort, im Mission Control Center, werden die Flüge zur Internationalen Weltraumstation überwacht. Der Funkrufname des Kontrollzentrums ist »Houston«. Julie Payette ist im Kontrollzentrum des Space Center sehr bekannt. Sie ist Ingenieurin für Elektronik und Astronautin. Aufgewachsen in Montreal, hat sie in Wales ihren Schulabschluss gemacht. Zum Studium kehrte sie nach Montreal zurück. Zweimal flog sie ins All, 1999 und 2009, um am Aufbau der Internationalen Raumstation ISS mitzuarbeiten. Einmal mit der Discovery, das zweite Mal mit der Raumfähre Endeavour. In Kanada ist sie so etwas wie eine Nationalheldin, das bekannteste Gesicht der nationalen Raumfahrt. Acht Jahre lang stand sie dem kanadischen Astronauten-Corps vor. Danach lebte und arbeitete sie eine Zeitlang in Washington. Heute leitet sie das staatliche Montreal Science Center.

Julie Payette ist vielfach ausgezeichnet worden. Sie trägt die höchsten Orden der Provinz Quebec und Kanadas. Persönlich kenne ich sie seit 2013, seit wir gemeinsam für die Ehrung als »große Bürger Montreals« vorgeschlagen wurden – sie als Astronautin und Wissenschaftlerin, ich als Chefdirigent des Orchestre Symphonique de Montréal. Allerdings verbindet uns mehr als dieses Event. Uns verbindet die Liebe zur klassischen Musik, die auch für Julie viel mehr ist als ein Hobby aus Jugendzeiten. »Klassische Musik war und ist ein wichtiger Bestandteil meines Lebens«, sagte sie mir einmal, als ich ihr im Montreal Science Center einen Besuch abstattete. »Es handelt sich um sehr intensive Erfahrungen, die wir mit der klassischen Musik erleben können, und wir wissen nie, wofür diese gut sind.« Und dann erzählt sie eine, wie sie es nennt, »kleine Anekdote«, wissend, dass es mehr ist als eine Anekdote, sondern der Beginn einer unglaublichen Erfahrung, ihrer Reise ins Universum.

»Als ich mich Anfang der neunziger Jahre als Ingenieurin bei der kanadischen Raumfahrtbehörde als Astronautin bewarb, hatte ich 5330 Mitbewerber auf nicht mehr als vier Stellen. Es begann ein unglaublicher Konkurrenzkampf und ein gnadenloses Aussortieren über viele Bewerbungsrunden hinweg. Wahrscheinlich ist das noch um einiges härter, als wenn man sich als Musiker um eine Orchesterstelle bewirbt. Am Ende blieben zwanzig Bewerber übrig. Wir wurden alle zusammen befragt, in einer Art Panel-Interview«, erinnert sie sich. Als sie gefragt wurde: »Miss Payette, was, denken Sie, macht aus Ihnen einen Teamplayer?«, da gab sie eine Antwort, für die sie sich hinterher am liebsten auf die Zunge gebissen hätte, wie sie mir sagte. »Ich habe mein Leben lang in Chören gesungen. Ich kann eine Melodie gemeinsam mit anderen halten, ich singe in Harmonie, im gleichen Tempo. Ich gehe seit Jahren zu den Proben. Ich habe über die Zeit gelernt, auf die noch so unauffälligsten Hinweise des Dirigenten zu reagieren. Was könnte mich eher zu einem Teamplayer werden lassen?« Julie Payette lacht, während sie mir davon berichtet. Es ist ja nicht das erste Mal, dass sie diese Geschichte erzählt.»Meine Güte, was erzähle ich da?, dachte ich damals. Ich bewerbe mich um einen technischen Job für den Weltraum und rede hier davon, was es bedeutet, in einem Kirchenchor zu singen.« Ob das am Ende den Ausschlag gab? »Vielleicht, aber ich weiß es nicht wirklich.«

Julie Payette hat schon sehr früh Klavierspielen gelernt. Irgendwann in den Siebzigern hat jemand sie für den Kirchenchor rekrutiert. Später dann sang sie im Kammerchor des Symphonischen Orchesters Montreal, im Orchesterchor Tafelmusik Baroque in Toronto und während ihres Aufenthalts in der Schweiz im Piacere Vocale in Basel. Am Sonntagmorgen fuhr sie schon als Kind mit dem Bus zu Chorproben und in die Messe. »Und natürlich kam ich so mit der wunderbarsten Musik in Kontakt, die je geschrieben wurde: klassische, liturgische Chormusik.« Sie würde von sich kaum behaupten, besonders religiös zu sein. Trotzdem gehören die Momente des Singens in den Kirchen zu den intensivsten Erfahrungen ihres Lebens. Und dann senkt sie plötzlich ihre Stimme, spricht ganz leise, als verriete sie mir ein kleines Geheimnis: »Was ich der Raumfahrtbehörde in dieser letzten Bewerbungsrunde nicht gesagt habe, ist die Sache mit diesem einzigartigen Moment der Glückseligkeit.« Sie meint die ekstatischen Augenblicke, in die einen vor allem die Musik hineinschleudern kann.

»In der Wissenschaft erlebt man das hin und wieder, in Momenten sich anbahnender Entdeckungen oder Erkenntnisse. Aber das kommt nur sehr selten vor.« Ganz anders als in der Musik. »Die meisten Momente des reinen, ungetrübten Glücks, der Harmonie, die mir in den Sinn kommen, haben immer etwas mit klassischer Musik zu tun.« Einmal hätten sie im Chorgestühl einer Kathedrale eine A-cappella-Komposition von Zoltán Kodály gesungen. Die Hälfte des Chors saß links, die andere auf der gegenüberliegenden Seite rechts. Die Stimmgruppen des Chors schauten und sangen sich an. »Plötzlich entstand diese vollkommene Harmonie«, erinnert sie sich, »die Noten schienen sich aufzulösen, verloren an Bedeutung. Die Stimmen flossen ineinander und verbanden sich zu einem großen Klang. So etwas hatte ich zuvor noch nie erlebt. Es war, als flögen wir alle gemeinsam einer anderen Welt entgegen.« Sie habe, sagt sie noch, mit der klassischen Musik auch Momente der Ekstase erlebt, die allein durch das Hören entstanden seien.

Wenn Julie Payette über ihre zwei Reisen ins Weltall spricht, über ihren Blick auf den blauen Planeten in seiner atemberaubenden Schönheit und Verletzlichkeit, dann meint man, dass automatisch Musik erklingen müsste. Die Ansicht der Erde aus einer Entfernung, in der die Bedingungen zutiefst menschenfeindlich sind, hebt ihre Einzigartigkeit noch deutlicher hervor. Die Atmosphäre, ohne die menschliches Leben nicht möglich wäre, umgibt den Planeten wie eine dünne empfindliche Haut, eine Hülle aus durchsichtiger Seide, deren Außenrand aus dem Fenster der Raumstation als bläulicher Streifen erkennbar ist. Das Wort »All« – *space* im Englischen – spricht Julie Payette immer ganz leise aus. Es gibt keine Geräusche im Weltall. Da ist nichts. Schallwellen lassen sich im Vakuum nicht transportieren. Es herrscht vollkommene Stille, gefühlt und tatsächlich. Julie senkt die Stimme. »Auf der Raumstation im Weltall schlafen wir immer zur gleichen Zeit. Jeden Morgen werden wir mit Musik geweckt, die uns aus dem Kontrollzentrum von Houston eingespielt wird.« Für jeden Astronauten offenbar seine Lieblingsmusik, die dann im gesamten Raumschiff zu hören ist.

»Eines Morgens hörte ich beim Aufwachen die ersten Akkorde des für mich großartigsten Duos zweier Sopran-Chöre, das jemals komponiert worden ist: das ›De Torrente‹ des *Dixit Dominus* von Georg Friedrich Händel.« *Dixit Dominus* ist der

Psalm 110, den der junge Händel im Alter von nur 21 Jahren in Italien vertonte. Es wird von fünf Solisten oder einem fünfstimmigen Chor gesungen. *De torrente in via bibet* (»Er wird trinken vom Bach auf dem Wege«) beginnt mit eben jenem Sopran-Duo, das sich Julie so sehr in ihre Erinnerungen gebrannt hat und sich in ihrem Gedächtnis wohl auf immer mit jenem Morgen auf der Endeavour im Jahr 2009 verbindet. »Hundertmal hatte ich es gehört, im Chor auch selbst gesungen. An jenem Morgen war das gesamte Raumschiff erfüllt und durchdrungen von dieser Musik. Erst die Akkorde, dann der einsetzende Gesang. Meine Musik. Ganz leise und unvermittelt tauchte sie für mich auf im Weltall, Hunderte von Kilometern über dem Planeten Erde in der Schwerelosigkeit. Und ich wusste, dass dieses Sopran-Duo nicht nur meine zwölf Kollegen in der Raumstation hörten, Japaner, Russen, Europäer, alle, die wir dort versammelt waren; nein, es hörten viel mehr Menschen, das Personal am Boden, in den Kontrollstationen in Houston und in Moskau, Menschen, die für uns Astronauten alles getan haben, geforscht, gerechnet, gebaut, uns über Jahre trainiert. Das wusste ich.« Eine kurze Zeit hat Julie Payette sich diesem Moment ergeben, überwältigt von der Musik und ihrer Reise im Orbit. »Ich besitze noch einen Mitschnitt von diesem Morgen, an dem ich dann nach einiger Zeit mit ziemlich verschlafener Stimme auf den Weckruf geantwortet habe: *Good Morning Houston.*« Dann schaut sie mich mit großen Augen an: »Und jetzt fragen Sie mich noch einmal, ob klassische Musik Teil meines Lebens ist.«

Julie hat noch mehrere Momente in Erinnerung, die sie mit den Worten *total bliss* umschreibt – *bliss*, das ist der englische Begriff für Glückseligkeit. Wenn ich ihr zuhöre, dann denke ich, dass die Erfahrung im Weltraum und eine Reise ins Universum Musik vieles gemein haben. »Wenn man mit der Raumfähre auf die Erde zurückkehrt, mit 420 Stundenkilometern

Geschwindigkeit, ist das ein ganz besonderer Moment«, sagt Julie Payette. »*Touch down*, Ende der Mission STS-127. In diesem Moment wird man sich bewusst, dass man an etwas teilhaben konnte, das viel, viel größer ist als man selbst.« Und man hat die Grenzen ein Stück weiter hinausgeschoben. Grenzen zu überwinden, sagt sie, sei ein zutiefst menschliches Bedürfnis. Der Drang nach dem Neuen sei stärker als die Angst. Risiken werden zweitrangig. Ich denke darüber nach, wie oft dieses Bedürfnis konstitutiv für großartige Musik gewesen sein muss.

Für die Astronautin bedeutet Musik viel mehr als ein Medium, mit dem sich Glücksgefühle schaffen lassen. Immer wieder zieht sie Parallelen zwischen der Musik und den Wissenschaften. »Für die Naturwissenschaften ist Kreativität essenziell«, sagt sie. Entdeckungen beruhen für sie auf der Fähigkeit, gerade nicht so zu denken, wie es alle tun. Hier kommt es darauf an, die *box* bekannter Denkschemata zu verlassen. »Das verhält sich genau wie in der Kunst.« Forschen bedeute, neue Wege zu finden. »Man kann sich nicht vornehmen, etwas zu erforschen, und davon ausgehen, dieses oder jenes zu finden. Wenn du forschst, weißt du nicht, was du findest.« Wer nicht den Mut habe, sich auf unbekanntes Terrain zu begeben, der werde nichts entdecken – weder in der Kunst noch in der Wissenschaft.

Für Julie Payette sind diese beiden Domänen nicht getrennt: »Das sind keine Silos«, sagt sie, »beides gehört zusammen. Ich würde mich als starke Verfechterin des Anliegens bezeichnen, die Künste, die Wissenschaft und die Technik nicht immer wieder voneinander zu trennen.« Genauso wenig wie es Leonardo da Vinci getan habe, getrieben von unglaublicher Wissbegierde, gepaart mit einem starken Ausdrucksdrang, sich und seine Erkenntnisse der Menschheit mitzuteilen.

Die erste Geige in einem Orchester müsse über eine unglaubliche Disziplin verfügen, sie brauche Sensibilität und Kreativität und dazu das Basiswissen darüber, nach welchen Regeln und Prinzipien Musik funktioniere. »Sie muss den Code kennen und respektieren, sonst wird sie nicht in der Lage sein, mit anderen zu musizieren.« Als Wissenschaftler oder Ingenieur verhalte es sich ähnlich: Die Disziplin müsse vorhanden sein, ebenso das Wissen um den Code, die Sprache der Mathematik oder Physik. »Aber um ein Problem zu lösen, muss ein Wissenschaftler kreativ werden. Man muss in der Lage sein, außerhalb der üblichen Vorgaben zu denken, oder einfach mutig und neugierig genug, um in eine andere Richtung zu schauen; Fragen stellen, nicht alles glauben, für neue Erfahrungen offen sein mit allen Sinnen – genau wie in der Musik.«

YANN MARTEL – VOLLKOMMENE STILLE   Der kanadische Schriftsteller Yann Martel ist womöglich nicht jedermann in Deutschland ein Begriff – aber der Film *Life of Pi* oder *Schiffbruch mit Tiger* sicherlich schon. Yann hat den Roman dazu geschrieben, für den er 2002 den Booker Prize erhielt und der sich nach der Verfilmung durch den taiwanesischen Regisseur Ang Lee millionenfach verkaufte. Yann hat viele weitere Bücher verfasst: eines vor allem, das in Deutschland gar nicht erschienen ist, in Kanada vor einigen Jahren allerdings für ziemlich viel Aufsehen gesorgt hat. Es heißt *What is Steven Harper reading?* Zwei Jahre lang hat er dem kanadischen Premier Steven Harper alle 14 Tage ein Buch geschickt und ihm in einem Brief dazu erklärt, warum er ihm ausgerechnet dieses Buch empfiehlt. Eine direkte oder gar persönliche Antwort hat er nie erhalten. Stattdessen immer das gleiche Schreiben, in dem sich das Desinteresse der Assistenten eines zugegebenermaßen viel beschäftigten Premiers manifestiert. Seine Briefe finden sich in diesem Buch versammelt, das zu einem eindrücklichen Plädoyer für die unbedingte Notwendigkeit des Lesens, der Literatur und auch der anderen Künste geworden ist. Zweimal habe ich Yann gebeten, für mein Symphonieorchester in Montreal Texte zu verfassen, und diese in den Programmheften abgedruckt. Unsere Verbindung ist die zweier Künstler, die vor allem zweierlei eint: die Sorge um den Fortbestand der Literatur und Musik in der Lebenswirklichkeit der Menschen und unsere Anstrengungen dafür, dass sie erhalten bleiben.

»Wir kämpfen die gleiche Schlacht«, schrieb Yann mir einmal in einer Mail. »Allerdings ist Deine Herausforderung eine andere als meine.« Es sei nicht so, dass Menschen aufhörten, Musik zu hören. »Das Problem liegt auf dem Feld der Musik eher darin, dass sie überwiegend nur noch bestimmte Musik konsumieren, nämlich drei Minuten lange Popsongs aus der Konserve – die Klassik stirbt durch Katie Perry.« Aber Musik sei grundsätzlich immer noch da. Mit der Literatur verhielte es sich ein wenig anders. Menschen hörten tatsächlich auf zu lesen, vor allem junge Menschen.

In einem Gespräch machte er für die Bedrohung der Künste vor allem die ökonomische Betrachtungsweise, das Kalkül des Return on Investment verantwortlich. »Ich denke immer, dass man Künste nicht aus ökonomischer Perspektive betrachten kann. Das ist ein Fehler. Natürlich sieht man, wie viele Menschen in der Kunstindustrie arbeiten, wie viele Einkommen da erwirtschaftet werden. Aber darum geht es nicht. Wir Menschen schaffen Kunst ja nicht aus finanziellen Gründen oder begeben uns dort deshalb hinein. Wir schaffen sie aus existenziellen Gründen.« Wir schrieben Bücher, malten und komponierten, weil die Kunst dem Leben einen Sinn gebe. »Die Parallele ist die Religion«, meint er, »der Trost durch Gott hat nichts mit finanzieller Behaglichkeit zu tun. Menschen bauen Tempel, Kirchen, Moscheen nicht, weil sich das finanziell rechnet, sondern weil sie es einfach tun müssen. So verhält es sich auch mit den Künsten.«

Yann sieht, wie problematisch es ist, wenn Politiker zunehmend nur noch in ökonomischen Kategorien denken. Und er weiß um die Gefahr, wenn sich Künstler darauf einlassen. Denn sie haben keine eindeutig berechenbare Rendite zu bieten. Deshalb werden sie auf diesem Feld jede Schlacht verlieren. Sie können ja nur beziffern, was Kunst kostet, nie genau, was sie bewirkt. »Aber auf diese Ebene sollten wir Künstler uns auch nicht begeben«, sagt er. »Wir müssen uns einer Sprache bedienen, die aus der existenziellen Notwendigkeit heraus argumentiert.« Es mache keinen Unterschied, dass Menschen von Benjamin Britten bis hin zu Britney Spears alles hörten. Die beiden Künstler bewegten sich nur auf unterschiedlichen Märkten. Bei beiden handele es sich um werthaltige Märkte. »Das Problem mit dem Money-Game ist nur, dass die ernste Kunst dabei stets verliert, weil sie immer Geld kostet.« Denn sie bringe nicht den gleichen finanziellen Return wie ein Popsong. »Aber das, was man dafür bekommt, ist es wert. Der Trost, den Menschen durch wunderbare Musik, durch ein großartiges Buch erfahren, macht das Leben erst lebenswert. Ein Leben ohne die Kunst ist ein absolutes Inferno.«

Yann Martel liebt klassische Musik. Nicht jede Musik. Aber, sagt er, er möge ja auch nicht jedes Buch. Manche Musik und manche Bücher sprächen ihn nicht an, sie langweilten ihn einfach. »Vergleichen wir Klassik mit Pop, dann kann Pop für eine kurze Zeit ungeheuer ansprechend sein. Manche Popsongs sind phantastisch, hat man sie indes dreißigmal gehört, wird man ihrer dann aber doch überdrüssig.« Klassische Musik sei anders, viel komplexer. »Da können wir Mozart und Vivaldi und Bach und Beethoven hören.« Dabei sei diese Musik Hunderte von Jahren alt. »Es liegt etwas Unendliches in diesen Werken. Das betrifft nicht nur die emotionale Sicht. Es gibt so viele verschiedene Schichten und eine große Tiefe.« Als kleiner Junge hörte Yann sehr viel Vivaldi. Er verlor sich in diesen Melodien, die der Komponist in unendlichen Variationen immer weiter vorantrieb und die ihm etwas zu erzählen schienen. »*This music liberated me to dream* – Vivaldi versetzte mich in die Lage zu träumen, die Musik trug mich davon. Ich begann, mein eigenes Instrument zu lernen, um selbst Vivaldi spielen zu können. Während ich spielte, dachte ich an Geschichten. Sie kamen durch die Musik einfach zu mir.«

Er wisse nicht, was die Zukunft bringen werde. »Wir müssen uns dieser ökonomischen Obsession entledigen, dass alles immer nur aufs Geld ankommt und nur das wirklich zählt. Wir haben genug Geld, wir müssen vielmehr überlegen, wie wir das Geld eigentlich einsetzen, wofür wir es ausgeben wollen. Mit der Kunst werden wir reich belohnt, wenn wir in sie investieren. Die Lösung dieses ganzen Problems ist, dass wir die jungen Leute dafür begeistern müssen.«

Das Ende seiner Mail, die ich eingangs erwähnte, ist nicht ganz so tröstlich wie unsere Gespräche. »Für mich als Belletristik-Autor ist die Entwicklung viel beängstigender als für Dich als Musiker, weil es ein wachsendes Spektrum an Menschen gibt, die überhaupt nicht mehr lesen.« Sie lebten in vollkommener Abwesenheit geschriebener Texte, nur noch mit Worten und Satzfetzen, die sie auf ihren Smartphones als Nachrichten erhielten oder schrieben. Dieses fast umfassende Fehlen geschriebener Texte im Leben der jungen Menschen sei für die Literatur extrem bedrohlich. »Es gibt eben immer mehr Leute, die einfach gar nichts lesen. Ihre narrative Befriedigung bekommen sie durch das Fernsehen.« Die neuen Technologien drängten das Lesen mit Macht zurück. Der Musik indes leisteten sie gute Dienste: »Du findest selbst in der nachwachsenden Generation kaum jemanden, der eine Aversion gegen jede Art von Musik hat, sei es Pop oder Beethoven.« Wenn das so wäre, wenn Menschen die Musik ebenso ablehnten wie Texte, dann bedeute das, dass sie in vollkommener

Stille leben wollten. »Kannst Du Dir vorstellen, in absoluter Stille zu leben?«

Ist es um die Musik tatsächlich besser bestellt als um das Lesen? Ich denke darüber nach, weiß es aber nicht wirklich. Haben wir Musiker weniger Grund zum Pessimismus als Schriftsteller wie Yann Martel? »*Well*«, schreibt er zum Schluss, »*there is always hope. Education is the key.*«

WILLIAM FRIEDKIN – EIN TRIP MIT BEETHOVEN   Was hat ein Hollywood-Regisseur mit klassischer Musik zu tun? Er verwendet sie für seine Soundtracks wie Stanley Kubrick in *Odyssee im Weltraum*. Auch William Friedkin hat es getan: In seinem wohl berühmtesten Film *Der Exorzist* erklingt ziemlich viel klassische Musik von Anton Webern, Hans Werner Henze, Krzysztof Penderecki und George Crumb. Williams Liebe zur Klassik erschöpft sich darin allerdings keinesfalls. Aus dem Filmemacher ist später ein Opernregisseur geworden.

An der Bayerischen Staatsoper habe ich mit ihm zusammengearbeitet. 2006 inszenierte er dort die einstige »Skandaloper« *Salome* von Richard Strauss und *Das Gehege* von Wolfgang Rihm. Gleich zu Beginn meines Engagements plante ich diesen Abend als eine Art Verbindung von Tradition und Erneuerung, Vergangenheit und Avantgarde, als Ausdruck des Gesamtkonzepts meines Engagements in München, wo die Avantgarde Tradition hat. Ich hatte damals bei Wolfgang Rihm eine Opernkomposition in Auftrag gegeben, die ich der *Salome* voranstellen wollte. Es sollte ein ungewöhnlicher Abend werden: vor der Pause *Das Gehege*, danach die *Salome* – unter der Regie eines Hollywood-Regisseurs. Ich wusste, dazu brauchte ich William Friedkin, diesen eigenwilligen Oscar-Preisträger, der sich mit den Filmen *Der Exorzist* und *French Connection* schon in den siebziger Jahren in die Filmgeschichte eingeschrieben hat.

Es war übrigens nicht sein erstes Opernengagement. In Florenz inszenierte er 1998 Alban Bergs *Wozzeck,* später dann gab er sein Debüt an der Los Angeles Opera mit *Ariadne auf Naxos,* die ich dirigierte. Das ging auf eine Initiative von Placido Domingo zurück. Später inszenierte er *Aida* in Turin und *Samson und Dalilah* in Israel.

Über die Oper sagt William zwei Dinge, die so viel von dem ausdrücken, was mich ebenfalls bewegt: »Oper ist nicht Leben, sie ist größer als das Leben.« Das klingt vielleicht ein bisschen pathetisch. Wir beide sind nun einmal Amerikaner. William sagt aber auch: »Wir Regisseure haben den Auftrag, die Opern in die Gegenwart zu holen.« Das macht einen Teil des Faszinosums Oper aus, und es ist heute ihre große Chance. Opern sind Musiktheater, sie müssen inszeniert werden. Und genau dadurch kann man zeigen, wie zeitgemäß auch die Themen sind, die in der Oper und damit in der klassischen Musik schon vor Jahrhunderten verhandelt wurden. Ich habe William unlängst gefragt, welche Bedeutung klassische Musik in seinem Leben hat. Das ist eine Frage, über die wir noch nie gesprochen haben, weil die Musik für mich mit großer Selbstverständlichkeit zum Leben gehört.

»Klassische Musik bedeutet mir sehr viel«, sagt er, »unglaublich viel. Kent, vielleicht weißt du das noch nicht, aber die klassische Musik hat mein Leben verändert.« Er sagt das fast ein bisschen vorwurfsvoll, als hätte ich das wissen müssen. Ich kenne ihn ja schon seit meiner Zeit an der Oper in Los Angeles. Er hatte mich damals gefragt, ob er meine Einspielung von Strawinskys *Sacre du Printemps* mit dem London Philharmonic Orchestra für seinen Film *Jade* verwenden könne.

»Meine Familie stammt aus der Ukraine, meine Eltern verließen Kiew. Sie kamen nach New York und sprachen noch nicht einmal die Sprache. Es existierte keine Musik in meiner Familie. Ich wuchs in einem Umfeld auf, in dem die Künste überhaupt keine Rolle spielten. Meine Eltern kämpften ums Überleben in einer fremden Welt. Sie arbeiteten hart. Für Muße blieb keine Zeit, es gab keine Stunden, in denen man sich zu Hause einfach vor das Radio setzte und Musik hörte. Wir gingen weder ins Konzert noch in die Oper. So hat sich mein Interesse für Musik osmotisch entwickelt. Zur klassischen Musik musste ich einen längeren Weg zurücklegen. Die Begegnung mit ihr war dann purer Zufall. Aber bevor dieser Zufall seine Wirkung entfalten konnte, musste ich überhaupt erst einmal die Musik für mich entdecken.«

William wuchs in Chicago auf, wo er dem Blues verfiel. »Blues ist die Musik des Südens. Mit der Eisenbahn kamen viele Afroamerikaner aus dem Süden nach Chicago. Sie bestiegen die State Line der Illinois Central Railroad, die Chicago mit New Orleans verband, und reisten aus Louisiana, Georgia, Alabama und Mississippi gen Norden. Ihre Musik reiste mit ihnen. Am Südrand Chicagos eröffneten sie ihre Clubs und spielten ihre Musik. Diese Clubs habe ich irgendwann in jungen Jahren entdeckt. Sie haben mich regelrecht aufgesogen. Die Räume waren oft nicht größer als ein normales Zimmer, aber es spielten dort Menschen, die später zu Blues-Legenden werden sollten: Junior Wells zum Beispiel oder George ›Buddy‹ Guy.«

Vor der Liebe zur Klassik kam für William die Faszination des Blues und Jazz: »Obwohl ich die kulturellen Wurzeln dieser Musik überhaupt nicht verstand, fand ich sie großartig. Ich jobbte, von den verdienten Dollars kaufte ich mir Eintrittskarten für die Clubs. Blues und Jazz war die Musik Chicagos, es war amerikanische Musik. In dem berühmten Nachtclub ›The Blue Note‹ hörte ich den Jazz-Klarinettisten Artie Shaw, den Pianisten Stan Kenton, das Duke Ellington Orchestra. Es war eine großartige Zeit. Eines Nachts fuhr ich nach getaner Arbeit beim Fernsehen noch rüber zum ›Blue Note‹. Es herrschte tiefster Winter, die Straßen waren meterhoch mit Schnee bedeckt. Kaum jemand war unterwegs. Die einzigen Menschen, die ich an jenem Abend im ›Blue Note‹ antraf, waren der Eigentümer des Clubs, der Manager und der Barkeeper. Am Klavier saß Oscar Peterson, er spielte mit seinem Trio – drei Stunden nur für uns vier. Damals dachte ich, dass seine Improvisationen an jenem Abend das Beste seien, was ich in meinem Leben je würde hören können. So kam ich vom Blues zum Jazz.«

Die Klassik lag für William damals nicht mehr in weiter Ferne. »Ich hörte mir Jazz oft im Radio an. Immer wieder im Auto, wenn ich unterwegs war. Es gab ein Programm, das sich vor allem dem klassischen Jazz verschrieben hatte, sie spielten die Musik von Louis Armstrong, aber hin und wieder auch etwas Neues. Nicht alles gefiel mir. Genau diese Musik lief, als ich wieder einmal im Auto saß und nach Hause fuhr. Irgendetwas muss mich dazu bewegt haben, das Programm zu wechseln. Ich sehe noch meine rechte Hand, wie sie unvermittelt zum Radio glitt und an dem Knopf für die Einstellung der Frequenzen zu drehen begann. Plötzlich erfüllte ganz außergewöhnliche Musik den Innenraum meines Autos, etwas, das ich noch nie gehört hatte. Es war eine Musik des Geistes, spirituell. So empfand ich sie damals. Ich befand mich auf einer Schnellstraße und fuhr an den Rand, um mir die Musik in Ruhe anzuhören. Sie besaß einen unglaublichen Tiefgang – sie war machtvoll, fast verstörend. Als der letzte Ton verklungen war, hörte ich die Stimme des Radiosprechers: Es war *Sacre du Printemps* von Igor Strawinsky, dirigiert von Pierre Monteux, der ja 1913 schon die Uraufführung dieses Skandalwerks geleitet hatte.«

So ist William in den fünfziger Jahren regelrecht hineingestolpert in die Welt der klassischen Musik. »Gleich am nächsten Tag ging ich in einen Plattenladen und kaufte mir eine LP. Ich wollte die Musik unbedingt noch einmal hören. Es war genau dieser Moment im Auto, ein Versehen eigentlich, das mich in die Welt der klassischen Musik hineinkatapultierte. Der Moment hat mir die Tür zu unendlich vielen anderen Werken der Klassik aufgestoßen, die ich heute täglich höre. Strawinsky, Bartók, Prokofjew, viel später erst Beethoven, dann Bach. Heute, im Moment, da wir hier zusammensitzen, bin ich überzeugt davon, dass alle Musik, die mich jemals inspiriert hat, in Mahlers 1. Sinfonie enthalten ist oder zumindest angedeutet wird. Das ist das Stück, das ich derzeit am meisten höre.«

»Aber was macht die Faszination der Klassik aus?«, frage ich weiter.

»Diese Musik ist brillant komponiert. Ganz sorgsam konstruiert, nichts wird in klassischen Kompositionen dem Zufall überlassen. Die musikalischen Ideen sind ausgearbeitet, die Musik hat eine Struktur: Noten, Takte, Rhythmen, Harmonien, Sätze, Sonatenform. Außerdem führt dich der Komponist immer zu einem musikalischen Höhepunkt. Diese Höhepunkte machen das Grundprinzip der Klassik aus. Die großen Werke nehmen dich mit auf eine Reise, sie bringen dich zu einem anderen Ort, einem Ort der Inspiration, der Erinnerungen, der Nostalgie und der Vision für die Zukunft. Von der Klassik habe ich viel für den Film gelernt: Ein Film muss ähnlichen strukturellen Mustern folgen, man muss die Zuschauer zu einem emotionalen Höhepunkt führen, so wie es Beethoven in seinen Sinfonien tut. Mir wurde mit meiner Entdeckung der Klassik plötzlich bewusst, dass die Dokumentarfilme, die ich drehte, keine besondere Form besaßen, ich war bis dahin stets meinem Gefühl gefolgt in dem, was ich tat. Erst die Erfahrung mit klassischer Musik und das viele Nachdenken darüber, warum sie mich so stark berührte, machte mir bewusst, dass Werke eine besondere Struktur brauchen. Sie eröffnen nicht mit einem Finale. Du verschießt deine beste Munition nicht gleich am Anfang. Beethovens 5. und 9. Sinfonie sind Reisen, echte emotionale Trips. Klassische Musik führt bestimmte Themen ein und entwickelt sie dann. Dadurch entsteht die Reise. Und genauso, das wusste ich damals, würde ich es fortan in meinen Filmen machen müssen.«

Reisen sind Entdeckungsprozesse, die sich in der Musik genauso ergeben wie in guten Filmen. Gute Filme, sagt mir William, könne man sich immer wieder ansehen und dabei jedes Mal etwas Neues entdecken – ein Detail, das man vorher nicht wahrgenommen hatte, vielleicht eine Verbindung, einen Hinweis. »Jedes Mal, wenn ich den Film *Citizen Kane* sehe, fällt mir etwas auf, das ich vorher nicht bemerkt habe«, sagt er, »immer noch, nach all den Jahrzehnten.« *Citizen Kane* von Orson Welles, der im Jahr 1941 herauskam, gilt als Meilenstein der Geschichte des großen Kinos. »Wenn es diese Reisen tatsächlich gibt, dann stellt sich uns die große Frage, wie wir den Reisenden zum Ausgangspunkt seines Weges bringen. Für mich war es ein Zufall, der Moment, in dem ich den Knopf des Radios in die falsche Richtung drehte. Anders als du hatte ich ja keine Musikausbildung in der Schule.«

Das stimmt. Mich hat Professor Korisheli immer wieder an diesen Ausgangspunkt gebracht. Ungeachtet der technischen Möglichkeiten heute, die klassische Musik für alle jederzeit und überall verfügbar machen, ist es keinesfalls sicher, dass Reisende an diesen Ausgangspunkt gelangen. Manche finden ihn erst gar nicht und können die Reise nicht antreten. Es muss sie jemand hinführen, ein Lehrer, vielleicht ein Freund, der etwas empfiehlt. Die Chancen dafür stehen heute gar nicht gut. Das sieht auch William so. Warum eigentlich?

»Überall auf der Welt wird die Kultur zurückgedrängt«, antwortet er. »Es ist eine Art des *damming-downs*. Die Hochkultur scheint nicht mehr so wichtig zu sein, große Werke, die in der Vergangenheit geschaffen wurden und so unendlich viel Tiefgang haben, finden kaum noch Beachtung. Kompositionen, Gemälde, Literatur. Dieses Phänomen ist eben auch zum Problem der Klassik geworden.«

Ich frage ihn, was genau er meint.

»Wenn ich an Filmhochschulen unterrichte, stelle ich schnell fest, dass die Studenten dort, die sich doch mit dem Film und seiner Geschichte befassen, *Citizen Kane*, zum Beispiel, nie gesehen haben. Sie wissen nicht, wer Orson Welles war. Ich blicke in leere Gesichter. *Spiderman* indes kennen sie alle, Filme dieses Genres sind wie ein Tsunami über die gesamte Filmgeschichte geschwappt und haben alles andere fortgerissen. Aber das gilt nicht nur für den Film. Denk mal an Rembrandt oder Vermeer, an ihre Porträts und Landschaften. Diese vielschichtigen Bilder faszinierender Tiefe – welche Rolle spielen sie heute? Irgendwann kam Andy Warhol, dann später Jeff Koons mit seinen blauen Balloons. Was ist diese Kunst im Vergleich zu Rembrandt und Vermeer? Dass sie heute für 20 oder 30 Millionen Dollar verkauft wird, ist ein Witz. Du kannst noch weiter denken: Wer liest heute noch Proust oder Dickens? Niemand mehr. Alle lesen die Romane von Jackie Collins, die sich millionenfach verkaufen. Das ist das Problem der Künste heute, Rembrandt und Vermeer werden übersehen, genauso Proust, Dickens, Shakespeare und Goethe. Vielleicht, weil der Zugang nicht ohne Anstrengung zu schaffen ist. Die Musik hat zwölf Töne, derer sich Beethoven genauso bedient wie die Komponisten von Popmusik. Aus zwölf Tönen kann die 9. Sinfonie werden oder *Kill the Bitch*. Aber die Neunte wird in weiten Teilen der Gesellschaft einfach übersehen. Die Menschen hören *Kill the Bitch*.«

William hat recht. Es geht nicht darum, dass große Kunst und damit auch klassische Musik nicht verfügbar wären, nicht zu hören oder zu sehen. Sie sind es mehr denn je, die neuen Kommunikationstechnologien sind das größte Geschenk für die Künste. Aber zu sehen sein heißt eben nicht, gesehen werden. Darin liegt die eigentliche Bedrohung. Bedauerlich für die, die mit dieser Musik nie in Kontakt kommen, denke ich mir, denen der Zufall nicht so glücklich mitspielt wie William. Sie wissen gar nicht, was ihnen entgeht. »Beethovens Sinfonien sind Reisen«, sagt William zum Schluss noch einmal, »die Fünfte und die Neunte ganz besonders. Solange Musik auf Erden gespielt wird, werden diese Sinfonien nicht vergehen. Und jeder, der einmal auf dieser Reise war, wird immer wieder dorthin zurückkehren wollen.«

»Wenn du das Fliegen einmal erlebt hast, wirst du für immer auf Erden wandeln, die Augen gen Himmel gerichtet. Denn dort bist du gewesen, und dort wird es dich immer wieder hinziehen.« Die Astronautin Julie Payette hat diese Sätze von Leonardo da Vinci gemeinsam mit der Crew der Discovery kurz vor ihrem Rückflug zur Erde 1999 in das Logbuch an Bord der Raumstation ISS geschrieben, weil dies ihre Gefühle wohl am ehesten wiedergab. Ich habe die Welt der Klassik in diesem Buch immer wieder als ein expandierendes Universum bezeichnet, dessen Unendlichkeit man umso deutlicher spürt, je tiefer man sich hineinbegibt. Wer einmal in diese Unendlichkeit geflogen ist und die Tiefe der Musik erahnen konnte, wird sich ein Leben lang nach dieser Erfahrung sehnen. Es wird ihn immer wieder dorthin zurückziehen.

BERNSTEIN UND IVES
Wohin, Amerika?

Dustin Hoffman ist ein Patriot. Da unterscheidet sich der Hollywood-Star kaum von den meisten anderen Amerikanern, die ich kenne. In unserem Innersten sind wir Amerikaner wahrscheinlich alle Patrioten. Diese ganz eigene Art der Vaterlandsliebe ist zutiefst amerikanisch, ein Patriotismus, der von Herzen kommt, wenn er auch manchmal ein wenig pathetisch vorgetragen wird. Er wurzelt in der sehr persönlichen Identifikation eines jeden Einzelnen mit einem Land, dessen gesellschaftlicher Aufbau kaum dreihundert Jahre her und immer noch nicht zu Ende ist. Dabei ist unsere Geschichte, die mit großartigen Ideen begann, eine Geschichte voller Kriege, Streit, Unterdrückung und fast unerträglicher Dissonanzen, voller Enttäuschungen und Hoffnungen.

Ein Hauch dieses Patriotismus, dieser Mischung aus Stolz und Hingabe, war zu spüren, als Dustin die Bühne der Broad Stage, des neuen Theaters in Santa Monica, betrat. An jenem Abend im August des Jahres 2008 hatte er die Rolle des Erzählers. Die gerade eröffnete Broad Stage, deren künstlerischer Beirat von ihm geführt wird, war bis auf den letzten Platz gefüllt. »Amerika. Das ist unser Thema«, begann er, »eine Nation, aus Missklang heraus geboren, die in Zwietracht munter weiterblüht.« Es war ein denkwürdiger Abend in jenem August, an dem viele namhafte Schauspieler Worte unserer Landesväter lasen, Sätze von George Washington, dem Begründer unserer republikanischen Demokratie, von Thomas Jefferson, der die Unabhängigkeitserklärung formulierte, und dem radikalen Demokraten Thomas Paine, einem scharfen Gegner der Sklaverei.

Gedacht war der Abend als eine Art Rückbesinnung auf das, was Amerika einst hatte so stark werden lassen: die Ideen von Unabhängigkeit, Freiheit und unabdingbaren Menschenrechten. Diese Produktion war als eine unmittelbare Reaktion auf den Präsidentschaftswahlkampf 2008 konzipiert, der nicht nur an Hässlichkeiten und Unwahrheiten nie Dagewesenes zu bieten hatte. Die manipulative Raffinesse der Protagonisten machte es fast unmöglich, Wahrheit von Lüge zu trennen. Die Rückschau auf die Ideale der amerikanischen Geschichte sollte den Menschen helfen, in der Kakophonie des Wahlkampfs von 2008 die wichtigen Dinge nicht aus den Augen zu verlieren. Wir tauften die Produktion *American Voices – Spirit of Revolution*. Die Musik, die das Schauspiel umrahmte, war die von Charles Ives. Ich hatte einige seiner Lieder, die *Concord Sonata*, die Komposition *Three Places in New England* und die Fuge seiner großen 4. Sinfonie ausgewählt. Charles Ives ist ein amerikanischer Komponist, vielleicht der erste in unserer kurzen Geschichte, dem es gelang, wirklich amerikanische Musik zu komponieren. Für mich ist er sicher der bedeutendste. »Charles Ives liebte unsere Dissonanzen«, las Dustin weiter. »Er machte daraus Musik, mit der er nach eigenen Worten an die Town Hall Meetings von damals erinnern wollte, in denen jeder aufstand und seine Meinung kundtat – ungeachtet der Konsequenzen.« Über dem Abend schwebte jene zentrale Frage, die die Ära Obamas überdauert hat, die bis heute unser ganzes Land bewegt und über die die amerikanische Gesellschaft immer noch tief zerstritten ist: Wohin, Amerika?

Dieser Abend war mir damals ein großes Anliegen. Barack Obama hatte gute Chancen auf den Einzug ins Weiße Haus. Erstmals stellte sich ein Schwarzer zur Wahl. Republikaner und Demokraten kämpften mit harten Bandagen und entblödeten sich nicht, die Grundsätze der Verfassung für jeden ihrer noch so banalen Belange ins Feld zu führen, um den Bürgern vorzugaukeln, dass just ihre Politik der amerikanischen Idee am nächsten käme. Allerdings war an diesem Vorabend der beginnenden Wirtschafts- und Gesellschaftskrise keinem von uns klar, dass sich hier nur die ersten Risse in der amerikanischen Gesellschaft zeigten, die sich künftig immer tiefer durch unser Land ziehen und binnen acht Jahren zu noch viel heftigeren und schmutzigeren politischen Auseinandersetzungen führen würden. Keiner von uns ahnte damals, dass nur acht Jahre später der höchst umstrittene Immobilien- und Medienunternehmer Donald Trump Barack Obama beerben und ins Weiße Haus einziehen würde. Ives hatte ich ausgewählt, weil seine Musik die amerikanischen Ideale vermittelt, unsere Werte, unsere Geschichte, unsere Tradition, unsere so heterogene Gesellschaft, ihr Gemeinschaftsgefühl, ihre unüberhörbaren Missklänge und natürlich unsere wunderbare Natur. In Ives' Musik, die zu seinen Lebzeiten so wenige Hörer fand, liegt viel von Amerika, von aufrichtigem Patriotismus, von meiner Heimat.

Es war vor allem Leonard Bernstein, der Ives für die Amerikaner, für uns alle neu entdeckte – Jahre nach dessen aktiver Zeit als Komponist. Ives' Werke waren der breiten Öffentlichkeit bis zu seinem Tod weitgehend unbekannt. Sie wurden kaum gespielt. Bernstein sagte mir einmal, er halte Ives für den wichtigsten Komponisten ernster Musik, den unser Land mit seiner kurzen Geschichte bisher hervorgebracht habe. Denn Ives' Musik vereine in sich all die Frische eines naiven Amerikaners von der Ostküste, der sich in den prunkvollen Palästen europäischer Musik umschaue, ihren Geist aufnehme, um diesen auf geradezu alchemistische Weise in amerikanische Musik zu verwandeln.

Tatsächlich: In Ives' Musik erklingt Amerika – mit all seiner Vielfalt, Sehnsucht und Zerstrittenheit. Deswegen erschien Ives' Musik an jenem Abend so aktuell.

Bernstein liebte die 2. Sinfonie, die Ives mit 27 Jahren komponierte. Fast könnte man sagen, er entdeckte sie, damit die Welt, allen voran Amerika, endlich Ives entdecken konnte. Nahezu fünfzig Jahre war Ives' Musik nicht gespielt worden. Er selbst hat seine Werke nie in orchestrierter Form gehört. Denn die Amerikaner hatten mit ihrer eigenen ernsten Musik ihre Schwierigkeiten. Sehnsuchtsvoll schauten sie nach Europa und nahmen ihre eigene Musik lange nicht wahr. Als Komponist nahmen sie ja noch nicht einmal ihren Superstar Bernstein ernst, der selbst unaufhörlich neue Musik schrieb. In dem Moment, da Bernstein Ives' Werke mit seinen Orchestern einstudierte und endlich zur Aufführung brachte, gab er den Amerikanern ihre Musik, amerikanische Musik, wie sie amerikanischer nicht sein konnte.

Die Entdeckung Ives' begann im Jahr 1951, drei Jahre vor seinem Tod, als Bernstein die 2. Sinfonie an die Oberfläche öffentlicher Wahrnehmung katapultierte. Er führte sie damals mit den New Yorker Philharmonikern in der Carnegie Hall auf und setzte sie fortan immer wieder auf seine Konzertprogramme. Jahrzehnte später begann er ein Konzert im Deutschen Museum in München, wo er das Symphonieorchester des Bayerischen Rundfunks dirigierte, nicht etwa mit dem Dirigieren, sondern für das Publikum ziemlich unvermittelt mit einer fünfzehnminütigen Einführung zu Ives, der dem deutschen Publikum bis dahin weitgehend unbekannt geblieben war. Ives sei, sagte er, ein Naturkind, *a country boy at heart*, der sich in seiner 2. Sinfonie so erfolgreich daran versuche, die Klangbilder seiner Welt niederzuschreiben: »Originell, exzentrisch, naiv, voller Charme.« Mit rauer Stimme setzte der fast siebzigjährige Bernstein hinzu: »Manche sagen, Ives' Zweite sei die schönste Sinfonie, die ein Amerikaner je geschrieben hat. Mit all seiner tapferen Entschlossenheit, wirklich amerikanische Musik zu komponieren in einer Welt, die sich damals überhaupt nicht für ihn interessierte.« Ives selbst wollte zu der Uraufführung in New York nicht kommen. Vielleicht verließ ihn der Mut, ein Werk zu hören, dessen Klänge er nur im Kopf hatte. Drei Jahre später war er tot.

Was genau macht Ives' Musik so amerikanisch? Es sind die Volkslieder und -tänze, Kirchenchoräle, Gospels. Man hört die Melodien und Klänge der Heilsarmee und Lieder wie *Let us gather at the River, Columbia, the Gem of the Ocean, Turkey in the Straw, America the Beautiful* oder *Old Black Joe*. Humorvolle Passagen lösen traurige ab, Tiefgang und Banalität stehen unmittelbar nebeneinander, Pomp und Zerbrechlichkeit, hemmungslose Übertreibung, unser amerikanisches Pathos und eben jener Feinsinn, mit dem er die bombastisch aufgeblasenen Passagen seiner Werke, kaum dass sie ins Triviale abzugleiten drohen, musikalisch wieder stark reduziert. Auch das ist sehr amerikanisch.

Der Komponist Charles Ives (1874–1954) ist tatsächlich eine singuläre Erscheinung in der Musikwelt. Er war ein höchst eigenwilliger Mensch, getrieben von dem Drang, sich in Tönen auszudrücken, ohne allerdings damit sein Geld zu verdienen. Schon in seiner Kindheit auf dem Land in Danbury/Connecticut spielte die Musik eine wichtige Rolle. Sein Vater, selbst ein reichlich unkonventioneller Musiker, unterrichtete ihn. Mit 14 Jahren war der Sohn an der Orgel bereits derart versiert, dass er von der Second Congregational Church seines Heimatortes angestellt wurde. Später ging er zum Studium nach Yale – er schrieb sich allerdings in die Fakultät der Wirtschaftswissenschaften ein. Musik betrieb er als Hobby, wenn auch auf höchstem Niveau. Vier Jahre lang besuchte er neben seinem Wirtschaftsstudium Musikkurse bei Horatio Parker, einem in Europa ausgebildeten Komponisten, und studierte Harmonielehre, Kontrapunkt und Komposition.

Trotz seiner Faszination für Musik begann er mit 24 Jahren als Angestellter in einer Versicherungsgesellschaft, gründete 1907 mit einem Kollegen seine schon bald sehr erfolgreiche eigene Agentur, die später unter Ives & Myrick firmierte und heute als Hartford Insurance eine Branchengröße ist. Als Unternehmer brachte er es im Laufe seines Lebens zu erheblichem Wohlstand. Finanziell vollkommen unabhängig, komponierte er unablässig, des Nachts und am Wochenende – viele Jahre bis zur physischen Erschöpfung. Als Junge schämte er sich seiner tiefen Liebe zur Musik: »Ist die Musik nicht schon immer eine verweichlichte Kunst gewesen?«, notierte er später dazu in seinen Erinnerungen. Eine für ihn ex post »ganz und gar falsche Haltung, die aber tief eingewurzelt war«.

Dass er sich beruflich dem Versicherungsgeschäft und nicht der Musik verschrieb, ging auf den Einfluss seines Vaters zurück: »Vater fand, dass ein Mensch sein musikalisches Interesse stärker, reiner und freier entfalten könne, wenn er nicht versuche, damit seinen Lebensunterhalt zu verdienen.« Und Ives fand darüber hinaus, dass man am besten, am freiesten komponieren könne, wenn man gerade nicht damit zu rechnen habe, seine Werke jemals vor einem großen Publikum zur Aufführung zu bringen. Kaum zwanzig Jahre alt, verliert Ives seinen Vater und vielleicht seinen einzigen wahren Freund – eine Erfahrung, die er bis zu seinem Lebensende nicht verwinden konnte. Alle seine Werke sind ihm gewidmet.

Kann man einen Sonntagskomponisten wirklich ernst nehmen? Niemand tat es in den Vereinigten Staaten. Amerika war ein Land, in dem Gründergeist und Unternehmererfolg zählten und am Ende das Geld und der Wohlstand, zu dem es jemand brachte. Amerikanische Komponisten und ihr Treiben spielten kaum eine Rolle, schon gar nicht das eines vermeintlichen Freizeit- oder Amateur-Tonsetzers. Ives' geradezu revolutionäre Partituren wurden von den wenigen Menschen, die sich zu seinen Lebzeiten mit Ives' Musik beschäftigten, kaum verstanden, vielfach als Verstoß gegen die akademisch vorgegebenen Regeln

des Komponierens empfunden oder wegen ihrer vielen Schreib-
fehler verlacht.

Ives' so erfolgreiches Dasein als Versicherungsunternehmer,
seine Passion für die Musik und die enorme Produktivität auf
beiden Feldern forderten ihren Tribut: Er erlitt zwei Herzin-
farkte. Die letzten 27 Jahre seines Lebens komponierte er nicht
mehr. Auch aus dem Versicherungsgeschäft zog er sich bald zurück und verließ New York, um wieder in seiner Heimat Con-
necticut zu leben.

Mit Bernstein habe ich oft über Ives geredet. Ich hatte ihn
Mitte der achtziger Jahre über den Dirigenten Seiji Ozawa, dessen Assistent ich seinerzeit war, auf dem Musikfestival des Boston Symphony Orchestra in Tanglewood kennengelernt. Immer
wieder traf ich mich mit Bernstein zu Analyse-Sitzungen, in denen wir unsere Ideen über die verschiedenen großen Werke
des Repertoires austauschten. Und immer wieder kreisten die
Unterhaltungen um die Werke von Charles Ives und die Wurzeln, den Klang und die Eigenarten originär amerikanischer
Musik. »Wann klingt Musik amerikanisch?« Diese Frage beschäftigte Bernstein lange.

Er, der selbst komponierte, suchte nach Antworten. Denn
auch Bernstein, der Sohn ukrainischer Juden, war ein Patriot.
»In allem, was er tut, ist Lenny durch und durch und einzigartig amerikanisch«, schrieb seine Schwester Shirley noch zu
seinen Lebzeiten über ihn. Er liebte Amerika und zeigte das in
seinem unermüdlichen Engagement für amerikanische Werke.
Durch seine Konzerte machte er viele amerikanische Komponisten bekannt. Er verehrte George Gershwin und liebte Aaron
Copland. Doch Ives stand für ihn über allen. Die beste Erklärung dafür, was amerikanische Musik eigentlich ist, oder besser, wie sie klingt, hat Bernstein den Kindern gegeben: »Das
eine ist die jugendliche Begeisterung – laut, kräftig, voller Optimismus.« Dann seien da ferner der Abenteuermut, eine ge-

wisse Schroffheit, die Einsamkeit und die Weite des Landes, die in den auseinanderliegenden Noten ihren Raum findet. In Ives' Musik kann man das hören.

Man könnte es fast als eine historische Ironie bezeichnen, dass Bernstein sich so sehr um die Anerkennung der einzigartigen Qualität von Ives' Werken bemühte, während er selbst als Komponist nahezu das gleiche Schicksal teilte. Denn bei all seiner Beliebtheit als Dirigent und Medienstar taten sich die Amerikaner mit ihm als Komponisten ziemlich schwer. Erfolgreich war die 1957 uraufgeführte *West Side Story*, die bald schon zu einem amerikanischen Exportschlager mutierte, später verfilmt wurde und auch heute noch immer einmal wieder auf dem Programm klassischer Produktionen steht. Aber Bernstein komponierte ja nicht nur dieses eine Musical. Er schrieb drei Sinfonien, verschiedene andere Orchesterwerke, Opern wie *Trouble in Tahiti*, *Candide* und *A Quiet Place*, darüber hinaus vier weitere Musicals und Film- und Kammermusik.

Viele seiner Werke hatten zu seinen Lebzeiten kaum eine Chance, was Bernstein wusste und bedauerte. Über einhundert lange Jahre schien das Gros der Amerikaner mit ihren eigenen Komponisten und deren zutiefst avantgardistischen Werken zu fremdeln – als trauten sie sich in jenen Zeiten nicht, Europa mit seinen so überwältigenden Tonkünstlern, seiner Musikgeschichte und den großen Interpreten etwas entgegenzusetzen, das nicht mitreißender Jazz oder anrührende Gospels und damit ureigene amerikanische Musikschöpfungen, sondern der Gattung klassischer oder ernster Musik zuzuordnen war.

Ein Blick auf die Geschichte der amerikanischen Kunstmusik macht das Fremdeln verständlich. Wir Amerikaner hatten nicht besonders viel Zeit, ernste amerikanische Musik zu entwickeln. Als Nation sind wir keine dreihundert Jahre alt. Der Beginn unserer Geschichte war mit existenziellen Herausforderungen beladen. Darüber hinaus sind unsere Wurzeln polyglott, weil sich unsere Vorfahren aus aller Herren Länder zunächst an der Ostküste niederließen und dann immer weiter gen Westen zogen. Um die Jahrhundertwende, als in Europa Schönberg, Strawinsky und Debussy auf den harmonischen Fundamenten der Klassik ganz neue Musik erfanden, begannen auch die Amerikaner zu komponieren, darunter so namhafte Künstler wie Walter Piston, Virgil Thomson, Roger Sessions oder auch Aaron Copland. Sie alle waren in Europa gewesen, hatten die Kunst der Tonsetzung, Harmonielehre und Kontrapunkt studiert und schufen Werke, die – ehrlich gesagt – ganz und gar nicht amerikanisch klangen. Sie waren der europäischen Tradition entlehnt und wunderschön, aber nicht wirklich amerikanisch.

Gershwin und Copland verwendeten den Jazz, aber das taten Ravel und Strawinsky auch. Allein die Verwendung originär amerikanischen Materials macht Musik noch nicht amerikanisch. Amerikanische Kompositionen schienen eine besondere Gattung europäischer Musik zu sein. Der europäische Musikstil hatte die Amerikaner noch immer fest im Griff. Dreißig Jahre später drängte mit der Emigrationswelle vor dem Zweiten Weltkrieg die europäische Musik mit Macht in die Vereinigten Staaten: Schönberg, Strawinsky, Hindemith, Bartók und Milhaud ließen sich in den Vereinigten Staaten nieder, komponierten und unterrichteten. Die amerikanische Musikwelt war weiterhin fest in europäischer Hand. Und die Suche amerikanischer Komponisten nach den Ingredienzien ganz eigener amerikanischer E-Musik war noch längst nicht beendet.

Nur einen einzigen Komponisten gab es, der aufgrund seines Lebensmodells von alldem unberührt blieb: Charles Ives. Mit dem europäischen Zirkus um die klassische Musik hatte der Sonderling aus New England wenig zu tun. Er scherte sich nicht um die Regeln tonaler Musik, um Form und Klang, Kontrapunkt und die konventionelle Abfolge von Harmonien. Er hatte die Regeln der Tonkunst bei Parker in Yale zwar gelernt, aber nur, um sie – wie Bernstein einmal sagte – sofort wieder zu brechen. Ives' eigene Erinnerungen zeugen davon: Er verachtete die Regelversessenheit seines Lehrers Parker, den er buchstäblich zum Totengräber seines Genres erklärte. Unter der »Tyrannei der Regeln« klassischer Kompositionskunst würde Musik bald ein Ding der Unmöglichkeit werden, sich in endlosen Wiederholungen erschöpfen, um dann als kreative Kunst zu sterben.

Ives wollte die Freiheit – mit jugendlicher Begeisterung. Er suchte »neue Möglichkeiten nach dem Vorbild der Natur«, er wollte »umfassendere Tonleitern, neue Tonkombinationen, neue Tonarten und die Überlagerung verschiedener Tonarten, Taktarten und Phrasenlängen« erschaffen. Selbst im freien Amerika hatte derlei keine Chance: »Parker untersagte mir schon am Anfang des ersten Studienjahrs, solcherlei Dinge ins Klassenzimmer zu bringen.« In den Musikkursen in Yale wurden seine revolutionären Begehrlichkeiten einfach totgeschwiegen. Sein Vater war da generöser gewesen. Wenn er, Charles, gelernt habe, eine regelkonforme Fuge gut zu schreiben, könne er seinethalben auch Fugen schreiben, in denen Regeln gebrochen würden. Aber wirklich erst dann. Er hielt sich daran. Bändigen ließ er sich nicht.

Ives schaute nicht nach Europa. Die Dramen der musikalischen Entwicklungen in Wien Anfang des 20. Jahrhunderts, die Spaltung der Musikwelt in Verfechter der Atonalität und Verteidiger der gewohnten Harmonie, bekam er überhaupt nicht mit. Von dem hämischen, zum Teil hasserfüllten Gezanke, das sich in großer Kakophonie in den europäischen Musikmetropolen Wien, Paris oder Prag um die Zukunft der klassischen Musik entlud, hörte er nichts. Noch bevor Schönberg sein berühmtes 2. Streichquartett schrieb, in dem er die Grenzen des Bach'schen Kosmos sprengte, experimentierte Ives mit Poly- und Atonalität, mit Vierteltönen, mit polyphonen und polyrhythmischen

Strukturen. Er schrieb serielle Musik, verwendete Collagetechniken, komponierte seine Stücke in verschiedenen Lagen, die unabhängig voneinander geschichtet waren, und probierte bewegte Schallquellen im Raum aus. In geradezu amerikanischer Unbekümmertheit geriet Ives – ohne Absicht und Ehrgeiz – an die Spitze der Avantgarde. Nur: Zu seinen Lebzeiten bekam das kaum jemand mit. In Wien wurde heftig weitergestritten, während auf der anderen Seite des Atlantiks etwas ganz Neues entstand.

Ives war unabhängig. Mit seiner Musik schrieb er auf, was er sah: die kleinen Städte und Gemeinden in New England, die Versammlung der Menschen in den Holzkirchen und Town Halls, bei Paraden, in Football-Stadien. Er beschrieb die Natur, die Weite des Landes, den Patriotismus der Yankees. In Ives' Musik hatte sich eine eigene musikalische Ästhetik entwickelt. Mit seiner Musik war er über Jahrzehnte vollkommen allein. Neunzig Prozent seiner Orchestermusik seien noch keinem Dirigenten zu Augen gekommen, schrieb er in späteren Jahren. In einer Zeitspanne von dreißig Jahren kannten seines Wissens nur vier Dirigenten überhaupt irgendeine seiner Partituren. Einer von ihnen war übrigens Gustav Mahler, der sich 1910 die sechs Jahre zuvor fertiggestellte 3. Sinfonie schicken ließ. Wie anders wohl wäre Ives' Leben verlaufen, hätte Mahler Ives' 3. Sinfonie zur Aufführung gebracht? Doch Mahler starb kurze Zeit später. Es sollte dazu nicht kommen.

Bernstein beschäftigte sich nicht nur eingehend mit Ives' 2. Sinfonie, sondern auch mit einem kurzen, atemberaubend modernen Orchesterwerk seines Landmannes: *The Unanswered Question* – »Die offene Frage«. Ives hatte ihm den Untertitel *A Cosmic Landscape* hinzugefügt. Das kurze kammermusikalische Werk ist moderner, bahnbrechender und vielleicht sogar tiefgründiger als alles, was Europa damals an Neuentwicklungen zu bieten hatte. Eine geradezu gewagte Komposition eines

34-Jährigen in der Krise der Tonalität, die 1908 in Europa die Fundamente der Ästhetik ins Wanken brachte.

Schon die Besetzung des Miniaturstücks von Ives widerspricht allen Konventionen. Ein Streichquartett, eine Trompete und vier Flöten, weit auseinander im Raum platziert. Das hatte es noch nie gegeben. Auch der musikalische Aufbau bot etwas völlig Neues: Gleich einer Collage agieren Trompete, Streicher und Flöten rhythmisch und harmonisch nahezu unabhängig voneinander. Ausgedehnte konsonante Streichakkorde bilden die tonale Grundlage, auf der die Trompete immer wieder eine Frage in den Raum hineinstößt, ein atonales Motiv, schräg, unmelodisch, unnachgiebig. Die Flöten antworten darauf sechsmal – jede Antwort fällt dissonanter, ungeduldiger und verzweifelter aus. Das siebte Mal bleibt die Frage unbeantwortet. Nach Ives' eigenen Worten handelte es sich um die »ewige Frage der Existenz«, auf die die Menschen keine endgültige Antwort fänden.

Bernstein hat die *Offene Frage* Ives' allerdings nicht als eine übersinnliche verstanden, sondern als eine – wie sollte es anders sein – zutiefst musikalische. Er hat einen weltweit berühmten Vorlesungszyklus nach diesem Werk benannt, der im Fernsehen übertragen und später in Buchform gegossen wurde. Seine *Unanswered Question* war die Frage danach, wohin es die Musik im 20. Jahrhundert noch treiben werde. Wohin, Musik? Würde das Dilemma des neuen Jahrhunderts zu lösen sein, der Widerstreit zwischen Tonalität auf der einen, Atonalität und Mehrdeutigkeit auf der anderen Seite? Versteht man Ives' offene Frage im Sinne Bernsteins, dann hat dieser singuläre Komponist die Frage früher als alle europäischen Kollegen adressiert, die später größere Berühmtheit erlangen sollten. Bernstein hat diese Frage ein Leben lang beschäftigt, der ewige Wettstreit zwischen Dissonanz und traditionellem Wohlklang, Harmonie und freier Tonalität, der sich in Ives' Werken zeigt und wieder auflöst. Diese Auseinandersetzung findet schließlich auch in Bernsteins Kompositionen statt, in denen er das Ringen der beiden Richtungen inszeniert. Bernstein war felsenfest davon überzeugt, dass der Ursprung aller Musik tonal sei, weil nur dies der menschlichen Natur entspreche. Und dass Tonalität die natürliche Grundlage allen Komponierens bliebe, die Erdung aller musikalischen Entwicklungen, deren Verrücktheiten, Übertreibungen und intellektuelle Spielereien immer dorthin würden zurückkehren müssen, wollten sie ihre Daseinsberechtigung nicht verlieren.

Und er glaubte, dass Neue Musik eklektisch sein würde, sich also aus verschiedenen Stilen und Schulen zusammensetzen werde – immer auf der Grundlage der natürlichen Obertonreihe, die für den gesamten Kosmos Gültigkeit habe. Er selbst komponierte so: In seiner Musik fanden sich die klassischen Harmonien, Jazz und Blues, unverkennbar der Sound des Broadway, lateinamerikanische Rhythmen und Schönbergs Zwölftonmusik. Im Grunde hat er bis heute recht behalten.

Ives' Werk *Die offene Frage* lässt viele Deutungen zu. Ich persönlich kann nicht umhin, *Die offene Frage* heute auf Amerika zu beziehen. Wohin, Amerika? In den Jahren, in denen Bernstein und ich zusammengearbeitet haben, von 1985 an, wäre mir das nicht in den Sinn gekommen.

Von Bernstein habe ich viel gelernt. Ich erinnere mich noch an eine unserer ersten Begegnungen, die einen völlig unerwarteten Verlauf nahm. Ziemlich unvermittelt brach Bernstein unser Gespräch über Tschaikowskys 5. Sinfonie ab, um mit mir den Rest des Nachmittags im Guggenheim-Museum zu verbringen. War ich für ihn zu schlecht vorbereitet gewesen? Womöglich kein adäquater Gesprächspartner? Ich weiß es nicht. An dem Tag jedenfalls sprachen wir nicht mehr über Musik, sondern über expressionistische Malerei. Viel später erst verstand ich, wie ganzheitlich Bernsteins Kunstverständnis angelegt war. Zur Kunst gehörten die Sprache und ihre Poesie, die

Malerei und natürlich die Musik. Und zum Verständnis dieser Künste wiederum war ein scharfer Intellekt für ihn genauso bedeutsam wie leidenschaftlicher Mystizismus, den er auch in Ives' Werken fand.

In seinen letzten Tagen habe ich Bernstein noch einmal besucht. Ich hatte ihn angerufen und mir einen Termin geben lassen. Ich wollte ihn unbedingt sehen – vielleicht von einer Ahnung getrieben, dass es so viele Gelegenheiten nicht mehr geben würde. Er war schon ziemlich krank, seine Lunge war angegriffen. Viele rechneten mit seinem baldigen Ableben. Ich besuchte ihn zu Hause in Tanglewood. Er wusste, dass es zu Ende ging. Ich wusste es plötzlich auch. Er rauchte. Wie immer. In der einen, der rechten Hand, hielt er seine Zigarette, in der anderen die Sauerstoffmaske, die ihm über Phasen der Atemnot hinweghelfen sollte. Wir sprachen über Persönliches und über Musik. Dieses Mal über die Musik, die er komponiert hatte. Das war sehr selten der Fall gewesen. In unseren Begegnungen hatten wir meistens Fragen des Repertoires diskutiert, mit denen er sich gerade beschäftigte.

»Kent«, sagte er plötzlich nachdenklich, »ich bin mir sicher, *A Quiet Place* ist gute Musik, zumindest in Teilen.« Er sagte das mit tiefer Überzeugung, über der ein Schatten von Desillusionierung lag. Er selbst fand, dass vor allem einige seiner späten Werke gute Musik waren. Als Komponist musste er allerdings erfahren, wie umstritten er als solcher war und wie viele seiner Werke bis zuletzt weder die Kritiker noch das Publikum überzeugen konnten. Die Uraufführung seiner Oper *A Quiet Place* 1983 war das beste Beispiel dafür. In der *New York Times* hieß es damals: »*To call the result a pretentious failure is putting it kindly.*« Die Zeitung empfahl ihm eine intensive Überarbeitung des Stoffs. Später wurde die Oper in Wien aufgeführt, wohin ich ihn ein paar Jahre zuvor begleitet hatte. Auch hier war ihm nur durchwachsener Erfolg beschieden.

»*There is some strong music in A Quiet Place*«, wiederholte er noch einmal – das war einer der letzten Sätze, die er mir fast beiläufig mit auf den Weg gab und die mich später dazu bewegen sollten, genau danach zu suchen.

Bernstein würde es bedauern, wenn seine musikalischen Gedanken verloren gingen. Seine Worte haben mich nicht losgelassen. Wir alle hatten diesen genialen, großzügigen Menschen mit all seinen überragenden Talenten und seinem Charisma zum umjubelten Popstar werden lassen, der zur Unterhaltung aller unentwegt tanzen sollte. Seinen Kompositionen aber trauen bis heute die Kritiker – und vielleicht auch die Kollegen – nicht unbedingt Tiefgang zu. Sein Satz ging mir über Jahre nicht mehr aus dem Kopf. Ich war mir über Bernsteins Bedeutung als Komponist lange nicht sicher. Die Zeit hat ihr Urteil noch nicht gesprochen. Würden es mehr Werke als nur die *West Side Story* in den weltweit anerkannten Kanon bedeutender Kompositionen schaffen? Ich wollte seine Oper *A Quiet Place* von allem Pomp befreien, um ihr musikalisches Fundament freizulegen. Schicht für Schicht wollte ich abtragen, alles das, was im Zuge einer allzu opulenten Orchestrierung den wahren Gehalt seiner Musik verschleierte, sollte verschwinden. Mir schwebte eine kammermusikalische Version vor, mit der sich zeigen ließe, was vielleicht wirklich in dieser Komposition steckt: nämlich einzigartige Musik, amerikanische Klänge, atemberaubend komponiert. Bernstein selbst, so sollte ich später aus seinem Umfeld erfahren, hatte wohl auch schon einmal darüber nachgedacht.

Mit dem Ensemble Modern studierte ich diese neue Version von *A Quiet Place* 2013 ein. Das Ergebnis hat uns alle tatsächlich verblüfft. Bernstein ist nicht nur der Komponist der *West Side Story*. Er ist nicht nur einer der größten Lehrer für klassische Musik gewesen, ihr vielleicht begnadetster Protagonist, ein Titan auf der Bühne, ganz egal, ob er lehrte, lernte, spielte oder dirigierte. Er ist ein einmaliger Komponist, der geradezu eklektisch alles mischt, was amerikanische Musik zu bieten hat, getreu seiner eigenen Prognose. Bernsteins Musik ist amerikanisch – ganz anders als Ives', urbaner und konfrontativer. Für mich sollte er recht behalten: In seinen Stücken liegt starke Musik, auch in denen, die in ihren Uraufführungen derart scheiterten, dass sie in Vergessenheit zu geraten drohten.

Ives und Bernstein, das sind zwei Komponisten, die wie keine anderen Amerika repräsentieren. Ives' Musik ist für mich Heimat, ihre Suggestionskraft trägt mich zurück in mein Land, mit dem engen Zusammenhalt unserer Gemeinden, seinem Wertesystem und seiner großen Unabhängigkeit, so wie ich es aus meiner Kindheit erinnere. In Bernsteins sehe ich Städte, die Vielzahl sozialer Konflikte unserer Einwanderergesellschaft und die immer wieder verhandelte Thematik menschlicher Entfremdung. Beide Komponisten waren – jeder auf seine Weise – patriotisch, beseelt von den Ideen der Brüderlichkeit, des Gemeinsinns und Friedens, sie beschwören das uramerikanische und doch so flüchtige Gemeinschaftsgefühl, um das wir Amerikaner bis heute kämpfen. Ives und Bernstein haben es mit ihrer Musik getan.

In einem zutiefst amerikanischen Kontext gehören die beiden Komponisten für mich zusammen. Wir kennen Ives' Musik wegen Bernsteins nimmer versiegender Energie, diesem Komponisten posthum zu der Reputation zu verhelfen, die ihm eigentlich schon zu Lebzeiten zustand. Und wir müssen uns auf den Weg machen, mehr von Bernsteins Musik zu entdecken, damit sie nicht irgendwann verloren geht und von diesem einzigartigen, universellen Künstler nichts weiter bleibt als die *West Side Story* und eine zunehmend diffuse Vorstellung davon, wie eindrucksvoll er als Mensch und Musikvermittler gewesen sein mag. Als Medienstar wird Bernstein über die Jahre verschwinden. Die Themen aber, die er in seinen Werken verhandelt, sind bis heute aktuell. Die Art, wie er sie adressierte, mag zu seinen Lebzeiten zu provokativ und zu entlarvend gewesen sein für ein puritanisches, vielfach bigottes amerikanisches Publikum. Ich denke, gerade heute, in diesem tief gespaltenen Land, ist die Zeit reif für Bernsteins Werke. Wir haben mit ihrer Wiederentdeckung gerade erst begonnen. Nicht nur Donald Trumps Amerika wird Bernsteins Musik brauchen.

Die Vereinigten Staaten haben ihre Identitätskrise nicht überwunden. Was würden Ives und Bernstein sagen? Im besten Fall befinden sich unser Gemeinsinn und Zusammenhalt in einem tiefgreifenden Wandel, im schlechtesten Fall liegen sie in Trümmern. Und der amerikanische Traum, dass es in diesem jungen, einst so freien Land ein jeder nach ganz oben schaffen kann, ist längst verblasst. Von vielen wird er inzwischen in Frage gestellt. Amerika zeigt derzeit sein hässliches Gesicht, das man im Wahlkampf von 2008 bereits erahnen konnte. Intoleranz und tiefe Ressentiments kennzeichnen politische Auseinandersetzungen von heute. Man könnte meinen, die Gesellschaft sei erstarrt. Neugierde und Tatkraft sind verschwunden. Der lang erwartete Aufbruch aus der Paralyse nach dem 11. September hat bisher nicht stattgefunden. Wohin, Amerika? Das ist für mich *The Unanswered Question*, die sich uns Amerikanern heute stellt.

Auch ich bin Amerikaner – mit Leib und Seele, *hopelessly American*. Und ich weiß auf diese Frage keine Antwort. Vielleicht hätten wir an jenem Abend in der Broad Stage dieses Stück spielen sollen, das weniger Amerikas Geist, seine Vielfalt und auch seine Dissonanzen betont, sondern die Zuhörer mit dieser offenen Frage konfrontiert. Nur war damals noch gar nicht absehbar, welch tiefe Risse sich in unsere Gesellschaft hineinfressen würden. »Trotz unserer revolutionären Denker, unserer Unabhängigkeitserklärung, unserer Verfassung und der Bill of Rights stand die Nation vor einer ungewissen Zukunft«, erinnerte Dustin Hoffman das Publikum gegen Ende der Vorstellung an die amerikanische Geschichte. Und keiner konnte ahnen, dass es in zehn Jahren nicht besser, sondern um ein Vielfaches besorgniserregender um die Orientierungslosigkeit unserer Gesellschaft bestellt sein würde.

Am Ende von Ives' *Unanswered Question* spielen nur noch die Streicher, die die gesamten sechs Minuten über nichts anderes getan haben, als dem Werk mit ihren konsonanten Akkorden seine Grundlage zu geben. Sie streichen unbeirrbar einen G-Dur-Dreiklang. Die Basis der Komposition ist tonal. Die so dissonante Streiterei des Holzbläser-Quartetts ist verstummt. Die Solo-Trompete hat noch ein siebtes und damit letztes Mal ihre Frage in den Raum geblasen. Wohin, Amerika? Es gibt keine Antwort. Das Stück endet still und leise, tonal, harmonisch. Bejahend, wie es Bernstein am Ende seines berühmten Vorlesungszyklus sagt. Die Hoffnung ist immer noch da.

DANK

Zuletzt ein Dank all jenen, die mir seit Jahren zur Seite stehen und zum Gelingen dieses Buches beigetragen haben. Dieter Rexroth ist einer von ihnen, Musikwissenschaftler, Dramaturg, Kollege und treuer Berater, der bis heute nicht müde wird, mich mit seinem umfassenden Wissen zu unterstützen. Mein Dank gilt ferner dem Designer Peter Schmidt für seine loyale Freundschaft und fortdauernde Inspiration, meiner langjährigen Assistentin Christa Pfeffer, die alles möglich macht, damit ich mich fast ausschließlich um die Musik kümmern kann, und Gabriele Schiller, mit der ich seit 15 Jahren zusammenarbeite und die den deutschen Klassikmarkt wie kaum jemand kennt. Ihr verdanke ich den Kontakt zu der Autorin Inge Kloepfer. Von tiefstem Herzen danke ich meiner Frau Mari Kodama, ohne die es meine Karriere so nicht gäbe und ohne die ich auch nicht den Mut gehabt hätte, dieses Buch zu schreiben.

ZITIERTE LITERATUR

Adorno, Theodor W.: *Einleitung in die Musiksoziologie. Zwölf theoretische Vorlesungen*, Frankfurt am Main 1975

Adorno, Theodor W.: *Wissenschaftliche Erfahrungen in Amerika*, Frankfurt am Main 1969

Bernstein, Leonard: *Konzert für Junge Leute. Die Welt der Musik in 15 Kapiteln*, München 2006

Frye, Northop: *The Educated Imagination*, Bloomington 1964

Gradenwitz, Peter: *Leonard Bernstein. Eine Biografie*, Zürich 1984

Hessel, Stéphane: *Empört Euch!*, Berlin 2010

Hill, Peter und Nigel, Simone: *Messiaen*, Mainz 2007

Hoffmann, E.T.A.: *Kreisleriana. Beethovens Instrumentalmusik*, Stuttgart 2000

Hoffmann, E.T.A.: *Rezension der 5. Symphonie von Ludwig van Beethoven* (in: *Allgemeine Musikalische Zeitung*), Leipzig 1810

Huron, David: *Sweet Anticipation. Music and the Psychology of Expectation*, Cambridge Massachusetts 2008

Ives, Charles: *Ausgewählte Texte*, Zürich 1985

Keats, John: *Ode auf eine griechische Urne*. Im Projekt Gutenberg, übersetzt von Mirko Bonné

Korisheli, Wachtang: *Memories of a Teaching Life in Music*. Im Selbstverlag, Morro Bay 2010

Levitin, Daniel J.: *Der Musik-Instinkt. Die Wissenschaft einer menschlichen Leidenschaft*, Heidelberg 2009

Levitin, Daniel J.: *Die Welt in 6 Songs. Warum uns Musik zum Menschen macht*, München 2011

Martel, Yann: *What is Stephen Harper reading? Yann Martel's Recommended Reading for a Prime Minister and Book Lovers of All Stripes*, Toronto 2009

Platon: *Der Staat (Politeia)*. Übersetzt und herausgegeben von Karl Vretska, Stuttgart 2000

Rexroth, Dieter: *Beethoven. Leben – Werke – Dokumente*, Mainz 1988

Rousseau, Jean-Jacques: *Musik und Sprache*, Leipzig 1989

Sacks, Oliver: *Der einarmige Pianist. Über Musik und das Gehirn*, Hamburg 2008

Schiller, Friedrich: *Über die ästhetische Erziehung des Menschen in einer Reihe von Briefen*, Basel 1946

Schönberg, Arnold: *Boiling Water Speech*, Voice Recording 1947

Schönberg, Arnold: *Stil und Gedanke*, Frankfurt am Main 1992

Schweitzer, Albert: *Johann Sebastian Bach*, Wiesbaden 1952

Vargas Llosa, Mario: *Alles Boulevard. Wer seine Kultur verliert, verliert sich selbst*, Berlin 2013